El apostol mariano representado en la vida del V. P. Juan Maria de Salvatierra, de la Compañia de Jesus : fervoroso missionero en la provincia de Nueva-España, y conquistador apostolico de las Californias.

Miguel Venegas

EL APOSTOL MARIANO
REPRESENTADO EN LA VIDA
DEL V.P. JUAN MARIA DE SALVATIERRA,

DE LA COMPAÑIA DE JESUS, fervoroſo Miſsionero en la Provincia de Nueva-Eſpaña, y Conquiſtador Apoſtolico de las Californias.

Eſcrita difuſa, y eruditamente
POR EL P. MIGUEL VENEGAS,
Profeſſo de quatro Votos de la miſma Compañia.

Y reducida â breve compendio
POR EL P. JUAN ANTONIO DE OVIEDO, Rector del Colegio de San Andrès de Mexico, y Calificador del Santo Oficio.

QUIEN LA DEDICA
A MARIA SANTISSIMA
Madre de Dios, Reyna de todos los Santos, Señora de los Exercitos, y Conquiſtadora de nuevos Reynos en ſu Sagrada Imagen
DE LORETO.

Con licencia en MEXICO · En la Imprenta de Doña Maria de Ribera, Impreſſora del Nuevo Rezado Año de 1754.

A MARIA SANTISSIMA
Madre de Dios, Señora de los Exercitos, y Conquistadora de nuevos Reynos en su Sagrada Imagen de LORETO.

AGravio hiciera Yo grande â esta historia de la Vida del V. P. Juan Maria de Salvatierra, si nò la consagrara rendido â las aras de vuestro patrocinio. Vuestra dignacion escogiò â este vuestro fidelissimo Siervo, para Conquistador, y Apostol de las incultas tierras de la California, y quantos triumphos ha conseguido nuestra fé en aquellas barbaras Naciones, todo se ha debido â vuestro Soberano Poder, ê influxos manifiestos de vuestro patrocinio. Os reconozco, Soberana Reyna, mysteriosamente figurada en aquella fortissima Heroyna de la ley escrita Debora, y â vuestro fiel Siervo, y Vassallo el P. Salvatierra en Barac Caudillo entonces del Pueblo de Dios, quando hallandose la tierra infestada de enemigos, mandò Debora â Barac, que juntando numeroso exercito tomasse la empressa de libertar al Pueblo de Dios: *Præcepit tibi Dominus: Vade & duc exercitum in montem Thabor, &c.* (Judic. c. 4.) Admitiò

Barac

Barac el encargo, pero con la condicion de que la misma Debora le acompañasse: *Si venis mecum vadam. Sinolueris venire mecum, non vadam*; y al oìr la prompta, y varonil respuesta de Debora, en que prometia assistirle en persona en la batalla: *Et dixit ad eum: ibo quidem tecum*, animoso se resolviò â aquella empressa.

Cumpliò la Profetiza Debora lo prometido, y al afrentarse el exercito al enemigo, llenó Dios de tanto temor, y espanto á Sisara, y â todos sus Soldados, que se pusieran luego en fuga precipitada: *Perterruitque Dominus Sisaram, & omnes currus ejus universamque multitudinem.* De suerte, que aun no haviendo llegado â las armas, con sola la vista huyeron vencidos los enemigos. Otro tanto executò vuestro Siervo fiel Juan Maria, quando lo escogisteis, y embiasteis â la Conquista de la California. Porque no fiando de sus fuerzas, meritos, ê industrias colocò toda su esperanza en vuestra ayuda, y patrocinio, y por esso no quiso ir solo â tan ardua empressa, sino que quiso le acompañasseis en vuestra Sagrada Imagen Lauretana, para que â vuestro Nombre Soberano, y al favor de vuestro patrocinio se debiesse la victoria. Por esso luego que saltò en la tierra

de

de California colocó la Imagen en una tienda de campaña, que sirviò de tabernaculo, mientras pudiesse edificarse mas decente Capilla, ô Iglesia. Y lo mismo fuè tomar possession de aquella tierra, que temblar à su vista el infierno, todo, y ponerse en fuga las huestes infernales.

Por esso, ô gran Señora, he dado à vuestro Siervo el P. Juan Maria el glorioso renombre de *Apostol Mariano*. *Apostol*, por haver llevado à nuevas Gentes la luz del Evangelio. *Mariano*, no solamente por haver ennoblecido su nombre con el renombre de Maria, sino mucho mas por haver conseguido victorias tan ilustres contra todo el poder del Infierno, â vuestra sombra, y esforzado siempre con vuestro favor, y patrocinio. Y pues tambien ha sido obra de vuestra poderosa mano esta historia de la prodigiosa Vida, y Apostolicos ministerios de vuestro Siervo, haced que sirva á todos, y especialmente à los Jesuitas de eficaz estimulo à vuestra devocion, de nuevo aliento al exercicio de todas las virtudes, y de grande incentivo, à procurar con todo empeño la salvacion de las almas redimidas con la preciosa Sangre de vuestro Santissimo Hijo. Amen.

PRO-

Prologo al Lector.

EStrañarás diſcreto Lector, y quizà con alguna zeloſa indignacion, que ſalga ahora â la luz publica la Vida del Venerable Padre, y Apoſtolico Conquiſtador de la California Juan Maria de Salvatierra al cabo de treinta y ſiete años, que falleciò en Guadalaxara, atribuyendo tanta dilacion â omiſſion, ê incuria de los Superiores, que debieran haver deſde luego publicado las heroycas virtudes, y Apoſtolicos miniſterios de un Varon tan iluſtre, â mayor gloria de Dios, y comun edificacion. Pero ſirva de ſatisfaccion â eſta al parecer muy juſta quexa, que luego que muriò el V. P. Salvatierra, el P. Alexandro Romano, que havia ſido mucho tiempo ſu Procurador en Mexico para todos los negocios, y avìos de la California, y poco deſpues entró â ſer Provincial de eſta Provincia, procuró recoger quantos informes, relaciones, y cartas pudo, y podian dàr baſtantes materiales para formar una hiſtoria muy cumplida de las glorioſas acciones, y heroycas virtudes del P. Salvatierra.

En eſte tiempo llegò â Mexico con una numeroſa, y lucida Miſſion para ſu Provincia de Philipinas el P. Marcelo de Valdivieſo ſu Procurador, y en ella vino el P. Ceſardoria Sujeto de la Provincia de Milàn, de la qual havia ſido el P. Salvatierra, y deſſeoſo de enriquecer â ſu Provincia con tan noble noticia de un nuevo Apoſtol hijo ſuyo, pidiò todos

todos

dos los dichos papeles, ê informes recogidos; y de hecho con la razon, que dió de todo pudo el P. Joseph Patriñani Sujeto de la Provincia Romana, residente en Florencia hacer honorifica aunque breve memoria del P. Juan Maria Salvatierra en el tercer tomo de su Menologio. La desgracia fuè, que llegando el tiempo de embarcarse la Mission Philipina en el Puerto de Acapulco, ô el dicho Padre se olvidò de volverlos, ô acá no se acordaron de recobrarlos, ni despues de llegado el dicho Padre â Philipinas huvo quien tuviesse cuidado de escribirle, y solicitar su remesa â este Reyno. Algunos años despues otro P. Provincial escribiò con aprieto â los Padres Missioneros de la California, solicitando de nuevo las noticias, que se desseaban; y sin saber la perdida, que hemos dicho de los papeles, ê informes, q̃ antes se havian recogido, respondieron, que quanto havia conducente al P. Juan Maria lo tenian remitido al P. Alexandro Romano, quando era Provincial, y solamente vino un breve informe en dos pliegos del P. Jayme Bravo, en los quales ponia lo que sabia de su niñez, entrada en la Compañia, y venida â la Nueva-España, y nada mas.

Sin embargo sabiendo el P. Provincial el religioso empeñò con que el P. Miguel Venegas, Professo de quatro Votos havia formado la historia de la Conquista de la California, en que despues de Dios fuè el principal agente el P. Salvatierra, y tambien havia escrito copiosamente la Vida de su V. y amante

Com-

Compañero el P. Juan Baptista Zappa, le encomendò que se aplicasse tambien â disponer la historia del P. Juan Maria de Salvatierra, y el dicho P. en medio de su avanzada edad, y de habituales achaques, que le molestan, valiendose en muchas cosas de lo que tenia escrito en dichas historias, y solicitando otros informes de las Personas, que trataron al Venerable Padre, y de varias cartas, que pudo conseguir suyas comenzò, y concluyò hermosa, y eruditamente la vida; pero le saliò tan defusa, que atendiendo el P. Juan Antonio Balthazar actual Provincial de esta Provincia, que por lo mucho, que en estas partes cuestan las imprentas de los libros, no podia darse â la luz publica, sin excessivos gastos, me ordenó, que sin faltar â lo substancial de la historia, la reduxesse â compendio mas breve. Assi lo he hecho, y plegue â la Divina Misericordia, que sea para mayor gloria suya, y mayor aliento â todos los Religiosos, especialmente â los Jesuitas Missioneros, para que emprendan con mayores brios el procurar la Salvacion de las almas, y especialmente de los Infieles, segun demanda el Apostolico Instituto de la Compañia.

Puede ser que haviendo sido el P. Juan Maria de Salvatierra un hombre todo de Dios, dedicado al trato familiar con su Magestad, heches menos en esta historia aquellos especiales favores, visiones, y revelaciones, con que Dios favorece de ordinario â sus mayores Siervos. Pero como estas cosas solamente las sabe quien las recibe, solo pueden conocerse de otros

por

por aquellos escritos en que los Siervos de Dios suelen apuntarlas para memoria, recuerdo, ê incentivo al agradecimiento â Dios por testimonio de sus Padres espirituales, â quienes para su direccion, y acierto las comunican. Pero quando murió el Venerable Padre no se hallaron escritos algunos suyos, y solamente se sabe, que antes de morir condenò al fuego varios papeles, entre los quales avria quizá algunos en que expressasse los interiores sentimientos, y favores, que de Dios recibia. Sabese tambien, que â quien comunicaba quanto su espiritu sentia era al P. Zappa, â quien desde que conoció, y tratò en su Provincia de Milán empezó â mirar, y reputar como Maestro; y haviendo venido los dos â esta Provincia, y apartadose en breve uno de otro por la obediencia, muy â menudo se comunicaban por cartas, y en las suyas le daba razon el P. Salvatierra de lo mas escondido, y secreto de su corazon. Murió primero el V. y Apostolico P. Juan Baptista Zappa, y haviendo venido de la California el P. Salvatierra, y entrado â ser Provincial procuró recoger quantos papeles, y cartas se hallaron, que havia dexado el P. Zappa para que sirvieran â formar la historia de su vida; pero entre todos ellos no se hallò despues carta alguna, que le huviesse escrito el P. Salvatierra, que es argumento muy eficaz, para que nos persuadamos, que el humildissimo Padre para que no se supiessen las cosas de su espiritu, que frequentemente le comunicaba en sus cartas las suprimió, y condenò

¶ nò

nò al fuego sin mas delictos, que ser sabidoras de sus virtudes, y favores celestiales. Pero de lo poco que se sabe respecto de lo mucho, que se ignora, podrás sacar mucha materia para glorificar â Dios, que es admirable en sus Santos, ê imitar en quanto pudieres sus virtudes.

PROTESTA DEL AUTHOR.

OBedeciendo â los Decretos N. M.S. Padre Urbano VIII. y á los demás preceptos de la Sagrada Congregacion, y de la Santa, y General Inquisicion, protesto que en todo lo que està escrito en esta historia de la Vida del V. P. Juan Maria de Salvatierra á cerca de sus virtudes, profecias, y milagros, no es mi intencion, que se le dé mas credito, que el que merece una fè humana de suyo falible, ni que los terminos de Apostol, Venerable, Santo, y otros semejantes se entiendan en otro sentido, que aquel en que los ha tomado la piadosa veneracion, dexandolo todo à la calificacion, y juicio de la Sede-Apostolica, á cuya correccion en todo me sujeto, como hijo obediente de la Santa Iglesia.

Licencia del Superior Govierno.

EL Excm°. Sr. D. Juan Francisco de Guemes, y Horcasitas, Conde de Ribilla Gigedo, Gentil-Hombre con entrada de la Camara de su Magestad, Theniente General de los Reales Exercitos, Virrey, Gobernador, Capitan General, y Presidente de la Real Audiencia, y Chancilleria de ella, &c. concedió su licencia para la impression de esta Vida, visto el Parecer del R. P. Francisco Xavier Lazcano, de la Sagrada Compañia de JESUS, en que dixo no contener cosa contra la pureza de nuestra santa Fé, y buenas costumbres, ni à las Regalias de su Magestad. En cuya virtud la concedió, como consta de su Decreto de 22. de Agosto de 1753.

Licencia del Ordinario.

EL Sr. Dr. D. Francisco Xavier Gomez de Cervantes Abogado de esta Real Audiencia, Cathedratico Jubilado de Prima de Sagrados Canones en la Real Universidad de esta Corte, Prebendado de esta Santa Iglesia Metropolitana, Consultor del Santo Oficio de la Inquisicion de este Reyno, Juez, Provisor, y Vicario General de este Arzobispado, &c. concedió su licencia para la impression de esta Vida, vista la Aprobacion del R. P. Francisco Zeballos, de la Sagrada Compañia de JESUS, en la que dice no tener cosa contraria à la pureza de nuestras buenas costumbres, y santa Fè, ni á las Regalias de su Magestad. En cuya conformidad la concedió, como consta por Auto de 23. de Agosto de 1753.

Licencia de la Religion.

JUAN ANTONIO BALTHAZAR de la Compañia de Jesvs, Provincial de esta Provincia de Nueva-España.

Por comission que para ello tengo de N. M. R. P. Ignacio Visconti, Preposito General de la misma Compañia, doy licencia para que se imprima un Libro, cuyo titulo es: Vida, y heroycas virtudes del V. P. Juan Maria de Salvatierra, Provincial, que fuè de la Compañia de JESUS, escrita por el P. Miguel Venegas, Professo de quatro Votos; y reducida à breve compendio por el P. Juan Antonio de Oviedo, de nuestra Compañia, Rector del Colegio de S. Andrès de Mexico, Calificador del Santo Oficio, el qual ha sido examinado, y aprobado por Personas doctas, y graves de la misma Compañia. En testimonio de lo qual dí esta firmada de mi nombre, y del de mi Secretario, sellada con el sello de mi oficio, en esta nuestra Cassa Professa de Mexico â 29. dias del mes de Agosto de 1753.

✠
IHS
Juan Antonio Balthazar.

✠
IHS
Mariano Gonzalez
Secretario.

EL APOSTOL MARIANO. VIDA ADMIRABLE DEL V. P. JUAN MARIA. DE SALVATIERRA Conquiſtador Apoſtolico de las Californias.

LIBRO PRIMERO.

Que contiene la relacion de los ſuceſſos de ſu Vida.

CAPITULO I.

Su Patria, Padres, nacimiento, y primera educacion.

LA Nobiliſſima Ciudad de Milán, Cabeza de la Lombardía, puede con razon gloriarſe de haver ſido Patria de un Apoſtol de nuevas Gentes, qual fuè el V. P. Juan Maria de Salvatierra, cuya vida eſcribimos. Fuè ſu Padre

D. Juan de Salvatierra, oriundo de la Ciudad de Andujar en el Reyno de Andalucia, y de las Familias mas iluſtres, y nobles de ella. Su Madre la Sra. Doña Barbara Viſconti, deſcendiente de los Duques de Milàn. Fecundó el Cielo eſte Matrimonio con cinco hijos: el primogenito ſe llamó tambien Juan, que educado en ſantas coſtumbres, y buenas letras, aunque ſus Padres lo deſtinaban para heredero de ſu Caſa, y Eſtado; movido fuertemente de Dios, abandonó todas las eſperanzas del mundo, y ſe conſagró â Dios en nueſtra Compañia, renunciando ſu Patrimonio, y Eſtado en ſu hermano ſegundo, que ſe llamó D. George, el qual tomó el eſtado de Matrimonio, y con chriſtianos procederes mantuvo el luſtre de ſu Caſa, y Familia. El tercero de los hijos ſiguió la Milicia, ſirviendo como fiel Vaſallo â ſu Rey por algunos años, haſta que perdió la vida en exercicio, y ocupacion tan honroſa. En quarto lugar ſuccedió Doña Conſtancia, que llegando â la edad competente, y adornada de muchas prendas de naturaleza, y gracia, ſe deſpoſó con el Gobernador, y Caſtellano de la Ciudad de Cremòna; y haviendo enviudado, ſe dedicó â Chriſto por Eſpoſa, entrando en un muy obſervante Monaſterio.

El quinto, y ultimo de los hijos fuè nueſtro Juan Maria, el qual nació el dia quinze de Noviembre de mil ſeiſcientos y quarenta y ocho. Y por haver

haver entrado, como se dixo, en la Compañia el Primogenito Juan, quiso su Padre D. Juan, que el ultimo de sus hijos conservase dentro su familia el nombre, y su Padre lo amaba, como Jacob â su Benjamin; y procuró en quanto pudo, que despues de sus dias quedase bien acomodado, y que viviesse con la decencia conveniente â la nobleza de su sangre. Bien niño era nuestro Juan quando muriò su Padre, y quedó â cargo de su Madre, quien procuró educarle ajustado â las obligaciones de Cavallero, y de Christiano, y bastàra para calificar la verdad heroyca de esta singular Matrona, el saber, que siendo yà de la Compañia le escribia Cartas tan llenas del espiritu de Dios, que el V. P. las guardaba, y todos los años quando se recogia â hazer los Exercicios espirituales de N. P. S. IGNACIO, las leia para afervorizarse en el servicio de Dios. Y ordinariamente le advertia, que si sus ascendientes havian Militado con grande honra en servicio de los Reyes, y Principes de la tierra, èl havia escogido mejor Milicia, haziendose Soldado de JESUS en su santa Compañia; y que por esso debia corresponder â la obligacion estrecha en que le ponian las leyes de tan noble, y Sagrada Milicia. Y si tales instrucciones le daba, quando yà estaba fuera de su dominio, y se hallaba Religioso, quales serian aquellas con que teniendolo en su casa lo criaba, y educaba! Es verdad, que fuè menester interrum-

 pirlas,

pirlas, porque haviendo Casado su hermana Doña Constancia, y siendo forzoso ir â vivir con su Esposo â la Ciudad de Cremòna para consuelo suyo se llevó consigo â su hermano Juan Maria, quando â penas contaba seis, ô siete años de su edad. Ni experimentò en su hermana menos cuidado en su educacion, pues continuamente le hablaba del temor santo de Dios, del horror, que debia tener al pecado; y aun procuraba con razones exhortar â que dexase el mundo, y se abrassase con la Cruz de Christo entrando en alguna Religion. Y podrá servir de bastante prueba del cuidado, que tenia de la buena educacion de su pequeño hermano el caso siguiente. En un Jueves Santo se fueron todos los de la casa â andar las Estaciones, que acostumbra la piedad catholica esse dia, quedando solo, no sé porquè accidente, en casa el niño Juan, que tenia yà cumplidos los siete años. El qual viendose solo saliò â buscar compañia, y no halló otra, que una niña, que era con poca diferencia de su misma edad, hija del Theniente del Castillo; y la convidó â que fuessen juntos â rezar las Estaciones del Calvario en unas Hermitas, que havia dentro del Castillo, yá que no podian ir por las Iglesias de la Ciudad. Aceptó la niña el convite, y con mucha devocion fueron los dos rezando las Estaciones.

Quando volvieron los Señores â la casa, algunos Soldados del Castillo juzgando lisonjearles

el

el gusto, les refirieron la mucha devocion con que los dos niños havian andado las Estaciones. Pero la Señora su hermana mirando con ojos de superior prudencia el caso, lo tubo muy â mal, y llamando â parte â su hermano lo reprehendiò severamente por averse atrevido à andar á solas con una muger, advirtiendole, que aunque era niña, al fin era muger, y que desde su tierna edad se debia precautelar del trato con todo genero de mugeres. Y le diò de penitencia tres dias de ayuno, y de encerramiento: lo qual cumpliò el devoto niño, y quedò muy advertido, y escarmentado para lo de adelante.

Todo el empeño de la Señora su hermana era el que se diesse su pequeño hermano à los exercicios de la virtud, y piedad christiana, y aun de inclinarlo à la vida religiosa. Al contrario su Cuñado procuraba inclinarlo á la vida Militar. Tenia ordenado à los Cabos, que le hablassen siempre de cosas de la Milicia, algunas vezes hacia disparar en su presencia tiros de artilleria, para que perdiesse el miedo á los Militares estruendos. Y el generoso niño de ambos aprendiò aquellos espiritus, que despues le excitaron à generosas empressas en la Religion. De su hermana recibiò como destilada, en leche la doctrina, que le moviò siempre á los exercicios de la virtud. Y de los dictamenes Militares de su Cuñado concibiò generosos alientos para emprender cosas grandes. Ha-

Hallabase yà nuestro Juan en los años de la pubertad, quando con ocasion de passar por Milàn la Infanta de España Doña Margarita, que iba à Alemania à desposarse con el Emperador Leopoldo, los dos Gobernadores de Milàn, y Cremòna procuraron recibirla con los festejos dignos de tan excelsa Persona. Y el Gobernador de Cremòna dispuso, que su Esposa fuesse â assistir, y servir à la Emperatriz, y nuestro Juan à dar muestra delante de su Magestad de las habilidades que tenia de danzar, y tocar musicos instrumentos. Pero Dios con admirable providencia dispuso, que espantadas las mulas de la carroza en que iban, ella se trastornase, y dando los fragmentos de una vidriera que se quebró en el rostro de Doña Constancia se lo lastimassen con algunas aunque superficiales heridas, con las quales no se atreviò à parecer delante de la Emperatriz, y el mismo dia de su entrada en Milàn, quando iba nuestro Juan en una caleza á vér el solemne recibimiento que se le hazia, sin saber como se le bolcó la caleza, y se hizo pedazos; y Juan quedando bastantemente corrido, y avergonzado se entró en una Iglesia llamada comunmente el *Giardino*, y segun refiere el P. Joseph Patriñani en el tercer tomo de su Menologio, aqui le sucediò una cosa digna de memoria, y de admiracion. Y fuè, que poniendo los ojos en el suelo de la Iglesia, viò en ella una lapida sepulcral con esta inscripcion:

Aqui

Aqui yace D. Juan de Salvatierra. Quedó con esto lleno de pavor, y discurriò haver en ello grande mysterio, quando observando despues varias vezes aquella lapida, no hallò en ella aquellas palabras.

Con estos fatales sucessos se volvieron à Cremòna, y quando Doña Constancia llevaba à penas seis años de Casada, murió su marido, y la buena Señora, que siempre havia animado à su hermano Juan à todo genero de virtud, y aun à la vida religiosa quiso, no solo con las palabras, sino tambien con el exemplo inducirlo, pues movida fuertemente de Dios, y abandonando las riquezas, placeres, y demàs bienes del mundo, se acogiò á Sagrado, tomando el Habito Religioso en el muy observante Monasterio de *Corpus Domini*, en el qual perseveró con una vida santa, y exemplar hasta la muerte.

CAPITULO II.

Vuelve â Milán, y lo que le sucediò hasta que Dios lo llamò â la Compañia.

HAllandose yá D. Juan de Salvatierra sin el abrigo, y direccion de su hermana, se huvo de volver â Milán â la Casa de su Madre, quando contaba yà como treze, ô catorze años de su edad. Ya sus Parientes determinaban embiarlo à la Corte de Madrid, ô de Viena, para que en servicio del

So-

Soberano medrase muchos adelantamientos,y diesse nuevo lustre, y esplendor à su nobilissima familia. Dieron parte de sus intentos al P. Juan de Salvatierra hermano mayor de nuestro Juan, el qual mirando la cosa con madurez no aprobó la determinacion de los Parientes, sino que fuesse embiado al Seminario de nobles, que hay en Parma, y está à cargo de la Compañia, en donde concurre mucha nobleza de toda Europa, para aprender buenas letras, y exercitarse en las habilidades proprias de una noble juventud. Agradó à todos el pensamiento, y assi luego lo embiaron, y en èl por espacio de quatro años se aplicó con empeño al estudio de las letras,y exercicios proprios de un Cavallero, y saliò eminente, especialmente en la esgrima, y en la musica; y juntamente se dedicò, aunque con bastante trabajo, al estudio de la lengua Francesa.

Hallabase bien ocupado en estos exercicios en el Seminario de Parma, quando Dios que lo tenia destinado à superiores empresas dispuso con admirable providencia, que leyesse un libro que trataba de los apostolicos trabajos de los Missioneros, que en las Indias se ocupaban en la conversion de los infieles. Con esta leccion se fervorizó en gran manera, conociendo quanto excedian en valor, y precio estas espirituales Conquistas à todas las que pudiera emprender en la Milicia Terrena, y en servicio de los Reyes, y Principes mundanos.

Y

Y comenzò â ſentir vehementes impulſos de abandonar todas las eſperanzas de valer en el mundo, y emplearſe en el mejor modo que pudiera en la converſion de la gentilidad. Pero muy diverſos eran los deſignios de ſus Parientes, los quales ſabiendo quan aprovechado eſtaba, no ſolo en las letras, ſino tambien en los exercicios proprios de Cavalleros, lo ſacaron del Seminario de Parma, haciendo que bolvieſſe â Milán, paſſando yá de diez y ſiete años de edad. El intento era, que tomaſe el eſtado de Matrimonio, y tenian yá para el efecto eſcogida â una Sobrina del Eminentiſſimo Cardenal Arzobiſpo de Milàn, quien tenia dado yá con mucho guſto ſuyo el conſentimiento. Los Parientes, que por el porte, y retiro, que guardaba ſoſpechaban algo de ſus intentos, no ſe atrevieron por entonces â declararſe, ſino que procuraban, que ſe divirtieſſe en varios paſeos, y feſtines, los quales como quien eſtaba yá herido de Dios, miraba Juan con mueſtras de diſguſto, y enfado. Llevabanle tambien muy amenudo â viſitar al Eminentiſſimo Arzobiſpo, quien lo recibia con mueſtras de ſingular cariño, y amor, y luego lo paſſaban â viſitar tambien â la Sobrina, pretendiendo, que con las continuadas viſtas, y viſitas ſe le engendraſe el amor, y eſte le inclinaſe al Matrimonio.

No penetrò â los principios el innocente mancebo el artificio de los Parientes; pero viendo, que muchas vezes lo dexaban ſolo con aquella Señora, y acordandoſe del dictamen de ſu buena hermana, de quan peligroſo es hallarſe un hombre á ſolas con una muger, datermінó eſcaparſe quanto antes con la fuga; y diſcurriò un medio muy extraño, que fuè veſtirſe de Peregrino, y disfrazado con eſſe traje ſalirſe de ſu caſa, y mendigando de limoſna la comida atraveſar â pie la Lombardìa, Francia, y Eſpaña haſta llegar âCadiz, y alli embarcarſe para las Indias, y en ellas ocuparſe en la converſion de los Gentiles. Con eſte deſignio previno una eſclavina de Peregrino, un baculo, una belliſſima Imagen de pinzel de la Santiſſima Virgen, y un laud, con que evitar el ocio en las poſadas, y endulzar con la muſica las amarguras, que pudiera cauſarle un camino tan prolixo, y trabajoſo, ſin proveerſe de dinero, ni de otro viatico para ſu ſuſtento, dexandoſe todo en las manos de Dios, y fiando de ſu divina amoroſa providencia, que nada le faltaria.

No le pareciò conveniente dár cuenta de ſu intento, y reſolucion â los Parientes teniendo por cierto, que havian de procurar por todos lados eſtorvarle la partida. Pero haviendo llegado la viſpera del dia en que tenia determinada la fuga, le ofreciò Dios al penſamiento, que ſeria bien noticiar de ſus intentos â ſu hermano el P. Juan de Salvatierra, que por ſer Religioſo, y quitado de las vani-

vanidades del mundo no ſe opondria â ſus intentos, ſino que con ſantos conſejos le dirigiria para el mejor acierto en ſu derrota. Oyóle ſu hermano el P. Juan, y alabò ſus ſantos intentos, pero mirando la empreſa que pretendia, con madurez, y cordura, le propuſo muchos inconvenientes, que de ello ſe ſeguian, y que no era el menor el que ſiendo Secular no le havian de permitir en las Indias procurar la converſion de los Gentiles. Y que por eſſo lo mas acertado ſeria entrar en alguna Religion de las que en las Indias ſe ocupan en la converſion de los Gentiles, para que deſpues de bien inſtruido en la vida religioſa, y bien proveído de letras, y virtudes paſſaſe deſpues â las Indias à exercitar tan ſanto, y Apoſtolico miniſterio. Pero le añadió, que ſe holgaria, que no eſcogieſſe para eſſo la Compañia, porque no ſe dixeſſe, que entraba en ella por amor de ſu hermano, ô que eſte ſe lo havia aconſejado.

CAPITULO III.

De ſu vocacion, y entrada en la Compañia, y el fervor con que paſſó ſu Noviciado.

AUnque eſtaba nueſtro D. Juan tan reſuelto á la execucion de ſus deſignios de partirſe à eſcondidas de ſu caſa, y en traje de Peregrino á Cadiz, y de alli partir à las Indias, mudò de parecer, y ſe conformò con el de ſu hermano. Suſpendiò la peregrinacion, viendo que con el medio de hacerſe Religioſo aſſeguraba mejor el deſignio de procurar la converſion de los Gentiles, y reſolviò encomendar â Dios el negocio, ſuplicandole que le dieſſe luz para conocer, qual ſeria la Religion, que mas le conviniesſe para el buen logro de ſus intentos; y comenzó â ſentirſe fuertemente movido de Dios, y llamado â la Compañia de JESUS. Dió luego parte de ello â ſu hermano el P. Juan, el qual haviendo con madurez examinado la vocacion la aprobó; pero le añadió, que nunca le recibirian en la Compañia ſin que obtuvieſſe licencia de ſu Madre, y beneplacito de ſu hermano Don George, que era yà el Señor de la caſſa.

Por lo que tocaba â la licencia de ſu Madre no hallò nueſtro D. Juan tropiezo, ô reparo alguguno, porque deſde luego ſe perſuadiò, que como Matrona tan piadoſa, no ſolo no le impediria la entrada, ſino que antes ſe la aplaudiria, como de hecho ſucedió, pues luego que lo ſupo la buena Señora, dió gracias á Dios de que ſe dignaſe de llamar â ſu hijo â una tan ſanta Religion; pero el conſeguir el beneplacito de ſu hermano tenialo por impoſſible, porque ſabia quan opueſto havia ſido á ſus intentos, y que havia ſido tambien el que mas havia deſſeado el caſamiento. Pero venciendo todo temor, y humano reſpecto ſe reſolviò â darle cuenta de de ſus deſſeos, aunque ſin decirle por entonces la Religion que havia eſcogido. Pero el hermano le dió repulſa, y tratandolo con grande aſpereza lo hechò de ſu preſencia, diciendole, que aquella era veleidad de mozo, y nò vocacion de Dios verdadera. No deſmayò por eſſo nueſtro fervoroſo Pretendiente: dexò paſſar algunos dias, y con ſingular denuedo ſe volviò à carear con ſu hermano, diciendole, que queria aſegurar ſu ſalvacion quitandoſe de los peligros del mundo, y entrando en la Compañia de JESUS, para donde Dios lo llamaba. Al oir eſto D. George deſembaynando una daga, que tenia en la cinta, le dixo con grande enfado: *Si como dixiſte la Compañia de JESUS, huvieras nombrado otra Religion, aqui quedaras luego muerto â mis manos; pero valgate el haver eſcogido la Compañia, y has lo que quiſieres.*

Con eſta licencia, aunque dada tan de mala gana, acudió luego al P. Provincial pidiendole, que lo recibieſſe en la Compañia. E informado el P. Provincial de las ſingulares prendas, y virtud del Pretendiente lo recibiò, y diſpuſo que paſſaſe à Genova à tener alli ſu Noviciado. Diſpuſo con brevedad la partida, y le acompañò en el camino ſu hermano D. George mas que por amor, con el animo de darle nueva bateria en orden á deſquiciarlo de ſus ſantos intentos, y para lo miſmo tenia prevenidos à un cierto Canonigo, al Principe Doria,

y

y aun al miſmo Sereniſſimo Dux de Genova, en cuya carroza ſaliò á recibirlos el Canonigo, que era Pariente, y procurò con quanta energia pudo diſuadirle la entrada en la Compañia; pero nada hizo mella en ſu corazon poſeìdo yà todo del amor divino. Y aunque queria irſe derecho á nueſtro Noviciado le fuè forzoſo condeſcender con las inſtancias de ſu hermano, y viſitar primero al Sereniſſimo Dux, y al Principe Doria. Pero luego el dia ſiguiente ſe fué al Noviciado acompañandole el Canonigo Pariente, que haſta entonces no dexò de importunarle para que deſiſtieſſe de lo comenzado, y ſe quedaſe en el ſiglo à lograr las eſperanzas, que ſu nobleza, y prendas le prometian. A todo reſiſtió conſtante el Hermano Juan, como tambien à otro combate, que le diò el Demonio, tentandole fuertemente con los cabellos, como que quiſiera ſacarlo de los cabellos de la Compañia. Y es el caſo, que era ſu natural cabellera muy rubia, y hermoſa, y comenzó à ſentir notable repugnancia en aver de perderla; pero alentado con el eſpiritu de Dios pidió con grande inſtancia al Hermano Ropero, que alli luego ſe la cortaſe; y aunque el Hermano lo reſiſtia, por ſer eſta diligencia antes de tiempo, movido de las fuertes inſtancias con que lo pedia huvo de condeſcender, y cortarle luego la cabellera.

Victorioſo yà nueſtro Juan de tantos aſſaltos

tos se despidiò de su hermano el P. Juan, que le havia acompañado hasta el Noviciado, y diciendole este, que seria bien, que dexase el apellido de Salvatierra, y tomase otro de su parentela, por evitar la equivocacion que pudiera haver en adelante por tener los dos un mismo nombre, no vino en ello el Novicio, sino que juzgaba, que seria bastante la diferencia si añadiesse al nombre de Juan el de Maria; y assi desde entonces se llamò Juan Maria de Salvatierra. Diòle tambien à la despedida â su hermano el P. Juan aquella hermosa Imagen de la Santissima Virgen, que como diximos tenia destinada por compañera en la peregrinacion, que meditaba, y le pidiò la remitiesse à su hermana la Madre Constancia, la qual, y todas las Monjas del Convento la recibieron con grande gusto, y consuelo de sus almas; y para su mayor veneracion le fabricaron en el Jardin del Convento una curiosa Capilla, y desde entonces se llamó: *Nuestra Señora del Jardin.*

Hallandose yà nuestro Hermano Juan en la Cassa de Dios libre de embarazos de mundo, emprendió con singular empeño aspirar à la perfeccion; y desde luego se amoldó á las leyes de la Religion, y á las costumbres, y distribucion del Noviciado, como si fuera yá muy antiguo. Y como siempre aun en el siglo havia sido tan inclinado á la virtud, poco, ô nada tubo que vencer para esme-

me-

merarſe en la obſervancia religioſa. Emprendiò con grande fervor el abnegarſe aſſimiſmo, y mortificarſe en todo lo poſſible. Obſervaba con eſmero el ſilencio, y quando era forzoſo hablar, eran ſus palabras muy medidas, y niveladas por la razon. Su modeſtia era ajuſtada à las Reglas, que de ellas nos dexó N. P. S. IGNACIO. Y con mucha eſpecialidad ſe dedicò á la oracion, y trato continuo con Dios en los exercicios de la meditacion, examenes de conciencia, leccion eſpiritual, y preſencia de Dios, con tal fervor, que llegò à perder la ſalud, y á laſtimarſele deſuerte la cabeza, que juzgaron los Superiores conveniente hacerle mudar de temperamento, creyendo, que el de Genova era muy adverſo á ſu ſalud, como verèmos en el Capitulo ſiguiente.

CAPITULO IV.

Proſigue ſu Noviciado en Quieri, y lo que le ſucediò haſta ſalir â los eſtudios.

APenas havia cumplido el Hermano Juan Maria tres meſes de Noviciado, quando viendo los Medicos, que de nada aprovechaban para ſu ſalud quantos remedios les enſeñaba la medicina fueron de parecer, que el temperamento de Genova era muy adverſo à ſu ſalud, y que convenia mudarle de lugar, en que los aires le fueſſen mas benignos.

Con esto determinaron los Superiores, que passase al Piamonte, y que en Quieri lugar distante como dos leguas de Turin, donde tiene tambien casa de Probacion la Provincia de Milán, prosiguiesse su Noviciado. Tubo siempre el Hermano Juan esta enfermedad, y mudanza de Colegio por especial providencia de Dios, porque le tenia prevenido en Cariñano al P. Juan Baptista Zappa, que era alli tambien Novicio, para que su exemplo, y compañia le sirviesse de grande estimulo á la perfeccion, y porque queria que desde entonces se hermanaran los dos en una estrechissima correspondencia, y santa amistad, porque los tenia à los dos escogidos para que viniendo juntos, ilustraran con sus admirables exemplos de virtud esta Provincia de Nueva-España.

Era el Hermano Juan Baptista Zappa, quando entrò en la Compañia de poco mas de quinze años, y el H. Juan Maria contaba yá mas de diez y ocho, y aunque era mayor de edad miraba al H. como un perfecto dechado de todas las virtudes, y con sus exemplos, y santos consejos se alentaba al exercicio fervoroso de todas ellas. Y todas las exercitaba tomando con empeño la devocion que llamaban de las *Flores de MARIA*, la qual â imitacion, y exemplo del H. Zappa exercitaban con mucho fervor todos los Novicios. Su exercicio consistia, en prevenir todas las fiestas de la Gran Señora, con obſequios eſpeciales de actos de amor de Dios, de mortificacion interior, y exterior, y de las demás virtudes, dedicandolo todo al mayor agrado de la Santiſſima Virgen. Eſte ſanto exercicio venia á ſer como continuo en todo el año en los dos fervoroſos Compañeros. Porque fuera de las dichas Novenas, que hazian todos los Novicios, cada año empleaban en èl los dos, tres quarentenas para las tres fieſtas principales de la Señora, que eran las de ſu Concepcion, Annunciacion, y Glorioſa Aſſumpcion â los Cielos. Otra quarentena hacian en honra del Santiſſimo Sacramento. Las ſemanas de Adviento ofrecian tambien ſus flores para diſponerſe â celebrar el Nacimiento del Niño Dios, y toda la Quareſma en honra, y memoria de la Paſſion de nueſtro Redemptor. Otras Novenas empleadas en ſemejantes exercicios de virtudes hacian para celebrar las fieſtas de los Santos de la Compañia, y otros Santos de ſu devocion. De donde ſe conoce, que todo el año eran ſus almas una continua florida Primavera de que cogian fragrantes, y hermoſas flores, para coronar à la Reyna de los Cielos. Pero de eſto hablarémos mas difuſamente en lugar mas oportuno.

Ocupado en eſtos ſantos exercicios, y en todos los que lleva de ſuyo la menuda diſtribucion del Noviciado, cumplidos los dos años con plena ſatisfaccion de los Superiores, fue admitido á los

Vo-

Votos Religiosos, con grande regocijo de su alma por verse yà mas unido, y estrechado con la Religion, y mas apartado, y libre de las borrascas peligrosas del mundo. Por el mismo tiempo hizo tambien los Votos su santo Compañero el H. Juan Baptista Zappa; y fueron los dos embiados al Seminario de Quieri á estudiar las letras humanas. Y como el H. Juan Maria havia aprovechado mucho en ellas los quatro años, que estuvo en el Seminario de Parma, no fuè menester mucho tiempo, para perfeccionarse en ellas. Lo qual no sucediò al H Zappa, que por haver entrado de quinze años en la Compañia no havia podido tener antes todo el cultivo, que necessita essa florida facultad. Por lo qual no pudo acompañar al H. Juan Maria embiado de los Superiores á Genova à estudiar el Curso de Philosophia, hasta el año siguiente, en que el H. Zappa comenzó la Logica, quando el H. Juan Maria entrò á cursar la Physica. No se han podido saber cosas particulares de este tiempo, sino solamente, que no afloxando un punto en la observancia Religiosa, fuè tambien uno de los mas aventajados estudiantes de su tiempo.

Acabado el curso de Philosophia fuè señalado á leer latinidad, y letras humanas en la misma Ciudad de Genova, cuyos ayres no le fueron yà nocivos, como havian sido en los principios de su Noviciado. Quatro años gastò en esta ocupacion de Maestro, en la qual se portò de tal manera, que assi sus discipulos, como los Padres del Colegio lo miraban como un vivo exemplar de todas las virtudes. Y su amantissimo Compañero el H. Zappa fuè asignado á la misma ocupacion de enseñar las letras humanas en el Colegio de Nisa; y entonces consiguió su asignacion para las Indias, como tambien nuestro H. Juan Maria de Salvatierra, como se verà en el Capitulo siguiente.

CAPITULO V.

De su vocacion, y asignacion â esta Provincia de Nueva-España.

YA diximos en el Cap. 2. como haviendo leìdo los progresos de nuestra santa Fè en las Indias por medio de los Apostolicos Missioneros, se encendiò el H. Juan Maria en fervorosos desseos de la conversion de los Gentiles, como quiso en traje de Peregrino irse desde Italia â España para lograr en el Puerto de Cadiz ocasion oportuna de embarcarse. Pero haviendo suspendido por consejo de su H. el P. Juan de Salvatierra la execucion de sus intentos, y haviendo entrado en la Compañia, nunca le faltaron, sino que antes crecieron con el nuevo estado sus ardientes desseos. Y mientras llegaba el tiempo de representarlos â N. P. General, y solicitar su asignacion, clamaba con fervientes ora-

oraciones á Dios, y su Santissima Madre, para que le concediessen lo que tanto desseaba. Desde que entrò en la Compañia diò cuenta de sus desseos, y y del fin porque entraba en la Compañia, que era procurar en quanto pudiesse la conversion de los Infieles, al P. Provincial, y à sus Maestros de Novicios, y todos le aprobaron aquellos desseos, como vocacion de Dios, y le alentaron à que procurase hacerse digno de tan alto empleo, y Apostolico ministerio.

Su Connovicio el H. Juan Baptista Zappa comenzò à sentir los mismos desseos en su segundo año de Noviciado, al tiempo, que en el Viernes Santo meditaba la ardentissima sed, que padeciò Christo nuestro Señor en la Cruz. Y haviendose mutuamente los dos comunicado los interiores impulsos, que sentian para procurar la conversion de los Gentiles, se convinieron en negociar con Dios el feliz exito con muchas oraciones, y penitencias. Y hallandose yà los dos estudiando Philosophia, escribieron à nuestro P. General Juan Paulo de Oliva, declarandole sus desseos, y pidiendole se dignase de señalarlos quando huviesse oportunidad à las Missiones de las Indias. Respondiò'es el P. General alabando sus buenos desseos, y dandoles buenas esperanzas para quando fuesse tiempo de hacer asignaciones. Los dos fervorosos Hermanos persistieron constantes en sus buenos desseos por el espacio

pacio de siete años contados desde el tiempo de su Noviciado hasta que consiguieron la asignacion, y escogieron por especial Patrona, y Protectora para este intento à la Santissima Virgen; y à este fin, y en honra suya dedicaban todas sus penitencias, Novenas, quarentenas, flores, y otros obsequios, poniendo por medianeros para con la Soberana Reyna à N. P. S. IGNACIO, y S. FRANCISCO XAVIER. El H. Zappa se sintió especialmente movido á esta Provincia de Nueva-España desde que el P. Francisco de Florencia passando por Genova para Roma con el cargo de Procurador de esta Provincia le diò una estampa de nuestra Señora de Guadalupe, y le refiriò la historia de su Milagrosa Aparicion en la manta, ô ayate de un Indio. Y comunicandolo todo á su Compañero el H. Salvatierra, comenzò este á tener tambien especial devocion à la Señora de Guadalupe, y ambos la llamaban *Nuestra Señora del impossible*, porque qualquiera cosa que paresciesse impossible, la esperaban conseguir por su medio, ê intercession.

Otra prenda segura de su asignacion á las Indias les quiso dàr el Cielo por medio de la Santissima Virgen en Imagen suya de Loreto, favor muy conveniente â quien con el amparo de la Virgen de Loreto havia de ser el Conquistador espiritual de las Californias, como â su tiempo verèmos. Una tarde de vacacion salieron los dos amantissi-

mos

mos Compañeros, hallandose ambos estudiantes Philosophos en Genova â visitar una Imagen de nuestra Señora de Loreto, que se venera fuera de la Ciudad en lo alto de un collado, desde donde se gozaba libre, y despejada la vista del mar, entraron en la Iglesia, y lo mismo fuè arrodillarse delante de la Santa Imagen, que quedar el H. Zappa immoble, y como enagenado de todos los sentidos. Y aunque durò mucho tiempo de esta suerte, no se atrevia el H. Salvatierra á despertarlo de aquel dulze sueño, con que su espiritu reposaba. Pero al fin volviendo en sí el H. Zappa salieron de la Iglesia, y reparando, que dos Navios en el mar llevaban la proa al Occidente, prorrumpiò el H. Zappa en estas enfaticas palabras: *Ea, buen animo Hermano mio, que esta Señora nos ha de llevar, como vàn essos Navios â predicar â las Indias. Tiempo ha de venir, ha de venir tiempo · y no hay sino prevenirse, y hacer preparacion condigna para no impedir el viaje.* Grande consuelo causaron en el H. Salvatierra estas palabras, quedando muy certificado del viaje de Indias, assi por la aseveracion con que las decia su Compañero, â quien creyò en aquella ocasion especialmente ilustrado del Cielo, como por una interior seguridad, que la Gran Señora le comunicò en aquella visita.

Con la ocasion de aver passado por Genova para Roma Procuradores de la China, Malabar, Phi-

Philipinas, Quito, Paraguay, y Nueva-Eſpaña â ſolicitar de N. P. General recluta de Miſſioneros para ſus Provincias, huvo gran concurſo de Pretendientes: entre los quales fueron de los primeros, los dos que tenia Dios deſtinados para Apoſtoles Marianos de eſta America Septentrional; pero en lo humano no parecia poſſible, que fueſſen aſignados para Provincia alguna del Occidente, porque havia muchos años, que no ſe permitia paſſar â ellas Sugetos, que no fueſſen de las Provincias de Eſpaña. Pero no ceſaban de clamar â Dios, y â ſu Santiſſima Madre, pidiendoles el buen exito de ſus deſſeos, quando en eſto recibiò Carta el H. Zappa de N. P. General, en que lo ſeñalaba para eſta Provincia de Nueva-Eſpaña. Diò por ello muchas gracias al Señor, y â la Santiſſima Virgen, de cuya mano creia le venia lo que tanto havia deſſeado. Y lo mas admirable fuè, que eſcribiò luego deſde Niſa en donde ſe hallaba al H. Salvatierra, que los dos eran ſeñalados de la Provincia de Milàn para la de Nueva-Eſpaña, dandole por ello muchos parabienes. Digo, que fuè lo mas admirable, porque el otro ſeñalado de la Provincia de Milán era el P. Ignacio Reſta, Theologo de tercer año, á quien no eſcribiò el H. Zappa. Pero conocioſe en Genova, que el H. Zappa havia hablado con eſpiritu profetico, ê iluſtrado con luces del Cielo: porque haviendo enfermado graviſſimamente el P. Reſta, noticiado

ticiado de ello N. P. General, señalò entonces para la Provincia de Nueva-España al H. Juan Maria Salvatierra. Y yá se vè, quanto seria el regocijo de su alma. Y es que lo tenia el Cielo destinado para Apostol de las Californias con admirable providencia muy semejante â la que el Señor usó, quando estando señalado para la India Oriental el P. Nicolás de Bobadilla por haver enfermado fuè substituido en su lugar S. FRANCISCO XAVIER, â quien Dios tenia destinado para segundo Apostol de la India, y primero del Japon.

CAPITULO VI.

Embarcase para las Indias, y los sucesos del viaje hasta llegar â la Nueva-España.

LUego que el H. Juan Maria recibiò de N. P. General su assignacion, dispusieron los Superiores, que se Ordenase de todas Ordenes, hallandose yà de mas de veinte y siete años de edad, y celebrò su primera Missa, assistiendo â ella numeroso concurso de la primera nobleza de Genova, porque todos le estimaban assi por la calidad de su nacimiento, como mucho mas por su santidad, grandemente edificados de que movido del zelo de la conversion de los Infieles abandonaba su Patria, Parientes, y Amigos. Vino por este tiempo de Nisa el H. Zappa â Genova, el qual quizà por la falta de edad no recibiò los Ordenes Sacros hasta que llegò â Cadiz; pero los dos amantissimos Compañeros el tiempo que se detuvieron en Genova antes de embarcarse, se ocupaban en visitar varios Santuarios de la Santissima Virgen. Alli decia Missa el P. Juan Maria, y comulgaba el H. Zappa: y â peticion de la Princesa Doña Violante Lomelina Doria, iban â decirla â su Oratorio por venerarse en èl colocada una Imagen de la Santissima Virgen, que havia sido del V. P. Balthassar de Loyola, primero Principe de Fez, y despues Religioso de la Compañia; y por esso acudian alli muchas Personas ilustres de la Ciudad, y se edificaban mucho de vèr la grande devocion con que el P. Juan Maria celebraba la Missa, y el H. Zappa la ayudaba, y comulgaba.

La ultima visita que hicieron fuè al Santuario de nuestra Señora del Monte, distante como una legua de la Ciudad, y fuè con la ocasion de que estando varios Navios para darse â la vela se levantò question entre los Missioneros, sobre qual havia de ser el que los conduxesse â Cadiz, inclinandose unos mas á uno, y otros â otro, y el Superior de la Mission quiso que la eleccion se hiciesse por votos de los mismos Missioneros. Para dár con acierto su voto fueron el P. Juan Maria, y el H. Zappa al dicho Santuario â encomendar â la Santissima Virgen el acierto en aquel negocio. Y la resolucion que

que ſacaron fuè dàr ſu voto en eſta forma: *Eſcojèmos para embarcarnos aquel Navio, que pareciere mejor al Superior.* Agradò mucho â todos eſte voto tan arreglado â las delicadezas del eſpiritu, y primores de la obediencia; y conformandoſe todos con èl, ſeñalò el Superior el Navio, y llegado el dia, ſe deſpidieron de toda la Ciudad, donde fuè univerſal el ſentimiento por ſu partida, ni fuè menor el dolor de los nueſtros, eſpecialmente de los que tenian ſemejante vocacion para las Miſſiones de Indias, y no havian podido conſeguirlo. Dieronſe â la vela el dia veinte y cinco de Mayo de mil ſeiſcientos y ſetenta y cinco, dia que juzgaron anuncio de toda felicidad por haver caído en Sabado dedicado â la Santiſſima Virgen, y por ſer conſagrado â la Serafica Virgen Santa Maria Magdalena de Pazzi, con quien tenian ſingular devocion; y por ſer tambien ſegundo dia de la Novena, que el dia antes de embarcarſe havian comenzado en honra del Eſpiritu Santo, la qual proſiguieron con mucho fervor en el Navio, y al acabarla les ofreciò el Señor una buena ocaſion de exercitar ſu zelo apoſtolico, con una fervoroſa Miſſion, que ſe hizo â toda la Armada los tres dias de la Paſqua del Eſpiritu Santo, en quanto ſe havia diviſado una eſquadra Olandeſa, y ſe tenia temor de encontrarſe con Navios de Moros, que ordinariamente infeſtan aquel mar mediterraneo; y por eſſo trataron de assegurarse en el Puerto de Alicante â donde llegaron Sabado ocho de Junio vispera del Espiritu Santo, y haviendo saltado en tierra toda la Gente del comboy, los Padres Missioneros estrenaron su zelo en una fervorosa Mission, en que trabajaron no poco el P. Juan Maria, y el H. Zappa en fervorosissimas Platicas, y exhortaciones. Y todos los Padres Sacerdotes tuvieron bien que hacer en oìr las confessiones, que duraron hasta el tiempo de volverse à embarcar, y fuè mucho el fruto, que se experimentò en toda la gente con mucha reforma de las costumbres.

Volvieronse à embarcar el Miercoles de aquella semana, y despues de una recia tormenta, que tuvieron el Domingo, que era fiesta de la Santissima Trinidad, y de haver padecido vientos contrarios antes de llegar al estrecho de Gibraltar, tomaron por fin el Puerto de Cadiz el dia diez y ocho de Junio de mil seiscientos setenta y cinco, que era Martes de la infraoctava del Corpus. Alli se detuvieron veinte dias mientras se aprestaban los Navios todos de la Flota, que estaba para salir. Y por fin el dia ocho de Julio del mismo año se embarcò el P. Juan Maria, y su Santo Compañero el P. Juan Baptista Zappa Ordenado yá en Cadiz de Sacerdote, con todos los demás Missioneros, que venian para esta Provincia, y la de Philipinas, de los quales tres consiguieron despues la palma del Martyrio

rio à manos de los Infieles, el P. Manuel Solorzano en las Islas Marianas, y los Padres Juan Ortiz Foronda, y Manuel Sanchez en nuestras Missiones de los Tarahomares.

Embarcados el dia ocho de Julio se dieron à la vela el dia onze en el Navio llamado la Concepcion, hermoso titulo, que alentò mucho al P. Juan Maria la confianza, de que con la proteccion de la Immaculada Señora lograria toda felicidad en el viaje. El qual se puede decir feliz, porque á pocos dias tuvieron unos mucho que padecer, y otros mucho en que exercitar la christiana charidad; porque haviendose encendido en el Navio una epidemia, fueron los mas los que cayeron rendidos á su violencia: y los pocos que quedaron libres de los nuestros assistieron con singular cuidado à la cura, y alivio corporal, y espiritual de los enfermos, en que se esmerò tanto el P. Juan Maria, que todos le llamaban el *Padre Santo*. Pero despues se le pegò la misma enfermedad con ardientissima calentura; pero Dios que lo tenia destinado para Apostol de nuevas Gentes, le restituyò la salud. Llegaron á Puerto rico, primer Puerto de Indias, el dia de la Triumphante, y Gloriosa Assumpcion á los Cielos de la Santissima Virgen; y haviendo hecho su aguada acostumbrada los Navios, prosiguieron prosperamente su viaje hasta llegar al Puerto de la Vera-Cruz, en donde entrò el P. Juan Maria con todos sus

ſus Compañeros el dia treze de Septiembre viſpera de la Exaltacion de la Santa Cruz, del año de mil ſeiſcientos ſetenta y cinco.

CAPITULO VII.

Paſſa â Mexico, comienza ſus eſtudios de Theologia, y aplicaſe con fervor â los miniſterios con los Proximos.

HAviendo deſcanſado algunos dias en el Colegio de la Vera-Cruz, y haviendo ſalido con ſu amado Compañero el P. Juan Baptiſta Zappa, y otros Miſſioneros en Sabado dia veinte y uno de Septiembre, llegaron por fin â Mexico el dia primero de Octubre, viſpera de los Santos Angeles de guarda, y aquel dia rezando en la poſada cercanos â la Ciudad, las viſperas del ſiguiente dia, hicieron los dos un largo, y devoto diſcurſo ſobre los beneficios, que Dios les havia hecho por medio de los Santos Angeles deſde que ſalieron de Italia haſta que llegaron á Mexico, á quien miraban como la tierra de promiſſion, â la qual conduxo un Angel à los Iſraelitas.

Fueron recibidos en Mexico con las demonſtraciones de charidad religioſa, que acoſtumbra eſta Provincia uſar con los Miſſioneros, que dexando ſus Patrias, y Provincias vienen à tener parte en la converſion de los Infieles, y ſalvacion de los Proximos: y ſe eſmerò en eſta charidad el P. Rector del

del Colegio Maximo, que lo era á la ſazon el Santo, y V. P. Pablo de Salzeda, el qual los llevò primero à ſu apoſento, y alli les hizo un breve, y devoto razonamiento, agradeciendoles por una parte el zelo con que venian à ſervir en eſta Provincia, en ſus Miſſiones, y miniſterios del bien de las almas; y por otra diciendo, que ſe alegraba de ſer Superior en aquel Colegio, ſolamente por lograr la ocaſion de poder emplear la authoridad de ſu oficio en ſervirlos à todos, y eſtàr prompto para todo lo que pudiera conducir à ſu alivio, y conſuelo. Fueron eſtas razones dichas con tan vivas expreſſiones de amor, y benevolencia, que movieron â muchos de los preſentes á lagrimas de ternura, y todos dieron al P. Rector las debidas gracias, y luego fueron conducidos á los apoſentos, que ſe les tenian preparados.

En aquellos primeros dias de Octubre, que eran dias de vacaciones deſcanſaron, y haviendo tenido con los demàs los ocho dias de exercicios de N. P. S. Ignacio, comenzò por S. Lucas el P. Juan Maria ſus eſtudios de Theologia; pero antes reſolviò con ſu Compañero el P. Zappa el ir á viſitar el celebre Santuario de nueſtra Señora de Guadalupe, por ſer ella la que los havia ſacado de la Italia, y traìdo à la Nueva-Eſpaña, para que fueran dos Apoſtoles Marianos en beneficio de los Indios, á quienes deſde ſu Milagroſa Aparicion, havia tanto to la Soberana Señora favorecido. Con licencia pues, de los Superiores fueron los dos un dia â pie al mencionado Santuario distante una legua de la Ciudad. Alli celebraron el Santo Sacrificio de la Missa, y despues se detuvieron grande rato en dàr las debidas gracias al Señor Sacramentado, y á su Santissima Madre, y se ofrecieron con grande fervor á procurar quanto pudiessen la salvacion de las almas, y especialmente las de los Indios, y les parecia que la Soberana Reyna en su Milagrosa Imagen les decia lo que Christo á sus discipulos: *Levate oculos vestros, & videte regiones, quia albæ sunt jam ad messem.* Y desde este dia quedaron los dos convenidos de ir juntos cada mes à visitar á la Señora en su Santuario, y fuera de esso en los dias de sus festividades principales, y assi lo cumplieron todo el tiempo de sus estudios.

Con estas visitas, y favores, que en ellas recibian emprendieron con todo empeño, y fervor sus estudios de Theologia, persistiendo siempre en la devocion de las flores de MARIA, y exercicio de la perfeccion, porque conocian muy bien, que de essa suerte se debian hacer instrumentos aptos para la salvacion de las almas, segun lo que S. Pablo escribiò à su discipulo Timotheo: *Attende tibi, & doctrinæ: Insta in illis; hoc enim faciens, & te ipsum salvum facies, & eos qui te audiunt.* Pero antes que llegase el tiempo de entregarse del todo à los

mi-

ministerios de los Proximos, no dexaban â un en tiẽpo de los estudios, y sin faltar en cosa alguna â las escolasticas tareas de procurar en quanto podian ayudarlos para el provecho de sus almas. Aplicabanse quanto podian al Confessonario, iban con grande gusto quando los señalaba la obediencia â confessar los enfermos, y ayudar â bien morir â los moribundos. Los dias de fiesta, y assueto salian â hacer Platicas, y explicar la Doctrina Christiana por las calles, y plazas, y mas amenudo las hacian en las carzeles, y hospitales, en donde despues se detenian â confessar â quantos querian; y juntamente les repartian la limosna, que podian recoger en la Ciudad. Con esto se conciliaron de suerte la voluntad, especialmente de los encarzelados, que aunque â los principios mostraban repugnancia, y era menester violencia para juntarlos, despues en los dias señalados, quando los dos Padres entraban en la carzel, yá estaban de su bella gracia todos los presos congregados en la Capilla.

Por este tiempo estaban los reos muy atemorizados, y se quexaban de los espantosos ruidos, quexidos, y lamentos, que de noche se oìan en varios lugares de la carzel, con un continuo arrastrar de cadenas, con lo qual no podian dormir, ni descansar en toda la noche. Noticiado de este trabajo tan cozijoso el V. P. Joseph Vidal, que era entonces Prefecto de las carzeles, dispuso como mas lar-

E ga-

gamente ſe refiere en ſu Vida, que ſe hicieſſe una Miſſion á los preſos en quatro dias, que començaron Sabado Vigilia de Pentecoſtes, y los tres ſiguientes dias dedicados al Eſpiritu Santo, ſeñalando para eſta Miſſion â nueſtros dos Apoſtolicos Miſſioneros, y otros dos Theologos Sacerdotes de quarto año, para las Doctrinas, Platicas, y Confeſſiones de aquellos dias, en los quales todos cinco tuvieron bien que trabajar, y lo eſpecial que toca al P. Juan Maria es, que fuè el ſeñalado para la Miſſa votiva, que ſe dixo de N. P. S. IGNACIO, â quien havian eſcogido por Patron de la carzel, y calabozos; y acabada la Miſſa llevaron en Proceſſion la Imagen del Santo, haciendo oficio de Preſte el P. Juan Maria, quien en cada uno de los calabozos, dixo los exorciſmos de la Igleſia, y deſde aquel dia ſoſſegaron los eſtruendos, y quedaron los preſos muy conſolados, y agradecidos.

CAPITULO VIII.

Es ſeñalado el P. Juan Maria â leer Rhetorica en la Ciudad de la Puebla; y aplicaſe al bien eſpiritual de los Indios en la Capilla de S. Miguel.

NO contento el ardiente zelo del P. Juan Maria de Salvatierra con lo mucho que obraba por el bien de los Proximos, emprendiò tambien en los dos primeros años de ſu Theologia el eſtudio de la len-

lengua Mexicana para habilitarſe con ella al provecho eſpiritual de los Indios en ſaliendo de los eſtudios. Y de ſuerte ſe aplicó en los ratos, que le ſobraban del eſtudio eſcolaſtico, que en los dichos dos años ſe hallaba yà tan expedito en el Idioma, que podia yà en èl confeſſar, y predicar â los Indios. Mas para que no eſtuvieſſe ocioſo eſte talento, diſpuſo Dios con admirable providencia, que comenzaſe â exercitarlo para mucho bien de los Indios aun antes de acabar ſu Theologia, ſirviendo de medio para eſte fin la ocaſion ſiguiente.

Havia en nueſtro Colegio del Eſpiritu Santo de la Puebla una Capilla, ô Igleſia pequeña con puerta â la calle dedicada al Principe de la Milicia Celeſtial el Señor San Miguel, en la qual ſe exercitaban los miniſterios de Indios à imitacion del Colegio de S. Gregorio de Mexico, dedicado deſde ſu fundacion á los miſmos miniſterios de Indios Mexicanos. La qual Capilla, ô Igleſia de S. Miguel ſe cerrò yá deſde ſe q̃ fundò en la miſma Ciudad de la Puebla pocos años ha el Colegio de S. XAVIER con el deſtino ſolamente de acudir al bien, y provecho de los Indios, inſtruyendolos en los Myſterios de nueſtra ſanta Fè, y buenas coſtumbres en el Idioma Mexicano. Cuidaba entonces de la dicha Capilla, ô Igleſia pequeña de S. Miguel, el P. Juan de Burgos, que por hallarſe yà en edad tan abanzada, que llegò á ſer el Profeſſo mas antiguo de toda la universal Compañia, necessitaba de descanso, ô de tener quien le ayudasse en los ministerios de los Indios. Y para esso havia venido Carta de N. P. General Juan Paulo de Oliva, en que recomendaba mucho la Persona del dicho P. Juan de Burgos, como Decano de toda la Compañia, ordenando, que como à Sugeto tan benemerito se atendiesse en todo lo possible à su alivio, y descanso, y se le señalasse Compañero practico, y expedito en el Idioma Mexicano, que pudiera ayudarle, y aun descuidarle del todo en los ministerios. No se hallò por entonces á la mano otro mas prompto para la execucion de este orden superior, que el P. Juan Maria Salvatierra. Y assi haviendose examinado del segundo año de Theologia fuè luego señalado para leer Rhetorica en el Colegio del Espiritu Santo de la Puebla, y juntamente assistir, y ayudar al P. Juan de Burgos en la administracion espiritual de los Indios.

Ni es de omitir, que con esta ocasion se descubrieron mas realzados los quilates de la obediencia, y mortificacion del P. Juan Maria. Es costumbre de esta Provincia, que los Hermanos, ô Padres estudiantes no lean antes de acabar los estudios mas que dos años de Grammatica; y sabiendose, que el P. Juan Maria havia yà leido quatro en su Provincia, al vèr que à los dos años de Theologia lo volvian á señalar á enseñar la Rhetorica, muchos estrañaron

trañaron eſta aſſignacion, y llegaron apreſumir, que el motivo, que para eſto tenian los Superiores ſeria por haverle relevado de los eſtudios por cauſa de haver quedadó reprobado en el examen del ſegundo año de Theologia. No ſe le ocultaron al P. Juan Maria eſtas ſoſpechas, no habló palabra, padeciendo con humilde ſilencio eſta mortificacion, y bajando la cabeza ſin replica, ni propueſta alguna al yugo de la obediencia. Y ſu Compañero el P. Zappa, que ſabia muy bien quanto excedia el P. Juan Maria â muchos de la Eſcuela, aun de los mas aprovechados, no dudaba de ſu aprobacion, y teniendolo todo por eſpecial diſpoſicion de la divina previdencia para el bien de muchas almas, lo exhortaba, y animaba â lograr la ocaſion, que Dios le embiaba de humillarſe, añadiendole, que debia tener por eſpecial favor de Dios, y de ſu Madre Santiſſima el ſer eſcogido para ſervir, y ayudar á un hombre tan benemerito, como era el P. Juan de Burgos, á quien debia imitar con mas eſtima, y aficion por haver eſcrito, y dado â la luz publica en un tomo de â folio la hiſtoria panegyrica de nueſtra Señora de Loreto, á quien los dos ſe reconocian tan obligados.

Con eſtos conſejos, y mucho mas con el fervor de ſu eſpiritu ſiempre obediente, y mortificado ſe ſacrificò rendido â eſta aſſignacion de los Superiores, y diſpuſo luego ſu partida con tanta aceleracion,

racion, que no tubo tiempo para irse à despedir de nuestra Señora de Guadalupe. Pero dexò sus vezes al P. Zappa, para que en su nombre la visitasse, assi en aquella ocasion, como en todo el año. Cumpliò su buen Compañero esta encomienda, y la Santissima Virgen por medio del mismo P. Zappa le daba â entender quanto le amaba, y le embiaba amorosos mensages, y recaudos. Consta esto de varias Cartas que le escribiò â la Puebla, de las quales se infiere lo uno el trato familiar, que tenia con la Santissima Virgen este iluminado Varon, y lo otro quan en su memoria tenia la Soberana Reyna â su devotissimo Siervo el P. Juan Maria. En una de 2. de Diciembre del año de 1677. le dice estas palabras: *El Jueves dia de Santa Catharina fui â Guadalupe con el P. Medina, y V. R.* in spiritu. *La Virgen es siempre mas hermosa, se acuerda muy bien de nosotros, y embia muchos recaudos à V. R. y le dice: Cogita tu de me, & ego cogitabo de te.* En otra de 21. de Abril del año siguiente, le dice assi: *El dia 21. de Marzo fui à dàr los parabienes à nuestra Señora de Guadalupe de su Soberana eleccion á la dignidad de Madre de Dios, y en lugar de V. R. vino el H. Manuel Sanchez.* O quam pulchra est Amica nostra! *Nos dice lo que dixo Christo resuscitado à sus discipulos:* Ego sum, nolite timere, & ostendit eis manus, & latus. *Ella:* pectus, & ubera. *Yo soy la que os traxe â esta tierra: Yo os he guarda-*
do

do hasta ahora en ella. Yo os he apartado : Nolite timere. *Yo lo dispongo todo, Yo la que ordenarè todo lo por venir á mayor gloria mia, y de mi Hijo. Y por prenda, y señal cierta mirad lo que padeciò mi Hijo por vosotros, y por las almas, y lo que Yo tambien sufri. Pues què debemos temer dexandonos guiar de tan buena Madre? Oy fui tambien à darle los parabienes de la Resurreccion de su Hijo, y me repitiò lo mismo.*

Haviendo pues, llegado â la Puebla el P. Juan Maria, se aplicò con todo empeño â dàr cabal cumplimiento â la ocupacion en que le havia puesto la obediencia. Y para esto puso especialmente la mira en tres cosas. Una fuè el assistir con quantas expressiones pudo de charidad al P. Juan de Burgos, esmerandose con amor de hijo, y rendimiento de subdito en cuidar de su salud, y procurar todo consuelo. Y con esta ocasion pudo tomar del P. Burgos muchas lecciones de la lengua Mexicana, y aprender tambien varios dictamenes sobre el modo practico que havia de guardar en el trato con los Indios. De estas lecciones, y dictamenes salia bien instruido para la segunda cosa en que puso la mira, que era procurar quanto pudiesse, sin faltar á la obligacion de su Classe, el aprovechamiento espiritual de los Indios. En los dias de fiesta, y de vacacion entre semana, se aplicaba al confessonario, para coger alli el fruto de lo que les predicaba en su Idio-

Idioma en las calles publicas, y eſpecialmente en la Capilla de San Miguel.

La tercera coſa en que puſo la mira para dàr perfecto cumplimiento â lo que la obediencia le havia ordenado, fuè atender â la buena educacion de la juventud Poblana. Era puntualiſſimo en acudir â todas las diſtribuciones de la Claſſe; y como tenia un eſpiritu dulciſſimo, y ſuaviſſimo modo de tratar con todos, ganô de ſuerte las voluntades de ſus diſcipulos, que hacia de ellos todo lo que queria, y yá con el cariño, yá con el gracejo, yá con el motivo del pundonor, yá con la emulacion de unos con otros, los empeñaba á eſtudiar con tezon, y conſtancia los preceptos de la poëſia, y oratoria, que pertenecen â la Claſſe ſuprema de los eſtudios menores. Pero ſu mayor eſmero era enderezarlos por las ſendas de las virtudes al divino ſervicio. Procuraba ſe fundaſſen en el ſanto temor de Dios, yà en las converſaciones privadas, que tenia con ellos, yà en las exhortaciones, que les hacia en la Claſſe los Sabados quando les explicaba, como es coſtumbre, la Doctrina Chriſtiana, ſacando de ella documentos para el ſanto temor de Dios, y amor â la virtud, y yá principalmente en las Platicas fervoroſas, que les hacia los Domingos en la tarde en la Capilla de la Congregacion de la Annunciata. Y aqui era mas dilatada la esfera de ſu zelo, porque ſe eſtendia no ſolamente â ſus diſcipulos, ſino tambien

bien á todos los cursantes de las otras aulas de los estudios menores, que assisten á dichas Platicas, y exhortaciones.

La materia ordinaria de sus Platicas era tocante al horror, que debian concebir al pecado mortal, al aprecio de la divina Gracia, al daño que causan las malas compañias, â la frequencia de los santos Sacramentos, y les exhortaba, que con esto se dispusiessen â elegir â su tiempo el estado de vida, que mas les conviniesse para conseguir la salvacion. Y para alcanzarlo todo les proponia como medio universal, el mas suave, y el mas proporcionado la tierna devocion, y cordial amor â MARIA Santissima nuestra Señora, y les exhortaba â la devocion de las flores de MARIA en sus festividades, y en todos los Sabados del año, procurando sugerirles aquellos obsequios, que segun las debiles fuerzas de la edad les podian ser mas faciles, y provechosas. Y en las Novenas de nuestra Señora les hacia traèr por escrito sin poner sus nombres los obsequios, que como flores havian ofrecido â la gran Señora en aquellos nueve dias. Y en el primer dia de Congregacion se leìan en publico, y esto servia de grande aliento â los Congregantes, aun de las otras Classes para afervorizarse mas en la devocion, y amor de MARIA. Con esto consiguiò, que la Classe pareciesse mas escuela de MARIA en que se criaban Angeles para el Cielo, que aula de Ciceron, y Virgilio, en que ſe inſtruían para Oradores, y Poëtas, aunque en eſto tambien logrò tener diſcipulos aventajados.

CAPITULO IX.

Vuelve â Mexico à proſeguir los eſtudios, y ſanalo S. Franciſco Xavier de un peligroſo tabardillo.

CONcluído yà un año de lectura de Rhetorica en la Puebla, volviò el P. Juan Maria â Mexico â proſeguir el eſtudio de Theologia, y ſiendo todavia tiempo de vacaciones, tubo la oportunidad de ir quanto antes con ſu ſanto Compañero al Santuario de nueſtra Señora de Guadalupe, para darle las debidas gracias de los buenos ſuceſſos de aquel año, y ofrecerſe de nuevo â todas las coſas que fueſſen de ſu agrado, y ſervicio. Y haviendo tenido los exercicios eſpirituales con toda la Comunidad de los eſtudiantes nueſtros, antes de acabarſe las vacaciones, comenzò ſu tercer año de Theologia el dia diez y nueve de Octubre de mil ſeiſcientos y ſetenta y ocho. Y proſiguiò como antes la tarea de viſitar las carceles los dias de fieſta, y de vacacion, y hacerles fervoroſas Platicas de la Doctrina Chriſtiana, y la primera vez que lograron verlo los preſos fuè grande el gozo que moſtraron, como havia ſido tambien grande ſu ſentimiento, quando ſe fuè â la Puebla, ſegun le eſcribiò ſu ſanto Compañero el P. Zappa.

No

No pudo continuar por mucho tiempo el P. Juan Maria eſtas viſitas â las carzeles, porque le obligò â interrumpirlas un repentino tabardillo, que lo puſo en los ultimos de la vida. Fuè epidemia general en caſi todo eſte Reyno la de los tabardillos, que durò caſi tres años deſde el año de ſetenta y ocho, haſta el de ochenta; y haviendo prendido el fuego en nueſtro Colegio Real de S. Ildefonſo, con el concepto grande que todos tenian de la Santidad de los Padres Juan Baptiſta Zappa, y Juan Maria de Salvatierra, todos los Colegiales enfermos clamaban por confeſſarſe con ellos; y los Padres acudieron luego que fueron llamados con fervoroſo zelo â confeſſarlos, y diſponerlos para una buena muerte, ſi aſſi fueſſe la voluntad del Señor. Entre los enfermos, que cupieron al P. Juan Maria fuè el Br. D. Franciſco Diaz Pimienta, que deſpues de ſano entrò en la Compañia, y en ella muriò deſpues de muchos años, ſiendo yà Profeſſo de quatro Votos. Haviendolo confeſſado le pidiò el enfermo, que le dixeſſe un Evangelio, dixoſelo, y al momento ſe ſintiò ſin la fiebre, y libre de la enfermedad, porque eſta ſe paſſó al Padre, ſiendo el primer indicio, que los dos dedos pulgar, ê indice con que le hizo en la cabeza la ſeñal de la Cruz ſe le hincharon, y empezaron â criar materia. Y ſintiendoſe gravemente indiſpueſto, ſe volviò al Colegio, y luego le mandaron hazer cama, y lo

 pu-

pusieron en un aposento de la enfermeria, que havia mucho tiempo que no se habitaba, por lo qual no havia en èl Imagen alguna de la Santissima Virgen, ô de otro Santo, à quien volver los ojos, y à quien pudiesse encomendarse el enfermo. Reparò este defecto entrando á visitarlo el V. P. Antonio Nuñez, que era Rector actual del Colegio Maximo, y ordenò, que luego le traxessen alguna, y la primera que se encontrò fuè una de S. Francisco Xavier.

Esta que pareciò casualidad, se conociò haver sido disposicion admirable de la divina providencia, que queria que como el P. Juan Maria havia quitado como con la mano el tabardillo al Colegial enfermo, otra mano invisible, que era la de S. FRANCISCO XAVIER, se lo quitasse á èl repentinamente. Vino à visitarle luego el Medico del Colegio, que era uno de los mas afamados de la Ciudad, y tomandole el pulso, ê informandose de los indicantes todos de la enfermedad, reconociò la malignidad de la fiebre, y ordenò, que luego se le administrassen todos los Sacramentos. Lo qual se executò aquel mismo dia, y la fiebre fuè creciendo hasta ponerlo en el ultimo peligro, con malignidad tan venenosa, que dexò el Medico ordenado, que luego que muriera, lo enterraran, porque no apestasse el Colegio, como pocos dias antes se havia executado con el P. Florian Alberto, siendo assi que como assegurò el mismo Medico, no haver sido el

ta-

tabardillo, de que muriò tan maligno, y contagioso, como el del P. Juan Maria, y dandolo por desahuciado, ordenò, que se le diera de comer quanto pidiesse, y se le antojasse.

Con este mandato, ô licencia del Medico le preguntò el Hermano enfermero, si apetecia alguna cosa, y respondiendo el Padre, que nada, imaginò el Hermano, que esto era efecto de su espiritu siempre mortificado, y con la authoridad, que le daba su oficio, le mandò que le dixesse lo que apetecia. Viendose yà obligado à obedecerle segun nuestra Regla, dixo, que tomaria de buena gana una lechuga cozida con vinagre muy fuerte. En este tiempo su santo Compañero el P. Zappa clamaba con continuos ruegos, y oraciones à Dios, poniendo por intercessor al grande Apostol S. FRANCISCO XAVIER, â quien los dos tenian escogido por especial Protector para sus Missiones, y Apostolicos ministerios. Y fuè tan eficaz esta oracion, que pedirlo el Padre, y concederlo el Santo fuè todo uno. Porque haviendole dispuesto la lechuga como el Padre la havia pedido, comenzò â comerla en presencia del mismo P. Zappa, teniendole este puesta una mano sobre la cabeza. Y cosa maravillosa! Al irla comiendo le parecia sentir dentro de la cabeza, como una mano, que la iba raspando, y sacando de ella todo el humor maligno, en que la fiebre se cebaba. Y luego al punto se sintiò tan totalmentalmente ſano, que quiſo luego veſtirſe para ir á la tribuna à dár gracias à Dios por la ſalud tan inſtantaneamente recibida; pero el Hermano enfermero, teniendolo por delirio cauſado de la fiebre, no lo permitiò, ſino que expreſſamente le ordenò, que durmieſſe, y deſcanſaſſe.

Obedeciò el Padre, y con gran ſoſſiego durmiò toda la noche. Vino por la mañana el Medico, y quando temia hallarlo yà muerto, lo reconociò ſano, y libre de toda fiebre; pero teniendo por ſoſpechoſa tan repentina mejoria, eſperò haſta el dia ſiguiente, y hallandolo de la miſma manera, reſueltamente dixo, que no hallando cauſa alguna natural, à que atribuir mutacion tan repentina, la tenia por milagroſa, y aunque no ſabia el Author de tan grande maravilla, el P. Juan Maria no lo ignoraba, y en un informe, que diò por eſcrito de la vida admirable del P. Juan Baptiſta Zappa, refiriendo eſte caſo, confeſſó claramente, que debiò la milagroſa ſalud à la poderoſa interceſſion de S. FRANCISCO XAVIER, cuya mano inviſible havia ſido la que limpiandole todo el humor maligno le havia reſtituido perfecta la ſanidad; pero mediando los ruegos, y oraciones de ſu Compañero el P. Zappa. Y no puedo omitir lo que refiriendo todo eſte caſo en el Teſtimonio que diò de la vida, y virtudes del P. Zappa deſpues de muerto dexò eſcrito, por ſer en grande recomendacion del dicho

V.

V. P. Zappa: porque pidiendo perdon de haver ſido prolixo en la narracion de eſte ſuceſſo, añade: *Pero me dexè llevar de los afectos de ſu verdadero devoto, ê imitador, y juntamente de la obligacion de deberle la vida â S. Franciſco Xavier por las oraciones de eſte gran Santo el P. Juan Baptiſta Zappa.*

CAPITULO X.

Edifica el P. Juan Maria la Capilla de nueſtra Señora de Loreto en la Igleſia de S. Gregorio.

CONvalecido yà de ſu peligroſo tabardillo el P. Juan Maria, y agradecido à Dios, y à S. FRANCISCO XAVIER del beneficio de la ſalud milagroſamente recibida, continuó con fervor ſus tareas apoſtolicas, y literarias, como lo havia hecho en los dos años antecedentes, aunque en los dos ultimos años de Theologia ſe le augmentaron las fatigas, por haver ſido años infeſtados en Mexico de epidemias, y con el crecidiſſimo numero de enfermos, fuè tambien el trabajo mayor en las muchiſſimas confeſſiones á que lo ſeñalaban.

Hallandoſe en el tercer año de Theologia tomò por empeño fabricar en nueſtra Igleſia de S. Gregorio una Caſa en honra de la Santiſſima Virgen, ſegun el modelo de la Santa Caſa de Nazareth, que por el lugar à donde fuè de los Angeles traſladada, ſe llama hoy la Santa Caſa de Loreto. Para con-

conseguir este intento escribió el P. Juan Maria, y tambien su Compañero el P. Zappa al P. Juan de Salvatierra, residente entonces en Genova, pidiendole que les embiasse la planta, y medidas de aquella Santa Casa, y que juntamente mandasse hacer una Cabeza de la Señora de Loreto, y un Niño Jesus, como el que tiene en sus manos en aquella Casa original, y Angelical de Loreto, ponderandole al Padre, que este seria un medio muy eficaz para promover la devocion de la Santissima Virgen, como de hecho sucedió, pues à imitacion de la Casa, que se hizo en la Iglesia de S. Gregorio, se hizieron despues otras muchas con las mismas medidas en Tepotzotlan, Queretaro, Guadalaxara, S. Luis Potosi, y aun en lo mas remoto, y distante de nuestras Missiones, creciendo cada dia mas el culto, y devocion de la Soberana Reyna.

A todo satisfizo el dicho P. Juan de Salvatierra, embiando todo lo que se le pedia. Y por haver llegado todo à Mexico quando el P. Zappa concluìdo yà su quarto año de Theologia estaba yà señalado de la obediencia por Ministro de nuestro Noviciado de Tepotzotlan, huvo de correr la fabrica de la nueva Casa solo por cuenta, y à cargo del P. Juan Maria. Y porque no havia para ello mas finca que la divina Providencia, que excitaria los animos de los Fieles à concurrir con sus limosnas, havida primero licencia de los Superiores, se

re-

resolvió â salir con unas arganas al ombro por las calles de Mexico, y para mover mas suavemente las voluntades, hizo fabricar de carton un pequeño modelo de la Santa Casa, que cargaba siguiendo al Padre un Indizuelo Colegial del Seminario de S. Gregorio, y servia de muestra para dár noticia de la obra de la Santa Casa, para cuya fabrica se pedia la limosna.

Hechó el fundamento para esta fabrica el P. Juan Maria con un acto de profunda humildad, mortificacion, y paciencia. Porque entrando â estrenar los encogimientos de su verguenza en la Casa de un hombre muy rico, y poderoso, alterado este, y destemplado por la limosna que se le pedia lo maltrató con palabras bastantemente asperas, ê injuriosas, y arrojandole desde un balcon, que caìa al patio, en donde estaba con su Compañero el P. Juan Maria, dos reales, le dixo con muestras de grande enfado, que no volviesse mas â pisar la puerta de su casa. Levantò el Padre del suelo con mucha humildad los dos reales, y besandolos diò por ellos afectuosas gracias â quien se los havia arrojado â la cara con tan mal modo, y descortesia. Pero premió Dios de contado la humildad, y paciencia del P. Juan Maria, porque al salir de aquella casa, iba passando por la calle en su carroza el Capitan D. Juan Joseph de Retis, Cavallero del Orden de Santiago, Sugeto de los mas ricos, y acaudalados

dalados de la Ciudad; pero â esse passo muy piadoso, y limosnero: y como viò al P. Juan Maria con alforjas al ombro discurriendo que pedia limosna, hizo parar el coche, y lo llamó al estrivo. Entonces informado, que la limosna, que pedia era para fabricar la Santa Casa Lauretana, le dixo con grande afecto: *Jesus Padre mio, vuelvase â su Colegio, y no se ande avergonzando, que yo le haré la Capilla â su gusto, y como quisiere, que para esso me ha dado Dios el caudal que tengo.*

Entonces reconocido el P. Juan Maria â tan piadosa, y liberal oferta, le rindiò por ella afectuosamente las gracias; pero le añadiò, que no admitia en el todo aquella limosna, porque era voluntad de la Santissima Virgen, el que muchos tuviessen parte en el merito de la limosna, para que â todos alcanzassen sus bendiciones, y beneficios. Pero el buen Cavallero santamente codicioso de la gracia, y patrocinio de MARIA Santissima persistia en su primera intencion de hazer toda la obra â su costa. Y el P. Juan Maria persistia tambien en escusarse agradecido alegando la razon propuesta, añadiendo, que la Santissima Virgen premiaria colmadamente su buen desseo, como si en la realidad lo huviera executado. Rara contienda por cierto, y cosa muy singular, que quien pide limosna no quiera admitir toda la que le dán, y prosiga altercando porque sea menor de la que le ofrecen. Venciò por fin ſin el P. Juan Maria, porque aquel Cavallero viendo ſu reſiſtencia, y temiendo que el Padre, ſi lo dexaba en ſu mano, le pondria un muy corto limite â ſu liberalidad, dixo, que le embiaria por entonces quinientos peſos, pero con la condicion, de que el Padre acudieſſe â él ſiempre que no alcanzaſſen para el gaſto preciſo las limoſnas.

Lo miſmo que con eſte Cavallero le ſucediò con otros, que noticiados de la obra que ſe emprendia, ſe ofrecian â hacerla toda â ſu coſta; pero el P. Juan Maria perſiſtiendo en ſu dictamen á todos reſpondia : *Que la Señora queria ſer de todos, de pobres, y de ricos, de nobles, y de plebeyos. Y que aſſi queria recibir de cada uno aunque fueſſe poco, para retornarles con mucho.* Y agradó tanto á la Soberana Reyna eſta gran confianza de ſu Siervo, que muchas vezes por caminos no eſperados le embiaba los ſocorros para la fabrica. Y ſolia ſuceder, que llegaba el Sabado, y no havia con que pagar los oficiales al dia ſiguiente, pero, ô el miſmo Sabado en la noche, ô el Domingo por la mañana, le venian limoſnas de donde menos las eſperaba; y aſſi nunca le faltó el dinero neceſſario para pagar la Gente.

Con eſtos ſubſidios, y limoſnas, y con la licencia, que dió para que ſe pudieſſe trabajar en dias de fieſta el Illmo. y Exc^mo^. Señor Arzobiſpo Virrey D. Fr. Payo de Ribera, en pocos meſes ſe acabó la fabrica. Y para el adorno de la nueva Capilla, y Santa Casa de Loreto, concurrieron tambien muchas Personas, y entre ellas tomò â su cargo el primer vestido, y demás arreos de la Santa Imagen de nuestra Señora, la Señora Doña Isabel Picazo Matrona muy conocida por su nobleza, piedad, y riquezas. Luego tratò el P. Juan Maria de la dedicacion de la Capilla, para la qual se destinò el dia 5. de Henero de 1680. La qual se hizo con extraordinario concurso, y devocion de los fieles. Y fuè cosa notable, que al mismo tiempo en que se celebraba la primera Missa de la dedicacion, huvo un temblor de tierra en toda la Ciudad, que pudo ser significacion del que tubo en este dia el infierno, presagiando las muchas almas, que se le havian de escapar de sus crueles garras con el patrocinio de la Señora Lauretana. Pues haviendose hecho desde entonces aquella Santa Casa uno de los mas celebres Santuarios de Mexico, son innumerables no solamente los prodigios que obra la Señora, en beneficio de los cuerpos, sino tambien las conversiones de pecadores, que acuden à esta Santa Casa â solicitar por medio de la gran Señora el bien de sus almas.

CAPITULO XI.

Augmentos, que ha tenido despues la Santa Casa de Loreto de la Iglesia de S. Gregorio.

HAviendo sido la Capilla, ô Casa Santa Lauretana, que se fabricò en nuestra Iglesia de S. Gregorio obra toda de la devocion, y zelo del V. P. Juan Maria de Salvatierra no será fuera de proposito, quando escribimos la historia de su vida, referir en este Capitulo los augmentos grandes que en lo temporal, y espiritual ha tenido hasta ahora esta misma Casa, y Recamara Angelical de la gran Señora.

Seis años duró la Santa Casa en la situacion que le diò el P. Juan Maria en su primera fabrica. Pero despues haviendose fabricado de nuevo la Iglesia de S. Gregorio, reconociendo, que la entrada de la Santa Casa quedaba muy retirada al fin de la Iglesia, determinó el V. P. Zappa fabricarla de nuevo en medio de la Iglesia, y enfrente de la puerta del costado; y haviendola acabado, la dedicò el dia doze de Marzo de mil seiscientos y ochenta y seis. Y mucho despues el año de mil setecientos y quinze el Contador de Alcavalas D. Juan Antonio de Claveria fabricò á su costa el hermoso Camarin, que hoy tiene la Capilla â espaldas de la Santa Imagen. Con esto creció mucho mas la devocion de los fieles teniendo essa Casa, y Camarin,

por

por asylo, y refugio en todas sus necessidades. Y en testimonio de esto se vén colgados por las paredes immediatas muchos votos de plata, y de cera, y muchas pinturas, en que se representan casos, que se han tenido por milagrosos, mediante la intercession de la gran Señora.

Ha sido tan grande la filial confianza, que todos han cobrado para con la Sagrada Imagen de la Señora, que en esta Casa se venera, que en las necessidades publicas han acudido â ella como al unico refugio, y remedio de ellas. El año de mil setecientos y veinte y siete infestò â Mexico, y aun â todo el Reyno de la Nueva-España el contagio del Sarampion de que murieron muchos millares de personas. Y quando no bastaban los remedios humanos, acudiò â los divinos el Il^mo^. Señor D. Fr. Joseph Lanziego, y Eguilaz Arzobispo que era de Mexico, se determinò â que la Santissima Imagen Lauretana se llevasse en Procession desde la Iglesia de S. Gregorio â la Santa Iglesia Cathedral. En ella se le hizo un Novenario de Missas solemnes con assistencia de los dos Cabildos Eclesiastico, y Secular. Y todas las Sagradas Religiones alternandose por su orden se ofrecieron â ir en Communidad â cantarle en la Iglesia Cathedral la Salve, y las Letanias de nuestra Señora. Y el ultimo dia se celebró con Sermon, que predicò el Dr. y Mrô. D. Bartholomè de Yta, y Parra, entonces Canonigo Magistral de

la

la Iglesia Cathedral. Acabado el Novenario se restituyó la Sagrada Imagen â la Iglesia de S. Gregorio con solemne Processìon, adornadas con diversas tapicerias las calles; y movia â grande ternura, y devocion la de muchos Naturales Indios, que cargados de sacos de diversas flores iban regando con ellas las calles por donde havia de passar la Madona Lauretana, que dandose por bien servida de tan fervorosos obsequios, purificó los ayres, y desterró los malignos influxos, que dominaban en Mexico, y restituyò â la Ciudad la sanidad desseada.

Con esto creció tanto la devocion de los fieles â esta Imagen Soberana, que desde entonces son innumerables los concursos à venerarla, especialmente los Sabados, y en todos los dias de sus festividades. Y con mas especialidad en los nueve dias antes del dichoso Nacimiento de MARIA no cabe la gente en la Iglesia à oìr las Platicas fervorosas que se hazen essos dias, y assistir à las Missas cantadas, que sin ser combidadas del Colegio ofician, y celebran las Sagradas Religiones cada una en el dia que le cabe, desuerte, que es fama constante, que en tantas Novenas, como en las Iglesias de Mexico se hacen en honra de la Santissima Virgen, ô de varios Santos, en ninguna se vèn los concursos tan numerosos, ni las confessiones, y comuniones tan frequentes, como en estos nueve dias dedicados à la Virgen Lauretana. Concluida

la

la Novena se celebra la fiesta en su dia ocho de Septiembre con grande pompa, y magnificencia con Missa solemne, Sermon, escogida musica, y con immenso concurso, y entre todos se ha esmerado de muchos años atrás la Nobilissima Imperial Ciudad de Mexico, que en cuerpo de Ciudad, y debajo de mazas solemniza con su personal assistencia la fiesta.

En el año de mil setecientos y treinta y cinco hallandose infestada la Ciudad con una epidemia general de viruelas, pidió el mismo Nobilissimo Ayuntamiento, que á su costa se le hiciesse à la gran Señora un Novenario, colocandose la Sagrada Imagen Lauretana en el Altar mayor de la Iglesia, alentando à todos los fieles á recurrir como à comun refugio à la Soberana Reyna con su exemplo, pues varios de los nueve dias assistió á las Missas solemnes de essos dias.

Por los años de treinta y seis, y treinta y siete en que fuè mayor, y mas universal el contagio del que en el Idioma Mexicano llaman *Matlalzahua*, del qual murieron solamente en Mexico, y sus alrededores mas de quarenta mil personas, el recurso para el remedio fuè à la Santissima Virgen Lauretana. A peticion, y à costa de la misma Ciudad se le hizo otro Novenario solemnissimo, y haviendose impetrado licencia del P. Provincial, se sacó en solemnissima Procession la Soberana Imagen desde

la

la Iglesia de S. Gregorio â la de la Casa Professa; y haviendo estado en ella expuesta â la publica veneracion por espacio de treze dias, volvió con la missma solemnidad en Procession â su Iglesia de S. Gregorio. Y la Soberana Reyna movida de tan Sagrados cultos, y de innumerables confessiones, y comuniones, que se hicieron en essos dias, librò â Mexico de aquel venenoso contagio, que dentro de pocos meses desmayó, y en breve tiempo se restituyó â la Ciudad la desseada salud, y sanidad.

Otras muchas cosas podrà referir de la riqueza de este Santuario, y de los muchos prodigios, que ha obrado la gran Señora â favor de los que la invocan, quien tomare por assumpto historiar la nueva Casa Lauretana, y su Milagrosa Imagen de MARIA. Pero lo dicho basta para debida recomendacion, y elogio del P. Juan Maria Salvatierra, que fuè quien erigiò en Mexico este prodigioso Santuario para consuelo de afligidos, y remedio de todos los necessitados.

CAPITULO XII.

Acaba sus estudios el P. Juan Maria, y es señalado de la obediencia para las Missiones de los Indios.

NO le fueron de estorvo al V. P. Juan Maria, ni los ministerios en que se ocupaba en provecho de las almas, ni el conato con que atendia â la fabrica della santa Capilla, y Casa Lauretana, para hacer notable progresso en los estudios: porque como siempre cursaba en la escuela del amor de Dios, y de MARIA, estos Maestros Soberanos le enseñaban â dàr con discrecion su tiempo â todas las cosas, y supo aprovechar tan bien el que estaba destinado del estudio de la Theologia, que la acabò con acto mayor de todo el dia, que defendiò con grande lucimiento, y uniforme aprobacion de los Padres Maestros, que con testimonio jurado como mandan nuestras leyes, lo juzgaron digno de la Profession de quatro Votos, que viene â ser como el grado de Maestro en la Compañia.

Concluìdas las tareas del estudio comenzò â solicitar su assignacion â las Missiones. Pero quiso que en essa pretension fuesse su Compañero el què lo havia sido en la vocacion, y dilatado viaje de Italia â las Indias el P. Juan Baptista Zappa. Escribiòle sobre este assumpto â Tepotzotlan, en donde se hallaba Ministro de aquel Noviciado; y despues haviendo venido â Mexico muchas vezes le instaba, â que los dos pidiessen las Missiones. Pero el P. Zappa, que antes las havia pedido con mucha instancia, con la mayor luz, que Dios le havia comunicado, se hallaba en un estado de total indiferencia, y respondia al P. Salvatierra, que hiciesse sus diligencias; porque èl yà no podia, ni se atrevia â pedir cosa alguna. Reconveniale el P. Juan Maria,

que

que â què havian venido desde Italia? Respondia el P. Zappa: que à hacer en todo la voluntad de Dios, y que su Magestad, si fuesse de su agrado, dispondria, que lo señalassen los Superiores. Instaba el P. Juan Maria, que no era contra el gusto, y agrado de Dios, pedir con ressignacion, ê indiferencia. Pues pida assi V. R. respondia el P. Zappa. Controversia por cierto admirable la de estos dos Santos Varones, y no hay que dudar, que cada uno por su lado iba bien. El P. Juan Maria pedia con Isaìas: *Ecce ego mitte me.* Y el P. Zappa con S. Pablo nada pedia ressignado todo en la voluntad de Dios: *Domine quid me vis facere?* Finalmente ambos llegaron al cumplimiento de la voluntad de Dios en las Missiones à que los tenia destinados su divina providencia. El P. Zappa por assignacion de los Superiores se quedò en Mexico en el Colegio de S. Gregorio destinado al cultivo, y provecho espiritual de los Indios Christianos, y el P. Juan Maria fuè señalado para las Missiones de los Indios Gentiles.

Aunque havia menester algun tiempo para prevenirse â su dilatado camino, acelerò quanto pudo la partida, por haver sabido que el Illmo. Sr. Dr. D. Manuel Fernandez de Santa Cruz lo queria pedir al P. Provincial, para que hiciesse Missiones en su dilatado Obispado de la Puebla, y temia, que esto le retardasse, ô impidiesse del todo las ansias, y

 des-

desseos, que tenia yá de verse entre los Indios. Por esso saliò de Mexico, y saliò tan solo, que ni aun mozo de servicio llevò en su compañia, que le guiasse, y ayudasse â ensillar, y decensillar la bestia; y por caminar mas desembarazado dexò sus libros, y demàs alhajas para su uso necessarias à su Compañero el P. Zappa, para que se las remitiesse en la requa, que cada año sale para las Missiones. Con esto el peregrino solitario emprendiò el dilatado camino de mas de quatrocientas leguas, sin llevar mas compañia, que la de su Santo Angel de guarda, con quien tenia intimo familiar trato, y unas pequeñas Imagenes de la Señora Lauretana, y de la de Guadalupe, y otra de S. Francisco Xavier, à quien tenia escogido por especial Patron de sus Missiones.

Assi con las fatigas, trabajos, ê incomodidades, que facilmente se puede discurrir de un camino tan dilatado, prosiguió hasta llegar felizmente â una de las poblaciones nuevas de los Themoris llamada Santa Maria Magdalena; y sus feligreses, que eran Indios recien convertidos â nuestra santa Fé, le salieron â recibir con muestras de grande regocijo, y con la representacion festiva de una marcha Militar â su modo, â cuya vista no pudo detener las lagrimas el P. Juan Maria de ternura, y consuelo al vér tan alegres, y obsequiosos à unos Indios, que por tantos años havian vivido en la ce-

gueguëdad, y pertinacia de sus idolatrias. Era aqui Missionero el P. Fernando Pecoro, Siciliano de nacion, que recibiò al P. Juan Maria con demonstraciones singulares de charidad, y con èl se detuvò algunos dias para descansar, y mucho mas para informarse de las costumbres de aquella tierra, y de la practica que tenian en su administracion los Padres Missioneros. Y tambien para aprender los primeros rudimentos de la lengua Tarahomara, en que él havia de administrar.

Despues passó á la Mission de Santa Inès de los Chinipas, en donde hallò al P. Nicolàs de Prado Neapolitano de nacion, y de nobilissima sangre, que renunciando todas las vanas esperanzas del Mundo entrò en nuestra Compañia, y con el desseo grande de la conversion de los Infieles pidiò, y fuè señalado para esta Provincia de Nueva-España, al mismo tiempo, que pretendieron, y consiguieron lo mismo los Padres Juan Baptista Zappa, y Juan Maria de Salvatierra, y desde Genova vinieron los tres juntos á Cadiz, y juntos se embarcaron, y llegaron á este Reyno. Y mientras los dos amantissimos Compañeros P. Zappa, y P. Salvatierra se ocuparon en la tarea de sus estudios, el P. Prado con el P. Pecoro fuè señalado para las Missiones de Chinipas, Guazapatis, y Barohios, y en ellas entraron, como en una selva inculta, y con espiritu verdaderamente apostolico trabajaron en reducir aque-

aquellas alzadas naciones, que quarenta años havia que carecian de Missiones por haver sacudido el yugo de la ley Santa de Dios, y dado cruelmente la muerte á los Padres Julio Pasqual, y Manuel Martinez. Y aunque los Chinipas se mantuvieron siempre fieles, pero por las continuas hostilidades de los enemigos alzados se salieron de sus tierras, y se retiraron, y acogieron à las Missiones de Cinaloá.

Al cabo de los quarenta años del alzamiento con las industrias, y zelo verdaderamente Apostolico de los Padres Alvaro Flores Joseph de Tapia, Fernando Pecoro, y Nicolàs de Prado, se fueron reduciendo à sus antiguos Solares los Chinipas, y con su exemplo, y fervorosa solicitud de los dichos Padres volvieron á abrazar la Fè Catholica los Guazaparis, Barohios, Themoris, y otros Indios Tarahomares, y otras Naciones de aquella dilatadissima Sierra. Y fuè menester dividirlas en distintos Pueblos, y Missiones, necessitandose yá de nuevos operarios, que trabajassen en aquella viña del Señor.

A esta sazon llegò el P. Juan Maria á la Mission de Santa Inès de los Chinipas, en donde estaba como diximos el P. Nicolàs de Prado, que era el Superior de aquellas Missiones. Y desde luego se dedicò el P. Juan Maria à aprender la lengua de los Indios para poder de essa suerte predicarles, enseñarlos, ê instruirlos en los Mysterios de nuestra santa Fè, y en las obligaciones de Christianos. Y

por

por primicias de su Apostolado le ofreciò Dios la conversion de un viejo Gentil, feroz, y obstinado en su idolatria, que por muchos años se havia resistido â los assaltos, que los Padres le daban, para que se sujetasse al yugo de la Fê Catholica. Pero el P. Juan Maria tomando muy â pechos su conversion, encomendò primero â Dios con fervorosas continuas oraciones el feliz sucesso, y despues tratando con el obstinado viejo con summa benignidad, y demonstraciones de amor, consiguiò finalmente su conversion; y despues de bien cathequizado recibiò la gracia del santo Baptismo, al qual no mucho despues se le siguiò la muerte, y acabò la vida dexando muy seguras prendas de su eterna salvacion.

CAPITULO XIII.

Funda el P. Juan Maria de Salvatierra las Missiones de Santa Teresa, y S. Francisco Xavier â costa de grandes trabajos.

DE la Mission de Santa Inès de los Chinipas, saliò el P. Juan Maria por orden de la obediencia â fundar una nueva Mission de Gentiles Guazapdris. Señalaronle el puesto en que la debiâ fundar, que era un Valle arenoso, en que solamente havia Indios barbaros, que no tenian mas habitacion, que las cuevas, que ellos mismos havian hecho debajo

bajo de tierra para entrar en ellas de noche â dormir. Luego que llegò procurò lebantar una enramada para que sirviesse de Iglesia, y dispuso en ella su altar sin mas adorno, ni aparato, que el de una estampa de papel de Santa Teresa, que havia llevado consigo. Alli decia Missa con el unico ornamento que llevò consigo de Mexico, ayudandole un muchacho, que le prestó un Missionero para este efecto, y el de servirle de Interprete, por estàr expedito en su proprio idioma, y en la lengua Castellana. Fabricò tambien una pequeña choza pagiza para su habitacion, trabajando por si mismo en cortar con una hacha que havia traido consigo desde Genova, adivinando que era instrumento, que podia servirle de mucho quando se hallasse entre los barbaros Gentiles de las Indias.

Este fuè el principio de la Mission de Santa Teresa de los Guazaparis, que es hoy una de las mejores Missiones de la Provincia de Cinaloa. Y es fruto de los sudores, y trabajos immensos, que padeciò el P. Juan Maria en su fundacion. Y no fuè el menos sensible el desamparo, que desde los primeros principios padeció de los mismos Indios con la ocasion que yà refiero. Havian recibido al P. Juan Maria noticiosos de su venida á aquel Valle, como quarenta, ô cinquenta Indios algo mansos, pero sin olvidarse del todo de la barbaridad en que se havian criado, y mas con apariencia de guerra, que de paz; porque vinieron ſolos ſin ſus mugeres, è hijos, y con las armas en la mano: ſeñales todas de deſagrado, y diſguſto por ſu venida. Llegada la noche, y recogiendoſe el Padre en ſu pobre choza, que aquel miſmo dia havia formado, los Indios ſe echaron â dormir ſobre la arena al rededor de la choza. Yà que dormian quiſo el P. Juan Maria para dàr buen principio â aquella Miſſion con la penitencia tomar una recia, y ſangrienta diſciplina. Al ruido de los repetidos, y continuados golpes de ella diſpertaron los Indios deſpavoridos, y horrorizados con aquel eſtruendo, que no entendian, todos ſe huyeron, y dexaron al Padre ſolo en aquel paramo.

El dia ſiguiente hallandoſe el P. Juan Maria ſolo, comenzó â hacer todas las diligencias poſſibles, ſaliendo por varios rumbos en ſu buſca, no los hallaba, y ſi tal vez deſcubria alguno, ni por ſeñas, ni por agaſſajos podia detenerlo porque luego con grande velocidad corria huyendo de quien con tanto amor lo buſcaba. Afligiaſe en gran manera el V. Padre, y al vèr eſte deſpego, y retiro de los Indios, ſe llegó â perſuadir, que era caſtigo de Dios por la tenacidad, con que ſin darſe â partido havia procurado conſeguir la licencia de dedicarſe â las Miſſiones de los Infieles. Pero lo cierto es, que quiſo Dios darle â entender, que la converſion de los Gentiles ſe ha de conſeguir â coſta de padecer,

cer; y para que conocieſſe, que valen poco las induſtrias humanas diſpuſo ſu providencia, que la reduccion de los Indios fugitivos ſe conſiguieſſe por un medio al parecer deſproporcionado. Eſte fuè, que haviendo quedado con el Padre el muchacho pagecito, que le ſervia de Interprete. eſte ſalia todos los dias por aquellos boſques, y aſſegurando â los Indios que encontraba, quanto los queria el Padre, que no deſſeaba mas que ſu bien, y ſalvacion, y que no experimentarian en èl otras entrañas, que de amoroſa Madre, los fuè reduciendo, y yá venián, unos, yá otros, y haviendo experimentado el amor, y afabilidad con que â todos recibia ſe fueron amanſando, haſta deponer ſu barbara fiereza.

Haviendoles ganado con ſu cariñoſo trato la voluntad, los exhortò, â que le ayudaran â fabricar una Igleſia, en que pudieſſe catequizarlos, baptizarlos, decir Miſſa, predicarles, y adminiſtrarles los Santos Sacramentos. A todo ſe avinieron guſtoſos, y con ſu ayuda fabricó el Padre la Igleſia, y Caſa para ſu morada; y ſiendo yá muchos los Indios, los dividió en tres poblaciones, y cada dia venian muchos de nuevo, y â todos los fuè catequizando, ê inſtruyendo en los Myſterios de nueſtra ſanta Fé, y en las obligaciones de Chriſtianos: y â todos los baptizó por ſu mano, y enſeñó el modo de vivir politico, y racional. Y de ſuerte ſe arraìgó en los corazones de eſtos Serranos la ſanta Doctrina,

na,

na, que el P. Juan Maria les enseñaba, que se han mantenido firmes, y constantes contra los assaltos, y malos exemplos de otras Naciones que instigadas del Demonio han apostatado.

Conociose esto mejor en el alzamiento, que huvo en la Taraumara el año de 1697. hallandose el P. Juan Maria en la Costa de Cinaloa, quando iba â la conquista de la California. Y en una Carta suya hablando de sus antiguos hijos los Taraomares Serranos, dice de esta suerte: *Estuvieron nuestros hijos Serranos tan constantes en la Fè, que viendose amenazado de los Apostatas, si nò seguian su vando, salieron para la tierra de los enemigos setecientos flecheros, y llegaron â un peñol fortissimo del enemigo, y le mataron mucha Gente, y le cogieron algunos ganados. Y esto fuè yendo solos los Indios, sin la ayuda de los Españoles, porque no los havia. En la pelea, que durò hasta la noche, murieron ocho de nuestros hijos, que fueron muy pocos, respecto del daño, que recibiò el enemigo. Fueron todos â la guerra con su Rosario al cuello, y repararon los Padres, que nadie quedò herido de la cintura para arriba, cosa que observaron todos los Indios; y con esto se enfervorizaron mucho en la devocion del Rosario. Y los Parientes de los difuntos tenian à grande honra el haverseles muerto algunos de ellos en defensa de la Fè.*

Esta tan heroyca constancia de los nuevos

Christianos, que en esta Carta refiere el P. Juan Maria les vino de la santa educacion con que el Padre los havia criado desde el principio, haciendolos arraìgar firmemente en la Fè recibida. Cinco, ô seis años gastó el Padre Juan Maria en la fundacion de esta Mission, y quando viò que estaba yà en buen corriente, y bien establecido el gobierno politico de aquellos nuevos Christianos, no le permitió su fervoroso zelo contentarse con ella, sino pedida, y conseguida licencia passó á fundar otra Mission mas adelante entre Gentiles mas barbaros, y mucho mas necessitados de remedios, dandole el nombre de S. Francisco Xavier de Cerocahui; y la fundó con la misma pobreza, y trabajos, que le havia costado la primera. Ayudòse para las fabricas de Iglesia, y casa de sus antiguos hijos los Guazaparis, que como le havian cobrado tanto amor, fueron gustosos â ayudarle, hasta que las acabó con grande regocijo de su espiritu, viendo yá plantada la Fè entre aquellos barbaros, que tan rebeldes, y obstinados se havian mostrado â recibir la predicacion del santo Evangelio.

A los principios se le mostraban los Indios muy ariscos; pero el zeloso Padre procuraba ganarlos con muestras de mucho amor, y blandura. Para esto salia por las mañanas á visitarlos, y saludarlos en las cuevas soterraneas, en que dormian; y assomandose á la boca de ellas les hablaba con

gran

gran cariño; pero ellos con su natural fiereza, y barbaridad, con voz desentonada le preguntaban: *Que quieres aqui?* Y el Padre les decia: *Quiero veros, y ser vuestro amigo.* Pero ellos con enfado respondian: *Vete luego de aqui, vete à otra parte.* No desmayaba con este despego, y barbara descortesia el Padre Juan Maria, y con su trato afable, y amoroso finalmente los reduxo, y formó de ellos una christiandad firme, politica, y racional.

Quando yá tenia á estos Indios reducidos, y que havia mucho numero de Christianos, quiso con santo zelo establecer lo que en otras Missiones antiguas, que al que faltasse á Missa en el dia de fiesta, y al que no assistiesse à la explicacion de la Doctrina Christiana, se le diesse algun castigo de azotes. Pero ellos, que no estaban acostumbrados à tan humilde sujecion, apenas lo entendieron quando con mucha sobervia, y libertad decian: *Azotes? Que se los dèn al Padre: porquè nos han de azotar à nosotros?* No perdió esta ocasion el zeloso, y humildissimo Padre para confundir, y mover à los Indios; y con una resolucion muy parecida à la que con grandes alabanzas se refiere en caso semejante del Insigne Conquistador de la Nueva-España D. Fernando Cortès, al primer dia de fiesta, quando yà se havia juntado la Gente en la Iglesia para la Missa, se desnudó delante de todos las espaldas, y mandò al Fiscal, que le diesse en ellas tantos azotes, quantos se debian dàr al que faltasse à la Missa. Atonitos quedaron los Indios con un expectaculo tan no esperado, y viendo que proseguia en recibir el mismo castigo en otros dias festivos, movidos los Indios de natural compassion, ô de superior impulso le pidieron perdon de su barbara descortesia, y no le permitieron, que en adelante hiciesse semejante demonstracion, y juntamente se ofrecieron con rendida humildad al castigo en adelante, juzgandolo muy debido al que faltasse à la Missa, y á la Doctrina Christiana.

Los trabajos, hambres, y pobrezas, que padeció el V. Padre en la fundacion de estas Missiones fueron indecibles. Por mucho tiempo no comió otra cosa, que la harina, que hacen los Indios del mayz tostado, que en este Reyno llaman: *Pinole*. Y vez huvo, que por no tener con que satisfacer el hambre que le afligia, se ingeniò en coger ratones para comerlos assados: y decia despues que le havian sabido muy bien, porque la salza, y saynete de la hambre, todo lo sazonaba. Y quando conseguia de limosna algun tassajo, entonces tenia por esplendida su mesa. Ocasion huvo en que el cozinero mas obsequioso, que inteligente, y versado en hazer, y sazonar guisos quiso regalar al Padre con una buena olla, y en lugar de manteca, y especies que no tenia, echó en ella una buena porcion de cebo. Tomóla el Padre, pero bien á su costa,

costa, porque sintiendo grande peso, y extraordinaria revolucion en el estomago, no halló otro remedio que vomitarlo. Con este tan mal trato que daba â su cuerpo, llegó â perder de suerte el sentido del gusto, que yà no discernia si lo que comia era dulce, ô amargo, carne, ô pescado. Assi lo confessó despues el mismo Padre, quando siendo Rector, y Maestro de Novicios en Tepotzotlan, llegò â oír algunas quexas de que la comida que se daba â la Communidad estaba mal sazonada, respondió, que èl no lo havia echado de vèr, porque no distinguia los sabores. Por lo qual encargò mucho al Padre Ministro del Colegio, que tuviesse especial cuidado, de que segun la pobreza religiosa, la comida de la Communidad estuviesse bien sazonada.

CAPITULO XIV.

Es señalado del P. Provincial por Visitador de las Missiones de Cinaloa, y Sonora, y haze la Profession de quatro Votos.

DIEZ años havia trabajado Apostolicamente el P. Juan Maria en fundar, y establecer las dos Missiones de Santa Teresa, y S. Francisco Xavier de los Guazaparis: y quando yà meditaba en passar adelante, y fundar otra nueva Mission, le llegò Patente del P. Provincial Ambrosio Orden en que lo señalaba por Visitador de las Missiones de Cinaloa,

So-

Sonora, y otras, que por entonces estaban sujetas â un solo Visitador, aunque despues acá por haverse multiplicado las Missiones, se han multiplicado tambien los Visitadores. Con esta obediencia le pareció al fervoroso Padre, que tenia el campo mas abierto para solicitar el provecho espiritual de los Indios, procurando con la authoridad de su Oficio promover mucho las Missiones fundadas, y hacer, que se fundassen otras de nuevo. Juntamente con la Patente de Visitador le fuè el orden de hacer la Profession de quatro Votos, que le embiaba N. P. General. Y para lo uno, y lo otro se retiró primero â hacer unos fervorosos exercicios, añadiendo en ellos â las ordinarias muchas oraciones, y penitencias.

La primer estrena que tubo el Padre de su Visita, fuè el alzamiento de los Pimas, y Tarahomares, despues de la Semana Santa del año de 1690. Y estuvo muy apeligrado de que dieran sobre èl los apostatas alzados en el Rectorado de Chinipas, en donde entonces se hallaba. Como perecieron â sus manos los Padres Juan Ortiz Foronda, y Manuel Sanchez el primero de la Provincia de Toledo, y el segundo de la de Andaluzia, y ambos havian venido de la Europa en la misma Mission, que vino el P. Juan Maria. El P. Foronda trabajaba gloriosamente ocupado en predicar, y establecer la Fè en sus Indios de la Mission, y Pueblo

blo de Yepomera, y assaltado de los Apostatas rebeldes, consagró á Dios su vida herido con muchas envenenadas flechas, y pidiendo como S. Estevan á Dios perdonasse â sus enemigos.

El P. Manuel Sanchez havia ido aquella Quaresma â hacer una Mission fervorosa al Real de Minas de S. Nicolàs, y despues de haver confessado, y dado la comunion â los Mineros, y Mercaderes, que se hallaban en aquel Real la Semana Santa se volvia yà con el Capitan D. Manuel Clavero â su Mission de Tutuaca, quando en el camino tuvieron noticia del alzamiento de los Pimas de Maicova, y Moris. Y aunque el Capitan exhortaba al P. Sanchez, que se volviessen al Real, pero el fervoroso Padre le respondiò, que no era razon dexar en manos de los sacrilegos rebeldes los ornamentos, y demàs cosas Sagradas de su Iglesia de Tutuaca. Pero â poco trecho se hallaron de improviso assaltados de los Indios Apostatas entre Yecora, y Tutuaca, y atravessados ambos de muchas flechas dieron sus vidas en defensa de la Fé Catholica, afeandoles con mucho fervor el P. Sanchez su apostasia, y diciendo, que los perdonaba, y que pedia, y pediria siempre á Dios los perdonasse.

Pero es muy digno de ponderar, que passando el P. Sanchez por la Mission, en que se hallaba el P. Juan Maria, le pidiò prestadas unas espuelas, para proseguir su camino. Respondióle el P. Juan Ma ria que le prestaria las unicas q̃ tenia, con la condicion de que se las volviesse, y el P. Sanchez no sabemos si con espiritu profetico le dixo : *V. R. fie de mi, que procurarè, que las espuelas vuelvan â V. R. y no las perderà.* Haviendose pues, huido, y retirado â los montes, y picachos los Indios Apostatas temiendo la venganza, que havian de tomar los Soldados Españoles de la muerte de los Padres, saliò el P. Juan Maria â comenzar su Visita por la misma Tarahomara, en donde havia sido el alzamiento; y aunque el Capitan del Presidio le ofreciò escolta de Soldados por el peligro que podia correr su vida, no la quiso admitir el Padre, diciendo, que su animo era sossegar, y reconciliar â los rebeldes con cariño, y agassajo, lo qual no podria, si amedrentaba â los Indios, con la comitiva de los Soldados. Saliò pues, acompañado solamente de algunos Indios amigos, de quienes no pudieran rezelarse los rebelados. Llegó â los Pueblos, y aunque â los principios se retiraban los Indios, temerosos de castigo, pero advirtieron, que el Padre Visitador no llevaba aparato alguno de guerra, y depuesto todo temor comenzaron â festejarlo, y recibirlo con arcos, y enramadas de hiervas, y flores, y llegaban â saludarlo obsequiosos, como si tal alzamiento no huviera precedido. Tanto como esto puede la clemencia, benignidad, y humildad aun con los que tienen mas de brutos, que de racionales.

les. Porque mostrandose el Padre con ellos muy cariñoso, les prometiò que les alcanzaria perdon del Gobernador de la Provincia, si ellos sin fingimiento prometiessen la emmienda.

Despues passó â reconocer las moradas en que los difuntos Padres havian vivido, para recoger las alhajas, libros, papeles, y ornamentos Sagrados de que usaban; pero nada halló, porque todo aquello, que los rebeldes vieron, que no les servia, lo entregaron â las llamas, sin quedar de todo mas que las cenizas. Quando en esto se apareciò un Indio, que le puso al Padre en la mano unas espuelas, que por su materia de hierro no havian sido consumidas en el fuego. Conociò luego, que eran las suyas, y se enterneciò, acordandose de la seguridad, con que el dichoso Martyr P. Manuel Sanchez le havia prometido, quando se las prestò, que no las perderia. Y el Padre las conservó siempre consigo hasta que muriò en Guadalaxara, y allì con la duplicada recomendacion de haver sido alhaja suya, y que havia servido â un Martyr de Christo se dieron â Persona grave, que con instancia pedia alguna cosa suya, para estimarla, y conservarla como reliquia. Y aunque el P. Jayme Bravo en la relacion, que escribiò del P. Juan Maria refiere este caso como sucedido con el P. Francisco Xavier Saeta, que quatro años despues murió assaeteado de los Indios Pimas en la Mission de Caborca, sin duda padeciò en esto equivocacion. Porque el P. Saeta llegò â las Missiones de los Pimas â mediado de Octubre del año de 1694. como refiere en su historia el P. Francisco Eusebio Kino, que fuè quien lo recibió, y acompañó hasta su Mission, y al año siguiente de 95. â dos de Abril Sabado Santo fué la muerte del dichoso P. Saeta. Y quando fuè à las Missiones, y despues quando muriò yà no era Visitador de las Missiones el P. Juan Maria, sino Rector del Colegio de Guadalaxara, y assi no pudo prestarle las espuelas, ni despues recobrarlas, pues yá entonces las tenia consigo.

Sossegado yà el alzamiento de la Tarahomara, y pacificados los Indios inquietos, y reboltosos con la buena industria, y amoroso trato del P. Juan Maria passó adelante á Visitar las Missiones de la Sonora, y Pimeria. Llegó á la Mission de Nuestra Señora de los Dolores, en que residia el sobredicho P. Francisco Eusebio Kino, se detuvo alli algunos dias, confiriendo los dos varios puntos muy importantes à cerca de aquellas Missiones, y despues llevando por Compañero al mismo P. Kino prosiguió su visita, procurando en toda ella averiguar la verdad de varios, y encontrados informes, que havian remitido varias Personas assi al Señor Virrey, como al P. Provincial en pro, y encontra de aquellas Missiones. Porque especialmente los que las miraban de lejos, juzgaban, que era perder tiem-

po

po el trabajar en ellas, pareciendoles, que los pocos operarios que havia estarian con mayor fruto mejor ocupados en el cultivo de las Missiones antiguas. Pero los que las miraban de cerca, y experimentaban el fruto que los Padres Missioneros con sus trabajos, y sudores conseguian, no solo las aprobaban, sino que con instancia pedian á Mexico provision de nuevos operarios, que fomentassen las Missiones fundadas, y procurassen fundar otras nuevas.

Conformóse con el parecer de estos segundos el P. Juan Maria, porque haviendo visitado todas las Missiones yà fundadas, passò mas adelante à visitar varias Rancherias de Gentiles, y halló, que muchos de ellos desseaban, y pedian el Santo Baptismo, y ofrecian al Padre sus pequeños hijos, para que los baptizasse, con la palabra de embiar Padres Missioneros, que los instruyessen en la Ley santa de Dios; y viendo quanto fruto espiritual podian dàr aquellas tierras bien cultivadas, no solò calificó por temerarios los informes, que se havian hecho contra aquellas fundaciones, sino que del todo aprobó los favorables, y acabada la visita dixo con toda resolucion â su Compañero el P. Kino: *Estè V. R. seguro, que no solo no se tratarà de quitar â la Pimeria alguno de los quatro Padres, yá concedidos, sino que vendrân otros mas*, como despues se cumpliò.

Con-

Concluìda la visita de las Missiones de Sonora passó â visitar las de Cinaloa, y â todas dexò mejoradas con los beneficos influxos de su santo zelo, y discrecion. Y los Padres Missioneros, quedaron muy consolados, y agradecidos al trato prudente, y amoroso, que en el Padre Visitador havian experimentado, y muy alentados à trabajar en aquella nueva Christiandad, y de todo lo sucedido en la Visita, y de las nuevas cosechas de almas que podian esperarse en adelante informó latamente al P. Provincial.

Con la ocasion de averle acompañado en la Visita el P. Francisco Eusebio Kino comenzò el P. Juan Maria â concebir grandes desseos de la conversion, y reduccion â nuestra santa Fè de la California. Porque diez años antes, el dicho P. Kino con los Padres Juan Baptista Copart, y Pedro Mathias Goñi, acompañando â D. Isidro Otondo, que emprendió aquella Conquista, havia entrado en la California, y como testigo de vista le diò noticia de todos los sucessos de aquella empressa, de la copiosa miez de almas, que alli se descubria, de los impedimentos, que el demonio havia puesto, para estorvarla, y de todo embió el P. Juan Maria informe pleno al P. Provincial, representandole la facilidad con que se podia conseguir la reduccion de la California, sin aparato de armas, ni ruido de Soldados, que segun havia enseñado la experiencia en

las

las varias entradas, que en los años passados se havian hecho con immensos gastos â costa del Real Erario, nada se havia conseguido, embargados todos de la codicia de las perlas, de que abunda el mar Californico. Y por tanto pedia al P. Provincial licencia para solicitar la entrada en aquella inculta tierra, disponiendo los medios, que sin aparato de guerra, pudieran servir para conseguirlo. Pero en vez de la licencia que pretendia recibió la Patente que N. P. General le embiaba de Rector del Colegio de Guadalaxara, y vino en el nuevo pliego de Gobierno, que se abriò à principios del mes de Enero de mil seiscientos y noventa y tres.

CAPITULO XV.

Vá por Rector al Colegio de Guadalaxara, y comienza à pretender la Conquista de la California.

COncluida yà la visita de las Missiones desseaba el P. Juan Maria venir á Mexico à solicitar las licencias necessarias para la entrada en la California, y de no conseguirlas, volverse â sus antiguas Missiones, y procurar nuevas fundaciones, aplicandose todo à la conversion de los Infieles, pero quando estaba mas fervorizado en estos desseos recibiò la Patente, que N. P. General le embiaba de Rector del Colegio de Guadalaxara. Y porquè juzgaba, que esta ocupacion le serviria de grande

grande impedimento, y estorvo à sus desseos, escribió con grande aprieto al P. Provincial Diego de Almonazir, para que vistas con los Padres Consultores sus razones se sirviesse de admitir la propuesta, que hacia de aquel empleo. No juzgò el P. Provincial, y su Consulta conveniente el admitirsela, con lo qual se puso luego en camino para Guadalaxara el P. Juan Maria, y para evitar qualquier cortejo que pudieran hazerle en su recibimiento, llegò entrada yá la noche á Guadalaxara, y tocando la campanilla de nuestra Porteria, no quiso decir su nombre, sino solamente, que era un Padre, que venia de Missiones.

Dentro dè muy breve tiempo se dió á conocer en aquella Ciudad su grande Santidad, y desde las primeras visitas se comenzò à conciliar las voluntades de todos, procurando tener á las Personas de mas authoridad, como eran el Señor Obispo, el Señor Presidente, la Real Audiencia, y demàs Cavalleros, y Republicanos, favorables para todo lo que se le ofreciesse ser de gloria, y servicio de Dios, y principalmente para el fin à que como unico objeto de sus ansias miraba, que era la Conquista de la California. Y todos se ofrecian promptos à favorecerle, y ayudarle en todo, aunque en lo que tocaba à la California, viendo las muchas vezes, que se havia frustrado en los tiempos passados aquella empressa todos lo tenian por impossible. Y porque

en

en los Superiores de Mexico hallaba totalmente cerrada la puerta á ſus intentos, eſcribió à N. P. General Thirſo Gonzalez, ſolicitando ſu licencia, y beneplacito para la entrada en la California, teniendo por cierto, que ſi la conſeguia, facilmente la alcanzaria del Sr. Virrey de eſta Nueva-Eſpaña.

Entre tanto, que venia de Roma la licencia, ſe aplicò todo al buen gobierno del Colegio, procurando con todo deſvelo conſervar à todos ſus Subditos en ſumma paz, y fraterna charidad en obſervancia exacta de las reglas, y en la debida aplicacion de cada uno â ſusCathedras,y miniſterios. Y como el exemplo es la exhortacion mas eficaz, èl era el primero en todas las diſtribuciones religioſas, y quando la ocaſion lo pedia, ſuplia con mucho guſto por los otros en ſus empleos,y ocupaciones. Muchas vezes ſalia â las confeſſiones, que de fuera pedian para los enfermos, y no pocas, no haviendo en Caſa Hermano, ſalia â acompañar al Padre, que havia ſeñalado. A vezes ſe ocupaba en barrer los tranſitos, y oficinas de la Caſa, y porque viendolo ſus Subditos procuraban eſtorvarſelo, comidiendoſe ellos â hacerlo, el Padre Juan Maria por no perder el merito de ſu humildad, aguardaba â que todos eſtuvieſſen fuera de Caſa para hacerlo ſin que nadie ſe lo impidieſſe.

Con los enfermos era extremado el cuidado, que tenia en que nada les faltaſſe conducente â ſu curacion, y regalo. Visitabalos â menudo, èl mismo les componia las camas, barria los aposentos, y sacaba, y limpiaba los vasos immundos, sin permitir, que otro alguno de la Casa le preocupasse en oficios de tanta humildad, y charidad, de suerte, q un Padre q enseñaba entonces en aquel Colegio Theologia, solia decir, que temblaba al pensar, que podia estár enfermo, por no vér luego â su Superior ocupado en los mas viles, y abatidos ministerios, proprios de un enfermero, ô sirviente de la Casa. No era menos vigilante en provèr con generosa liberalidad à todos sus Subditos de todo lo necessario, en quanto al sustento, vestuario, y lo demás, que la vida humana necessita, sin permitir jamás, que lo mendigassen, y ni aun le recibiessen de Personas de fuera, con tal extremo, que haviendole pedido un Padre natural de aquella Ciudad licencia para recibir un jubon blanco que su Madre le havia embiado, no se la quiso conceder, diciendo, que la Religion era su Madre verdadera, que le proveiria de todo lo necessario, y no solo le mandó luego hacer el jubon que havia menester, sino que le ordenó, que en faltandole qualquiera cosa acudiesse â pedirselo, y luego se le daria. Y aun por quitar á los Sugetos el sonrrojo, que pudiera causarles el pedir, ordenó al Hermano, que hacia oficio de Ropero, que todos los meses visitasse todos los aposentos, y viesse lo que â cada uno faltasse; y aunque no lo pidiesse, se lo llevasse.

Su-

Sucedió, que un Padre recien venido de morador al Colegio estaba muy necessitado de sotana. El Hermano Ropero por el orden que tenia de su Rector, trató de hacerle una nueva, pero el mismo Padre lo repugnò, diciendo, que aun no havia servido al Colegio, pues era recien venido, para que el Colegio le proveyesse de sotana nueva. Con esto desistió el Hermano de su intento, pero â pocos dias reparando el P. Rector Juan Maria en la necessidad del Sugeto, reprehendió asperamente al Hermano por su descuido. Escussose el Hermano, con lo que el Padre huesped le havia dicho, y entonces el Padre con entrañas de verdadero charitativo Padre de los suyos le corrigiò con estas palabras dignas de un verdadero Superior de la Compañia: *Digame charissimo Hermano: el Padre no es yà Sugeto de este Colegio, y Hermano nuestro? Pues si ahora necessita de vestuario, porquè no se le ha de dár ahora? Acaso porque en otros Colegios no lo ayan proveìdo, hemos de permitir, que ande desnudo, ê indecente? Ea vaya, y hagale ropa nueva, y dele todo lo necessario.*

Con igual charidad se portó con el mismo Hermano Ropero en los principios de su Rectorado: quexòsele el Hermano de que los calzones de que usaba eran de un paño muy gruesso, y que no los podia aguantar por el excessivo calor de la tierra. Mandòle luego hacer unos nuevos de genero

del-

delgado, y le mandò, que le traxesse los de paño, que usaba, que serian para algun pobre. Hizòlo assi el Hermano, y el pobre â quien se destinaron fue el mismo Padre Rector Juan Maria, que como amador de la santa pobreza se los adjudicó â si mismo. Y como al cabo de onze años, que vino â ser Provincial, passando por Guadalaxara se los mostrasse, ponderando lo mucho, y bien que le havian servido, no pudo menos el Hermano, que admirarse, y confundirse. Pero el Padre con mucha gracia le dixo : *Calle viejo, que no lo entiende : porque digame, no son buenos para un Provincial unos calzones de paño?* Con lo qual quedò el Hermano mas confuso, y edificado.

Con semejante gracejo atajò, ô divirtiò la admiracion de los Padres de aquel Colegio al fin de su Rectorado. Quiso el Padre por despedida dàr â todos los Sugetos sotanas nuevas, y ahorrar â su Successor esse gasto. Y advirtiendo, que el paño que para esso le llevaron, era muy vasto, y gruesso, no quiso que los de Casa se vistieran de èl, sino que comprò para el efecto paño muy bueno de Segovia; y del otro paño mandò vestir â los Esclavos del Colegio, y teniendose él por Siervo de todos mandó hacer para sì del mismo paño una sotana. Quando los Padres con admiracion lo vieron, le preguntaban, como podia sufrir paño tan gruesso en una tierra tan caliente, y sin dàr respuesta directa â la

pre-

pregunta, respondia con gracejo ; *Pues què ? No les parece bien â VV. RR. que su Rector se aya vestido de paño nuevo, para no andar con una sotana indecente, y rota, como la que antes traia ?*

No era menos liberal, y charitativo con los pobres de fuera cuyo remedio, y alivio procuraba en quanto podia, creyendo, que las oraciones de los pobres eran las mejores fincas de los Colegios. Desde el principio de su gobierno encargò al Hermano Pelayo Vidal, que cuidasse de la comida, que se daba todos los dias en la puerta reglar â los pobres, que acudian, y bajando un dia el Padre â vér como se repartia la comida, diò â todos los pobres una limosna en reales encargandoles, que encomendassen â Dios cierta necessidad, en que se hallaba el Colegio, y advirtiendo, que el Hermano Pelayo se sonreìa, le dixo : *Hermano mio tenga siempre gran confianza en Dios, y sepa, que en su Presencia valen mucho las oraciones de los pobres.* Fuesse con esto â recoger â su aposento, y â las dos de la tarde entrò en èl un criado de un Cavallero de aquella Ciudad, trayendole en nombre de su Amo una grande plancha de plata, diciendo, que se la embiaba para que remediasse las necessidades ocurrentes del Colegio. Agradeció mucho el Padre la limosna, y mandando llamar al Hermano Pelayo, le mostrò la plancha, y le dixo : *Mire Hermano amantissimo, si saben los pobres remediar con sus oraciones las necessidades de sus bienhechores.* En

En otra ocasion se hallaba molestado de un acreedor por seiscientos pesos, que el Colegio le debia. No tenia el P. Juan Maria en su poder mas que cincuenta pesos para el preciso gasto del Colegio; y avivando su confianza en Dios, y en las oraciones de los pobres, repartiò entre ellos los cincuenta pesos, y luego recibiò de un Cavallero principal una gruessa limosna, que le embiaba, y constaba cabalmente de los seiscientos pesos, que havia menester para satisfacer como lo hizo la deuda del Colegio.

En el primer año de su gobierno se perdieron de suerte los trigos de Toluquilla hazienda del Colegio, que no tubo, ni aun trigo para sembrar; pero no perdió la confianza en Dios el P. Juan Maria, y pidiendo prestadas quarenta cargas de trigo al Mayordomo de las Monjas de Santa Maria de Cracia, â pagarlas al tiempo de la cosecha. Esta fuè muy abundante, pagò las quarenta cargas que debia, y porque el trigo se vendia en la Ciudad à subido precio, hizo el P. Juan Maria bien á todo el lugar, vendiendo menudeado el trigo à las Panaderas pobres à precio mucho mas bajo, que el corriente.

Premio fué sin duda de su confianza en Dios, y de la charidad con que acudia á las necessidades de los pobres lo que testificò el citado Hermano Pelayo Vidal, Sugeto bien conocido en esta Provincia

vincia por su grande madurez, juicio, y Religion. Era este Hermano Maestro de Escuela en el Colegio de Guadalaxara, y juntamente hacia oficio de Procurador, que haviendo de entregar el P. Juan Maria el Colegio al fin de su gobierno â su Successor fué menester ajustar las cuentas de entrada, y gasto, y que quando creia, que el Colegio estaria muy empeñado por la liberalidad con que el P. Rector acudia â las necessidades de los pobres, sin hacer falta alguna à todo lo que havian menester los Sugetos del Colegio, halló, que no solamente no estaba adeudado, sino que le sobraban tres mil pesos, de los quales empleó el P. Rector Juan Maria los mil y quinientos en vestir como yà diximos â todos los Sugetos, y proveer de lo necessario al Colegio en despensa, y roperia, y los otros mil y quinientos pesos dexó en reales â su Successor, que es bastante prueba de lo que à Dios agradaba la charidad, y liberalidad generosa del P. Juan Maria.

CAPITULO XVI.

Edifica el P. Juan Maria en la Iglesia de nuestro Colegio de Guadalaxara, la Capilla Lauretana, y su grande aplicacion â los ministerios de la Compañia.

ESTA providencia amorosa con que Dios socorria al P. Juan Maria en los bienes temporales del Colegio, no solo se debe atribuir, segun lo

que

que el mismo Padre decia, á las oraciones de los pobres, sino tambien á la vigilancia con que procuraba promover los cultos de la Santissima Virgen, á lo qual le servia de generoso estimulo, lo que la Soberana Señora en su Imagen de Guadalupe le embio à decir con su grande Siervo el P. Juan Baptista Zappa: *Cogita tu de me, & ego cogitabo de te.* Piensa tu en mi, y yo pensarè en ti, y en lo que te toca.

Pensando pues, en promover la devocion, y cultos de la Gran Reyna de Cielos, y tierra, emprendió fabricarle en nuestra Iglesia del Colegio de Gnadalaxara, otra Casa, y Capilla semejante à la que havia fabricado en Mexico en nuestra Iglesia de S. Gregorio con la misma forma, traza, y medidas de la Angelical Casa, y Capilla, que en Loreto de Italia se venera. Deteniale para ponerlo en execucion, el haver oído desde que llegó â Guadalaxara que, ô por falta de Comercio, ô por haverse perdido las haziendas por los malos temporales padecia la Ciudad grande pobreza, y tal que no parecia segun las leyes de la prudencia solicitar limosnas de los que estaban en estado antes de pedirlas, que de hacerlas. Sin embargo por dár algun passo en la prosecucion de sus intentos hizo llamar à un Indio Albañil, y tenido por Maestro en su arte de fabricas muy practico, y expedito. Propusole los desseos que tenia de edificar en Guadalaxara Casa á la la Virgen ſegun el modelo de la Santa Caſa de Loreto, y juntamente lo que le retardaba el emprenderla. Pero el buen Indio, ô Dios por ſu boca le reſpondiò diciendole, que ſe animaſſe, porque por las experiencias que tenia, ſabia, que eran los animos de aquellos vecinos muy piadoſos, y que para obras del ſervicio de Dios, y culto de ſu Santiſſima Madre, ſiempre cooperaban con guſto, y daban de buena gana ſus limoſnas, cada qual ſegun podia, quando veìan por ſus ojos ſu buen empleo. Y que todo eſtaba en comenzar con eficacia, ſin deſcaecer de lo comenzado, y que aſſi eſperaba, que tendria con las limoſnas para mucho mas de lo que al principio intentaba.

Muy animado quedò el P. Juan Maria con los conſejos del Indio Albañil, pero no pudo por entonces dár principio â la obra porque ſe le ofrecia neceſſidad preciſa de venir â Mexico â negocio muy urgente de ſu Colegio, pero todas eran trazas de la divina providencia, para que mas en breve ſe puſieſſe en execucion la obra de la Santa Caſa, porque con ocaſion de eſte viaje fueron grandes los eſtimulos, que Dios le diò al corazon para atropellar por todos los eſtorvos, que pudieran ofrecerſe. Haviendo concluìdo en Mexico ſus negocios, y volviendo para Guadalaxara, llegò â la Ciudad de Queretaro, en donde era Rector de nueſtro Colegio el P. Bernardo Rolandegui antiguo, y muy amado Compañero del P. Juan Maria en las Missiones de la Tarahomara, quien lo recibiò con la charidad, y benevolencia, que acostumbra la Compañia, pero aquella primera noche, recogido el P. Juan Maria al aposento que le havian preparado, y poco despues de haverse acostado, sintió que el aposento se estremecia, y creyendo que era temblor de tierra, vistiendose la sotana se levantò con presteza, y se fuè â guarecer en el hueco de una ventana. Apenas se havia puesto en salvo, quando â plomo se hundiò todo el suelo del aposento, â causa de estàr, como se vió despues, podridas las cabezas todas de las bigas. Alli passó toda la noche, sin que de los aposentos immediatos se huviesse oido el ruido, ni se huviesse advertido la ruina del aposento. Hasta que por la mañana al passar el Despertador por aquel transito, le gritò el Padre, diciendo lo que le havia sucedido, y que avisasse â los Padres, para que viniessen â socorrerlo. Assi se hizo, y se diò traza para que el Padre pudiesse salir del aposento.

Mientras estaba refugiado en la ventana sentia en su corazon una reprehension continua de la Santissima Virgen, por haver retardado el comenzar su Santa Casa, y que le repetia muchas vezes estas palabras: *Comienza mi Casa, que para esso te he quitado Yo la tuya.* Animado sumamente, y resuelto â atropellar por todos los estorvos que se ofreciessen, al dia siguiente saliò de Queretaro, y con

con quanta celeridad pudo llegò de buelta â Guadalaxara. Y luego al punto hizo llamar â ſu buen conſejero el Indio Albañil, y moſtrandole las medidas, y modelo de la Caſa que pretendia fabricar lo citò para que el Sabado proximo ſiguiente vinieſſe â delinear el ſitio, y comenzar â abrir las zanjas para los cimientos. Y cauſó gran ternura, y edificacion, que para peones de aquel primer dia eſcogiò el P. Juan Maria â los niños de la eſcuela, pareciendole, que para primeros obreros de la Santa Caſa de la Reyna de los Angeles, eran muy apropoſito los que por la pueril innocencia, y pureza de coſtumbres eran mas parecidos â los Angeles.

Llegado pues, el Sabado, acudiò el P. Juan Maria con ſu quadrilla de angelicos operarios, y haviendo ſeñalado en la tierra el Maeſtro las medidas, tomando el Padre en las manos un azadon, y los niños mayorcitos los ſuyos, comenzaron â abrir las zanjas para los cimientos de la Caſa, ocupados los niños de menor edad en cojer, y ſacar la tierra. Hecho eſto con tan feliz principio que el dia, no ſe puſo mano â la obra haſta el Sabado ſiguiente en que con los miſmos niños nuevamente convidados, y los Padres todos del Colegio, que movidos de tan admirable exemplo de ſu Rector quiſieron acompañarle en aquel tan humilde aunque devoto miniſterio, ſe proſiguiò la obra de abrir las zanjas, y ſacar la tierra, y porque yà en aquella ſemana havia corrido la voz por la Ciudad, acudieron al mismo empleo muchos de los nobles Ciudadanos, que informados yà del intento, quisieron tener parte en obra tan util, y devota, y algunos de los mas acaudalados se ofrecieron, â que todos los costos corriessen por su quenta.

No acceptò la liberal oferta el P. Juan Maria fixo siempre en el dictamen, con que se havia gobernado en la fabrica de la Santa Casa de S. Gregorio de Mexico, de que la Santissima Virgen queria ser de todos, y por esso queria, que todos ricos, y pobres, nobles, y plebeyos contribuyessen con sus limosnas, para echarles â todos sus bendiciones. Desde aquel dia prosiguiò la obra, porque comenzaron â llover las limosnas, que ofrecian espontaneamente Bienhechores, que las embiaban, y las que el mismo Padre pedia por las calles, y recibia de la Gente pobre. Y porque solia suceder, que algunos pobres daban mas de lo que podian llevados del fervor de su devocion, entonces el Padre agradeciendo su gran liberalidad tomaba algo de lo que le ofrecian, y lo demàs se lo volvia porque no les hiziesse falta para la manutencion de su familia, haciendo limosna â los mismos que se la hacian. Y nunca le faltó dinero para comprar los materiales necessarios, y pagar los oficiales, y peones, porque aun quando se hallaba mas necessitado le venian de repente socorros de quien menos los esperaba, y

con

con esto se pudo acabar la Santa Casa en poco mas de un año, y sobrandole al Padre mucho de las limosnas fabricò la Capilla de bobedas, en la qual como en una concha estaba metida como preciosa margarita la Casa, y juntamente dotó la musica para las Missas, y Salves cantadas en todos los Sabados del año.

Concluìda la fabrica de la Casa, y de la Capilla, tratò el P. Juan Maria de celebrar su dedicacion, y la dispuso para el dia veinte y cinco de Noviembre de mil seiscientos y noventa y cinco llevando en solemne Procession la Imagen de la Soberana Reyna Lauretana aquella tarde, en que se cantaron con buena musica las Visperas, y el dia siguiente, que era Sabado, y dia dedicado â los Desposorios de la Santissima Virgen con Sr. S. JOSEPH huvo Missa cantada, y Sermon, â que assistió lo mas granado de la nobleza, y tan crecido numero de gente, que ni en la Capilla, ni en todo el espacioso campo de la Iglesia cabia; y lo mas estimable es, que fueron innumerables las comuniones que huvo aquel dia con que los devotos de la Gran Señora quisieron celebrar aquella fiesta.

Aunque estaba el P. Juan Maria tan ocupado, y santamente divertido en poner â la Ciudad de Guadalaxara una finca de beneficios vinculada en la Santa Casa de Loreto, no se descuidaba en procurar mejorarla de costumbres con los apostolicos mi-

ministerios de nuestro Instituto. Todos los Sabados por la tarde con mucho concurso de gente, rezaba â choros en la misma Santa Casa el Rosario, y despues de cantarse la Letania de la Virgen, hazia una fervorosa Platica enderezada â promover en los corazones de todos sus oyentes la devocion cordial para con la Soberana Reyna, y la concluía con algun exemplo, que fuesse al proposito para esse intento.

En todo el triennio de su gobierno, no fue solamente Superior de su Colegio, sino juntamente hizo el oficio de zeloso, ê incansable operario, yà instruyendo â la gente ruda con Platicas de la Doctrina Christiana, que hacia muy amenudo en las calles, y Plazas de la Ciudad, yà acudiendo â las carzeles, y hospitales, en donde confessaba â quantos querian, y los socorria con limosnas, y â todos con fervorosas Platicas exhortaba â la paciencia en los trabajos, que padecian, y â que todos viviessen como Christianos. Su assistencia al confessonario era continua, y muchas Personas de las mas principales lo tomaron por Padre, y director de sus almas.

Entre las otras cosas memorables de su zelo, fue el haver servido de Angel de paz, para reconciliar publicamente al Señor Presidente de Guadalaxara, y la Real Audiencia con el Ilmo. y Venerable Señor Obispo D. Juan de Santiago Leon Garabito, entre quie-

quienes havia havido algunas dissensiones por competencias de Jurisdiccion, zelando el Obispo la dignidad, y derechos de la Mitra, y el Presidente, y Oìdores los del Real Patronato. Hallabase el Il^mo. Prelado en el Santuario de Nrâ. Señora de Tzapopan, una legua distante de la Ciudad, acometido de mortal accidente por el qual dispusieron los Medicos, se le administrassen los Santos Sacramentos. Luego que tubo la noticia el P. Juan Maria, fuè â visitarle, y no hallò en el Venerable Prelado dificultad alguna para la reconciliacion, protestando, que havia procurado con la moderacion possible mirar por los fueros, y derechos de la Mitra. Y con su beneplacito passó â vèr al Señor Presidente, y Señores Togados, los quales movidos de las razones del P. Juan Maria, cedieron desde luego dexando la decission de las passadas controversias al Rey Nuestro Señor, y su Real Consejo de las Indias, y dieron palabra, que luego passarian al Santuario â visitar â S. Il^ma. y protestarle, que no havia havido encono alguno de la voluntad, sino solamente atender â lo que sus puestos, y oficios les obligaban. Adelantòse el P. Juan Maria, y haviendo llegado aquellos Señores los introduxo â la pieza en que yacia enfermo el Il^mo. Prelado. Saludaronlo mostrando el pesar que tenian de su peligroso accidente, le pidieron perdon de los passados encuentros, si acaso lo huviessen agraviado, aunque

que ſu intento ſolo havia ſido como Miniſtros del Rey atender â la indemnidad de la Real Juriſdiccion. Satisfizolos tambien de ſu parte el Señor Obiſpo. Y en ſeñal de verdadera amiſtad, ſe abrazaron mutuamente, con notable regocijo, y edificacion de todos los que ſe hallaron preſentes, y aun de toda la Ciudad. Y haviendo recibido todos los Sacramentos, ſe quedò el P. Juan Maria, ſin apartarſe de ſu cabezera, ayudandole con fervoroſos afectos de virtudes, haſta que con mucho ſoſſiego entregó ſu alma al Señor â mediado de Julio de mil ſeiſcientos y noventa y quatro años.

CAPITULO XVII.

Paſſa el P. Juan Maria al Colegio de Tepotzotlan à ſer Rector, y Maeſtro de Novicios.

ANtes que el P. Juan Maria acabaſe el Rectorado de Guadalaxara, recibiò Carta de N. P. General Thirſo Gonzalez en reſpueſta de ſu demanda de la entrada en la California, en la qual alabandole ſu ſanto zelo le alentaba mucho â eſſa glorioſa empreſſa, y le añadió, que aunque para el triennio ſiguiente le embiaba Patente de Rector, y Maeſtro de Novicios en el Colegio de Tepotzotlan, ſin embargo, ſi hallaſſe medio para hacer la entrada con alguna eſcolta de Soldados, le concedia la licencia, y en tal caſo el P. Provincial le eximieſſe

miesse del cargo deRector. Abriose elPliego del nuevo gobierno el dia ocho deEnero de mil seiscientos, y noventa y seis, en que saliò Provincial el P. Juan de Palacios. Y aunque el P. Juan Maria hizo luego los esfuerzos possibles para conseguir su intento de la entrada en la California, hallò mucha resistencia en el P. Provincial, y en sus Consultores, ni fuè menor la que le hizo el Exc^mo^.Señor Conde de Galves Virrey entonces de la Nueva-España, diciendo, que se hallaba con nuevas Reales Cedulas, en que su Magestad mandaba suspender, y aun del todo prohibia por entonces el que se intentasse la Conquista de la California. Con lo qual esperando en adelante mejor oportunidad, se resolvió â executar la obediencia, y admitir la Patente de Rector, y Maestro de Novicios.

Luego que entró en el oficio se aplicò con todo empeño â criar en sus Novicios unos Santos para el mayor lustre de la Religion, y unos Apostoles para la conversion de todo el Mundo, persuadido â que el Noviciado debe ser un Seminario de todas las virtudes, y que solo se conserva, y augmenta en adelante la perfeccion religiosa, que se fundamentó bien en el Noviciado. Todo el año que exerciò este oficio el P. Juan Maria les hizo â sus Novicios las dos Platicas acostumbradas de cada semana, la una del amor, que se debe â JESUS, y la otra del que se debe â su Santissima Madre, redu-

 ciendo

ciendo â eſtos dos puntos, todos los documentos, que les daba â cerca de la puntual, y exacta guarda de los Votos, y de las Reglas, del zelo que deben tener los Jeſuitas de la ſalvacion de las almas, de la charidad fraterna, de la humildad profunda, de la mortificacion, y abnegacion de sì miſmos, de la fervoroſa oracion, y de todas las demâs virtudes proprias del eſtado Religioſo, las quales decia ſe deben exercitar con fervoroſo empeño por amor de JESUS, y de MARIA. Y para excitarlos mas â la devocion, y amor de la Gran Señora, ſuſcitò en el Noviciado el exercicio de las flores de MARIA, que havia plantado ſu Santo Compañero el P. Juan Baptiſta Zappa, quando fuè Miniſtro de aquel Colegio, y con el tiempo havia de alguna manera deſcaècido. Afervorizòlo el P. Juan Maria con ſus palabras, en las exhortaciones, que les hacia antes de las feſtividades de Nueſtra Señora, proponiendoles los obſequios mas agradables, que podian ofrecerle en aquellos dias; y no menos con ſus exemplos, entrando â la parte de eſta devocion con ſu liſta ſin firma, que echaba en la urna con las demàs, aunque baſtantemente conocian los Novicios de quien era la liſta por el contexto de los obſequios muy eſpeciales, y extraordinarias penitencias que en ella ſe contenia.

En llegando el dia de la Virgen en que ſe leían publicamente los obſequios, que cada uno hayia via ofrecido, aunque no fuesse dia de fiesta les hacia algun agazajo por la tarde, y concedia alguna hora de recreacion en la huerta, aunque la mayor que tenian los Novicios entonces, y lo mismo era en los assuetos ordinarios,y quando los sacaba al campo oìrle hablar de las excelencias de la Santissima Virgen, mostrando en la inflammacion de su rostro, el incendio en que ardia su corazon. Y segun era el fervor con que hablaba de las excelencias de la Gran Reyna, estaban los Novicios persuadidos à que tenia muy familiar trato, y comunicacion con la Señora. Y se confirmaron en ello con el caso siguiente. Serviale al P. Juan Maria en el aposento, y en èl dormia un Indiecito, que havia traìdo de las Missiones, y viendo los Novicios el grande amor que mostraba tener al P. Rector, le preguntaron una vez en el assueto : porquè lo queria tanto ? A lo qual respondiò el innocente parvulo : *Porque es un Santo.* Y en què conoces que es Santo el P. Rector, le replicaron los Novicios ? Y el muchacho respondiò : *Porque le habla de noche la Virgen MARIA.* De donde se persuadieron, que por la innocencia de aquel indiecito lo havia hecho participante la Soberana Señora del favor que hacia â su amante Siervo, haciendo que oyesse su voz quando le hablaba.

Sabiendo que el exemplo es la exhortacion mas eficaz para el exercicio de las virtudes, era el

P. Juan Maria el primero en las diſtribuciones de la Communidad, y en aquellas mortificaciones que ſe acoſtumbran de fregar los platos en la cozina, llevar la olla de los Pobres à la Porteria, decir ſus faltas en el Refectorio, pedir la comida de limoſna, comer de rodillas, ô ſentado en el ſuelo, poſtrarſe á la puerta del Refectorio, para que todos lo hollaſſen. Y para que todas eſtas mortificaciones no perdieſſen ſu merito, haciendoſe ſolo por coſtumbre, les declaraba à ſus Novicios el eſpiritu, y actual rectitud de intencion, con que debian hazerlas.

Quando eſtaban ſus Novicios enfermos no ſe contentaba con viſitarlos à menudo, conſolarlos, y alegrarlos con ſantas, y feſtivas converſaciones, y alentarlos à la paciencia, y conformidad con la voluntad divina, ſino que haciendo oficio de enfermero les hacia las camas, barria los apoſentos, y aun ſacaba los vaſos immundos para fregarlos, y volverlos yá limpios al apoſento. Sucedió en una ocaſion ſalir con ſus Novicios al campo, pero de buelta les cogió un tan grande aguazero, que llegaron todos bien mojados al Colegio. Aqui ſe manifeſtó la charidad eximia de ſu Rector. Mandó que todos luego ſe deſnudaſſen, y acoſtaſſen en ſus camas, y entre tanto que les llevaban de cenar, hizo poner al ayre todas las ſotanas, y ſobreropas, para que ſe ſecaſſen. Mandò, que por la mañana, aun que tocassen la campana de Communidad, ninguno se levantasse, hasta que èl avisasse. Por la mañana fuè por todos los aposentos recogiendo en una canasta todos los zapatos, y medias mojadas, y bajando á la cozina por sì mismo los fuè enjugando, y secando al fuego, y entonces volviò à cada uno lo que le tocaba, y mandò que se levantassen à seguir su ordinaria distribucion.

Con estas, y semejantes acciones les tenia tan ganadas las voluntades á sus Novicios, que lo amaban mas que si fuera su propria Madre, y èl hacia de ellos quanto queria para promoverlos en el exercicio de las virtudes. El amor, y cariño con que los trataba, los movia à descubrirle con grande confianza sus tentaciones, y comunicarle sus dudas, y desconsuelos; y salian de su presencia alegres por la suavidad de su trato, y muy fervorosos con sus santas exhortaciones.

Con el amor, y cariño de su trato juntaba una singular prudencia, precautelando con ella los extremos viciosos, que se oponen à las virtudes, que consisten en el medio. Por esso no consentia en ellos cosas extraordinarias en lo publico, que por extravagantes suelen causar mas ruido, que provecho, y traèn mucho peligro de vana gloria. Y lo que procuraba era, que hicieran sus Novicios todas las obras ordinarias, y comunes con fervorosa aplicacion, practicando en todas ellas aun en las que

son

ſon de ſuyo indiferentes la rectitud de intencion, con que procuraſſen ſolamente agradar à Dios. No moſtraba menos ſu prudencia, y diſcrecion en no permitir fervores indiſcretos de penitencias, ayunos, y otras mortificaciones, y ſolo concedia á ſus Novicios licencia para aquellas, que baſtan à domar la carne, y á ſujetarla al eſpiritu, y negandola para las que pudieran ſer nocivas à la ſalud, advirtiendoles, que no ſe criaban en el Noviciado para sì ſolos, ſino para trabajar deſpues incanſablemente en el bien, y provecho de las almas, y que ſu mayor cuidado debia ſer el mortificar la propria voluntad, y juicio, mas que el cuerpo.

Servia una vez el P. Juan Maria en el Refectorio, lo qual hacia todos los Sabados por reverencia, y obſequio á la Santiſſima Virgen, y llegando á dàr á un Novicio la taza de arroz con leche, que ſuele ſervirſe eſſe dia à la Communidad, no la admitió, diciendo que tenia licencia para dexarla los Sabados. El Padre entonces le mandó tomar dos, y que las comieſſe ambas, eſtimando en mas la obediencia, y mortificacion de la voluntad, que el ſacrificio, y mortificacion de la carne.

Conducia mucho para la educacion, y buena crianza de los Novicios, el dòn que el Señor havia concedido á eſte ſu gran Siervo de diſcernir eſpiritus, y penetrar haſta el ultimo fondo los corazones. De aqui era, que hablaba à cada uno ſegun ſu necessidad, y à vezes les decia lo que passaba en lo interior, y secreto de sus almas. Y la experiencia que tenian de esto les engendraba una grande reverencia á su Santo Maestro, y les quitaba todo temor, ô verguenza en manifestarle lo mas oculto de sus conciencias, como à hombre ilustrado con luz divina, que les leia los corazones. Hallabase un Novicio muy desconsolado, afligido de escrupulos, y temores, y desseaba, que lo llamasse su Maestro á dár quenta de su conciencia, como se acostumbra en la Compañia para declararle las afliciones, que padecia. Un Jueves por la tarde quando iban los Novicios à recreacion à la huerta del Colegio encontraron en ella à su Rector, y entonces llamando por su nombre al Novicio desconsolado, lo llevó consigo passeando por la huerta, y hablandole con gran cariño hazia que se divirtiesse viendo los arboles, y flores de la huerta. Y quando yá estaban en paraje bastantemente retirado de los demás, le dixo: *Venga acà mi viejo*(que assi llamaba por cariño á los Novicios) *porquè no me ha ido â vér al aposento, hallandose tan afligido? Ea digame aqui lo que le aflige.* Y deteniendose el Novicio en declararse, le fuè diciendo el Padre quanto passaba en su interior, y le habló con tanta dulzura, y eficacia, que el Novicio quedò totalmente quieto, y consolado.

Con la misma suavidad, y discrecion se portaba

taba con los que se hallaban tentados contra la vocacion. Haviale instado muchas vezes un Novicio porque le mandasse dar sus vestidos para volverse al siglo, y dexar la Religion, y nunca se quietaba con las razones santas, y espirituales, que el Padre le decia. Entrò una vez despechado, y resuelto â no salir del aposento sin la licencia de volverse al mundo. En oyendo el Padre esta diabolica resolucion le mandó, que abriesse la ventana, y le dixesse lo que veía en el campo. Assomóse, y dixo, que lo que veìa eran unos bueyes arando la tierra. Entonces con su acostumbrado grazejo le dixo: *Pues digame mi viejo, â donde irà el buey, que no are?* Y aplicando este refran â su actual pretension, le ponderò, que como el buey por ser destinado â arar la tierra, â donde quiera que vaya, hallará yugo arado, y tierras que romper, assi el hombre condenado al trabajo por la culpa, â donde quiera que vaya ha de encontrar que padecer, pero con esta diferencia, que los trabajos de la Religion son yugo pero suave, carga, pero ligera; pero los del Mundo son mucho mayores, ê insoportables. Y esto bastò para que el Novicio quedasse del todo quieto, y sossegado.

Otra vez otro Novicio entró en su aposento con el mismo despecho, que el antecedente pidiendo resueltamente sus vestidos. Respondióle con grande benignidad, que aguardasse un poco mientras

tras acababa de hacer lo que tenian entre manos, y que en el entretanto leyesse un Capitulo de Thomás de Kempis de la imitacion de Christo, el primero que saliesse. Leyò el Novicio el Capitulo que por suerte le saliò, y con aquella leccion le ablandò Dios, y mudò de suerte el corazon, hallando en el libro quanto necessitaba para su total remedio, que dixo, que yà conocia, que el animo con que havia venido era manifiesta tentacion del Demonio. Y con esto perseverò en la Compañia con mucho consuelo de su alma.

CAPITULO XVIII.

Solicita de nuevo la entrada en la California, y por fin consigue las licencias necessarias.

AUnque estaba el P. Juan Maria todo dedicado â la santa educacion de sus Novicios, no olvidaba â su amada, y desseada California; sino que todas sus oraciones, penitencias, y buenas obras las ofrecia al Señor con este fin de que su Magestad se dignasse de abrir camino para la conversion de aquellas miserables almas sumergidas en el abismo de sus errores, y ciega gentilidad. Y para este intento ofrecia tambien las flores, y Novenas que hacia en las festividades de la Santissima Virgen, y encomendaba â sus Novicios, que ofreciessen tambien las suyas â este mismo fin de la conversion de los Indios Californilifornicos. Valiose tambien por este tiempo del Señor Dr. D. Joseph de Miranda Villaisan Fiscal de la Real Audiencia de Guadalaxara, para que segun los puntos de grande substancia, y utilidad, que se seguiria â todo este Reyno de la Nueva-España hiciesse Consulta â aquella Real Audiencia, y tambien al Señor Virrey de Mexico, y el Señor Fiscal la hizo tan eficaz, y persuasiva, que sirvió en gran parte para allanar las muchas dificultades, que para essa empressa se ofrecian.

Havia salido por este tiempo el P. Provincial Juan de Palacios â la visita de los Colegios, que llaman de tierra â dentro; y haviendo llegado al de Tepotzotlan, le propuso el P. Juan Maria sus ardientes desseos de emprender la Conquista de la California, y los medios mas faciles, que se le ofrecian para conseguirla. Pero el P. Provincial resueltamente le dixo, que no podia dàr la licencia sin parecer de los Padres Consultores, de quienes sabia, que todos estaban de parecer contrario. Pero el P. Juan Maria recurriendo â su ordinario refugio de la oracion, y â la intercession, y patrocinio de la Señora Lauretana negoció mas presto el buen despacho que desseaba. Porque â pocos dias acometiò al P. Provincial una gallarda fiebre, y dolor de costado, que lo puso en los ultimos extremos de la vida, y con el concepto que tenia de la Santidad del P. Juan Maria lo mandó llamar, y le pidiò que lo encomendasse muy de veras â la Gran Señora, y le alcanzasse la salud, si le convenia. Escusóse el Padre diciendo, que mientras su Revª. le impedia la entrada en la California no tenia meritos que alegar â la Santissima Virgen para hacerle esta peticion. Y con resolucion le dixo, que mientras no resolviesse darle licencia no tenia que esperar el sanar de aquella enfermedad. Repitiò esto tantas vezes, y con tanta asseveracion, que le huvo de prometer el P. Provincial, que si sanaba, haria de su parte, quanto pudiesse para concederle la licencia, que tanto desseaba.

Alentado con esta promessa se bajò luego el P. Juan Maria llevando consigo â todos sus Novicios â la Iglesia, y haviendo hecho con todos ellos oracion en la Capilla, y Casa Lauretana que alli se venera hizo sacar de su tabernaculo la Santa Imagen, y la llevó en Procession rezando las Letanias al aposento del P. Provincial. El qual se encomendò muy de veras á la Gran Señora, ratificando la palabra que havia dado á su Siervo, si le concedia la salud. Y desde aquel punto comenzò á experimentar su patrocinio, declinando la fiebre, hasta que del todo se le quitò. Viose con esto obligado al cumplimiento de su palabra, y hallandose yà convalecido, se fuè â Mexico, llevando consigo al P. Juan Maria, para que personalmente assistiesse â la consulta que intentaba hacer sobre el negocio de la California.

Haviendose juntado pues, los Padres Consultores armados todos con razones fundadas en humana prudencia, fueron de parecer, que no convenia dàr al P. Juan Maria la licencia, que pedia. Y viendo el Padre, que quantas razones alegaba en ſu favor no baſtaban para moverlos, les hizo por fin cargo de tantas almas de Infieles que alli ſe perdian, por no haver quien las alentaſſe con la luz del Evangelio, y tantos parvulitos, que deſde aquel dia moririan ſin baptiſmo en la California. Pero no por eſſo cedieron de ſu dictamen los Padres Conſultores, que tenian muy de antemano aprehendida como del todo impoſſible aquella empreſſa. Y aſſi le mandaron, que ſe volvieſſe á ſu Colegio à proſeguir la ocupacion, que la obediencia le havia encomendado.

No deſmayò por eſſo el magnanimo corazon, y fervoroſo zelo del P. Juan Maria, teniendo fixas ſus eſperanzas en el amparo de la Señora Lauretana poderoſa para vencer tantas dificultades. Volvioſe à ſu Colegio de Tepotzotlan, y multiplicando los ruegos, y oraciones, le deſcubriò la Gran Señora los conatos, y esfuerzos, que hacia el Infierno para eſtorvar aquella tan glorioſaConquiſta. Y por tres dias anduvo el Padre como fuera de sí, todo azorado, erizados los cabellos, demudado el roſtro, ſudando, y caſi temblando de horror, como quien veia coſas terribles, y eſpantoſas. Y como un Padre lo topaſſe en la huerta del Colegio, y lo vieſſe tan demudado, le le preguntó la causa, y si era algo tocante à la California, como hombre enagenado, y con la voz turbada le respondió: *Si Padre, està todo el Infierno en arma, y todo el camino desde aqui á Mexico tupido de Demonios, para impedir esta Conquista; pero no vencerà, no vencerá, sino que sin duda vencerà San Francisco Xavier.*

Entrando tambien en su aposento el Hermano Prefecto del Noviciado, antes de escucharle palabra, le mandó que se asomasse à la ventana, y mirasse azia el camino, que vá para Mexico, y entonces le dixo: *No vee Hermano, quantos demonios hay desde aqui hasta el Palacio del Señor Virrey?* Y como el Hermano respondiesse, que nada veia, le añadió el Padre: *Pues sepa, que parecen neblina, y todos procuran embarazar el que yo passe â la California: mas espero en la Señora, que todo se conseguirà.* En esta esperanza estaba fundado el P. Juan Maria, porque su santo Compañero el P. Juan Baptista Zappa le havia escrito en los ultimos años de su vida, exhortandole con grande eficacia à pretender la Conquista de la California, y à que no se olvidasse de fabricar à la Gran Señora en ella su santa Casa Lauretana, y mucho mas por lo que se discurre haverle dicho el mismo P. Zappa, quando en el mismo dia que murìò en el Ingenio de Xalmolonga, distante mas de cien leguas de Guadalaxara en donde se hallaba Rector el P. Juan Maria, se le apareció, y despidió

pidió para irse al Cielo : porque desde aquel dia fueron mas ardientes sus desseos, y mas constante su empeño en solicitar aquella tan gloriosa Conquista.

No le saliò vana su esperanza, porque à los tres dias de haver buelto à su Colegio de Tepotzotlan recibiò Carta del P. Provincial en que lo llamaba à Mexico, porque yá los Padres Consultores reflexando, y ponderando las razones, que en la Consulta antecedente les havia propuesto havian todos mudado de parecer, y convenian en que se le diesse la licencia, que pedia, con la condicion de que hallasse competente limosna para hacer la entrada en la California. Y yá se vè quanto seria el regocijo del Siervo de Dios con noticia tan feliz. Pusosse luego en camino, llegò à Mexico, rindiò las gracias al P. Provincial, y Padres Consultores. Y sin duda alumbrado con luz del Cielo travò intima comunicacion, y correspondencia con el P. Juan de Ugarte, que à la sazon leia el curso de Philosophia en el Colegio Maximo de Mexico, en orden á que le ayudasse en esta tan santa empressa, y comenzasse á hacer el oficio de Procurador de esta Apostolica Mission, como lo hizo por algunos años, y despues fuè como el segundo Apostol, trabajando gloriosamente por espacio de treinta años en la conversion de aquella Gentilidad.

Haviendo pues, conferido estos dos Santos Varones los medios mas convenientes para conseguir

guir una obra tan gloriosa, determinò el P. Juan Maria salir por las calles, y casas de la Ciudad á pedir limosna, porque de aqui dependia la execucion de la empressa segun la condicion con que havian convenido los Padres Consultores, para que se le diesse la licencia. El primer dia saliò con el mismo P. Ugarte, y los demás con un Hermano Coadjutor que se le señaló por Compañero, y en los primeros dias, queriendo Dios, y su Madre, que aquella Mission se fundasse con los cimientos de mortificacion, y humildad, no recogiò mas limosna, que la de mofas, y desprecios, llegando á tratar como loco al Venerable Padre, porque intentaba conseguir con limosnas mendigadas, lo que acosta de muchos millares del Real Erario no se havia conseguido en muchos años.

Todo lo sufria el P. Juan Maria con invicta paciencia, sin desistir de su demanda, sabiendo que Dios mortifica, y humilla, pero tambien ensalza, y vivifica á los que en èl ponen su confianza. Assi sucediò en està ocasion, porque quando yà parecia, que desfallecia la humana esperanza le abriò Dios el camino à las limosnas por donde menos se esperaba. Y fuè el caso, que dos Cavalleros muy ricos de Mexico, pero tenidos de todos por muy estrechos, y apretados de mano, movidos de divino impulso le ofrecieron mil pesos cada uno. Corriò luego la voz por la Ciudad, y haciendose mysterio de esta limosna na no esperada yà se decia vulgarmente, que sin duda la obra de aquella Conquista era cosa de Dios, y esto bastò para que comenzassen otros muchos à concurrir con gruessas limosnas para lo mismo.

Entrò un dia à pedir su limosna en casa de D. Pedro Gil de la Sierpe, Thesorero de las Cajas Reales de Acapulco, á quien el Padre hasta entonces no conocia, y à penas le declarò la pretension en que andaba, y para cuya execucion pedia limosna, lebantandose el buen Cavallero de la silla en que estaba se abrazó con el Padre, y sin hablar palabra, manifestò con muchas lagrimas la ternura, y gozo, que le causaba aquella noticia para èl tan desseada. Recobrado despues de aquel vehemente repentino afecto, que le havia embargado las palabras, le dixo, que todo aquel año havian sido vehementes sus desseos de que se abriesse la puerta para la Conquista de la California tantas vezes malograda. Añadiòle, que en el Puerto de Acapulco tenia una Galeota llamada Santa Elvira, que aunque estaba muy vieja, y podrida le havia ordenado el Señor Virrey Conde de Galve, que procurara darle alguna carena, para que pudiesse servir siquiera otro año, pero que antes de poner mano â la obra, ella misma estaba tal, que se fuè â fondo en el mar dentro del Puerto. Y que aunque los Oficiales Reales le resistian, porque les parecia, que seria un gasto inutil, sin embargo èl con una zelosa, y santa resolucion, y sin saber lo que decia,

dió

dió el orden que la Galoata se sacasse del agua, y se aderezasse, diciendo: *Vayan, saquenla, y aderezenla, porque en ella ha de entrar la Fè en la California.*

No sabia D. Pedro quando esto sucedió la pretension del P. Juan Maria, y assi fuè excessivo el gozo que tubo con la noticia que el Padre le diò, y prometiò ayudarle quanto pudiesse en sus intentos, y le asseguró el uso de la Galeota, que de hecho â diligencias, ê instancias suyas se havia sacado del mar, y se havia compuesto, y aderezado de suerte, que podria servir para la conduccion de los viveres, y demás cosas necessarias en la California, y assi sucediò por algunos años. Y es muy digno de notar, que mientras sirvió para esto anduvo sana, y segura la Goloata. Pero quando despues de la muerte de D. Pedro, la negaron los Oficiales Reales, por concederla â los que iban al busseo de las perlas, ella por sí misma se volviò â lo profundo del mar, sin que pudiesse yà servir.

Fuera de esta Galeota endonó este tan piadoso Cavallero al P. Juan Maria un barco grande que tenia nombrado S. Fermin, y dos lanchas una grande con el nombre de S. Xavier, y otra pequeña con el de nuestra Señora del Rosarió. Y el costo de las tres embarcaciones, y otras alhajas, que dió, y socorros que hizo â la Mission de la California, se avalùo en mas de veinte y cinco mil pesos. A esto añadió el costear de su bolsa el sueldo de uno de los Soldados, que llevasse de escolta el P. Juan Maria. Y porque se conozca la grande piedad, y fervoroso afecto de este Cavallero, no me ha parecido dexar de poner una clausula de Carta suya al P. Juan Maria, con fecha de 14. de Octubre de 1698. y dice assi: *No me olvido de lo que le dixe â V. R. quando le dì el ultimo abrazo, que para esta obra pediria Yo limosna. Y assi nada me queda, sino hablar de Californias, su conversion, y fomento, y nada tengo, que no sea para ellas, y en insinuandolo V. R. venderè la camisa, y de lo contrario harè escrupulo. O Dios! O mi Padre! Destruyasse el idolo de las gentes, y viva JESUS, y MARIA, y muera Yo en la demanda.*

Y bien lo mostrò con las obras, que no estimaba su vida, sino para servir al Señor, y â su Santissima Madre en lo que tocaba â una Conquista tan gloriosa. Porque siendo assi que yá no bajaba al Puerto de Acapulco por serle notablemente adverso su temperamento, y por esso peligraba su vida, despues que se abriò la puerta â la conversion de la California, prometiò bajar todos los años aunque le costasse la vida â dàr las providencias necessarias tocante â la conduccion de los viveres, y demás cosas necessarias desde aquel Puerto hasta la California, y lo executò los quatro años siguientes, sin que le sirviesse de retractivo, el que cada año enfermaba de muerte. Y por fin al quarto año enfermò en Acapulco como solia, se hizo traèr â Mexico, y no alcancanzando las medicinas à la curacion, entregò dichosamente su espiritu al Señor.

Bolvamos ahora al P. Juan Maria, quien en espacio de un mes recogiò de limosna como quinze mil pesos en reales. Fuera de esso consiguió de seis bienhechores, que prometiessen dár cada uno trescientos pesos al año por el plazo de cinco años, que montaban al fin nueve mil pesos. Todo esto era solo para gastos de la entrada; pero siendo necessario dexar assentada finca para mantenerse los Padres en la California le franqueò Dios lo que era necessario para los dos Sugetos primeros Operarios, y Conquistadores de aquella Mission en la liberalidad generosa del Lic. D. Juan Caballero, y Ocio Presbytero, y Commissario de la Santa Inquisicion, y bien conocido en todo este Reyno por las insignes obras de piedad en que empleaba el quantioso caudal, con que Dios le enriquecia, y desde luego ofreció veinte mil pesos para que fin ados sirviessen con sus reditos de mantener en adelante dos Missioneros. Otra Mission dotó la Ilustre Congregacion de nuestra Señora de los Dolores, fundada en nuestro Colegio Maximo de Mexico, cuyos Congregantes á solicitud del Venerable, y Apostolico P. Joseph Vidal su Prefecto ofrecieron ocho mil pesos de principal á que añadidos otros dos mil, quedó finca para otra Mission, y Missionero, porque siempre se juzgó necessario el redito de quinientos pesos, por ser las Missio-

 nes

nes de la California ultramarinas, y muy distantes de Mexico.

Asseguradas yá estas fincas, juzgaron el P. Provincial, y el P. Juan Maria, que yá era tiempo de solicitar para la entrada la licencia del Señor Virrey, y para esto se formó un Memorial ajustado al intento, que se presentó â su Exc^{a}. el qual siempre se havia mostrado inexorable â todas las Personas de authoridad, que por influxo del P. Juan Maria le havian hablado en este assumpto, pero ahora viendo q̃ yá se hazia juridica la pretension dió traslado del Memorial al Señor Fiscal, el qual respondiò oponiendose fuertemente, y alegando las Reales Cedulas, en que el Rey nuestro Señor prohibia del todo la entrada en la California. Pero el P. Juan Maria desvaneciò esta respuesta alegando, que la Real prohibicion no havia sido absoluta, sino restringida al tiempo en que duraba la guerra contra los Indios Tarahomares, que se havian revelado contra los Españoles. Y esta havia yà cessado, pues como era publico estaba yá en pacifica tranquilidad toda la tierra. Fuera de esso que la prohibicion de su Magestad era atendiendo â los excessivos gastos, que â costa de la Real Hazienda se havian hecho sin fruto alguno en las entradas, que los años antecedentes se havian emprendido, y en esta que al presente solicitaba la Compañia, havia de ser sin que se sacasse un peso del Real Erario, sino â costa de las limosnas

de

de bienhechores, que estaban yà asseguradas para el intento. Con estas precauciones, y el empeño, que para ello hizo tambien la Excma. Señora Virreyna, quien siempre se mostraba muy amante, y afecta â la Compañia, concedió el Señor Virrey la licencia, que se pedia, el dia cinco de Febrero del año de mil seiscientos y noventa y siete; y al dia siguiente se formò el despacho debajo de las dichas dos condiciones, y concedió juntamente su Exca. varios privilegios â los Padres tocante al gobierno de los Soldados, que huviesse de haver de escolta, los quales fueron despues confirmados por su Magestad, y son con los que hasta hoy se han gobernado en la California.

CAPITULO XIX.

Sale de Mexico el P. Juan Maria, llega â Cinaloa, y hace con felicidad su primera entrada en la California.

HAviendo recibido el despacho del Señor Virrey el dia seis de Enero, el dia siguiente siete salió de Mexico el P. Juan Maria, porque el desseo, que tenia ardiente de la conversion de los Californios no le permitiò demòra alguna, dexando al P. Juan de Ugarte por Procurador de aquellas Missiones para recaudar las limosnas prometidas de los bienhechores, y cuidar del despacho de bastimentos, y demás cosas necessarias, que se havian de remitir desde Acapulco. Llevò en su Compañia â D. Estevan Rodriguez

driguez Lorenzo noble, y piadosissimo Portuguez, que haviendose ofrecido al P. Juan Maria por Soldado, despues por espacio de muchos años fuè Capitan del Presidio â cuya prudencia, valor, y zelo christiano se debieron despues los felices progressos Militares, que tubo aquella Conquista.

La primera jornada que hizo fuè â nuestra hazienda de Santa Lucia, por hallarse alli el P. Juan Baptista Copart, quien por haver acompañado â D. Pedro de Otondo en la entrada, que hizo en California, podia informarle de algunas cosas de aquella tierra, y darle alguna noticia de la lengua de los Indios. De alli passó â Tepotzotlan para entregar aquel Colegio de que havia sido Rector á su Successor el P. Sebastian de Estrada, y despedirse de sus amados Hijos los Novicios, que con muchas lagrimas testificaron el dolor, que sentian por la ausencia de su amado Padre. Passó luego â la Ciudad de Queretaro, por visitar al primer fundador de las Missiones de California D. Juan Caballero, y Ocio; y que fuera de los veinte mil pesos en que dotò las dos primeras Missiones, las fomentò despues con muchas limosnas. Salió de Queretaro, y haviendo llegado â Guadalaxara se detuvo alli algunos dias por tratar de espacio de los negocios de la California con el Sr. Dr. D. Joseph Miranda Villaisan Fiscal de aquella Real Audiencia, que mirando al P. Juan Maria como â Varon Santo, fuè mientras viviò el Protector

mas

mas immediato, y eficaz en todos los negocios, que se ofrecieron â cerca de la California.

Siguiò despues su camino hasta llegar à las Missiones de Cinaloa, en donde fué recibido de los Padres Missioneros con singulares demonstraciones de amor, y charidad, y no fueron menores las de sus antiguos Hijos los Indios de la Sierra de Chinipas, los quales salian de sus Pueblos â recibirle con tanto amor, y regocijo, que segun el Padre escribiò despues no podia contener las lagrimas de ternura, y consuelo por vér â sus antiguos Hijos tan firmes, y constantes en la Fè. Y bien lo mostraron quando â pocos dias despues de aver llegado â aquella tierra el P. Juan Maria se sublevaron de nuevo los Tarahomares, que caèn â espaldas de la Sierra de Chinipas, en donde estaban los Padres Missioneros en grande peligro de sus vidas. Pero el P. Juan Maria passó personalmente â visitarlos, y confortarlos, y sin haver Soldados algunos Españoles, los Indios Chinipas formaron un exercito de setecientos flecheros, y dieron sobre los Apostatas revelados, y los vencieron, y despojaron de las varias pressas, que havian hecho en las tierras de los Christianos. Y haviendo muerto en la guerra solamente ocho sus Parientes en vez de llorarlos se daban mutuamente los parabienes, teniendose por muy dichosos de que aquellos sus Parientes huviessen muerto por causa de la Fè.

En aquella Sierra se detuvo el P. Juan Maria

hasta

hasta el dia de la Assumpcion de nuestra Señora, y al dia siguiente se partiò para la Costa á esperar la Galoata de Acapulco, la qual al cabo de siete meses de navegacion havia llegado yà al Puerto de Hiaqui. Porque llevando la Imagen Santissima de nuestra Señora de Loreto, que iba por Conquistadora de la California, parece que se conjurò todo el Infierno para levantar tormentas por si pudiera anegar aquella dichosissima embarcacion, que havia de introducir la Fè en aquella dilatada Gentilidad. Pero la Gran Señora, que havia vencido á los Demonios quando en Mexico procuraron estorvar el despacho de las licencias, los venciò tambien en el mar, porque acudiendo á su patrocinio los Navegantes los librò la Gran Señora de todos los peligros.

Haviendo llegado el P. Juan Maria al Puerto de Hiaqui se detuvo alli como mes y medio, assi por proveerse de nuevos bastimentos, porque los que llevaba la Galoata con la dilacion del tiempo estaban en gran parte corrompidos, como por esperar al P. Eusebio Francisco Kino, que estaba señalado por su Compañero en aquella Conquista. El qual estaba en la Pimeria alta, y por el nuevo alzamiento, que diximos, no lo dexaron salir, ni el P. Visitador de aquellas Missiones, ni el General de las armas de la Provincia de Sonora, los quales escribieron al Señor Virey, que solo el P. Kino valia por un Presidio entero, y assi no convenia, que faltase de alli

en

en tiempo tan peligroso. Por esta causa fuè señalado en su lugar el P. Francisco Maria Picolo Siciliano de nacion, que estaba en la Mission de JESUS de Carichic de la Provincia Tarahomara, que havia antes conseguido licencia de N. P. General para passar à la California.

Teniendo noticia de estas demóras el P. Juan Maria, y hallandose yá con la provision necessaria se resolvió sin aguardar al Compañero à embarcarse como lo hizo Sabado cinco de Octubre, y Vispera de nuestra Señora del Rosario, aunque por varios accidentes, que se ofrecieron no saliò del Puerto la Galeota hasta el dia diez dedicado á S. Francisco de Borja, y despues de algunos peligros con que vencieron con la invocacion de nuestra Señora de Loreto, al amanecer del Sabado siguiente descubrieron con grande regocijo la tierra de la California, aunque por los vientos contrários anduvieron tres dias yà acercandose, yá retirandose, hasta que el dia Lunes amanecieron à vista de la Serrania, que llaman de las Virgines. Al cabo de otros dos dias viniendoles viento favorable navegaron toda la noche, y amenecieron sobre S. Bruno. De alli passó à la ensenada de S. Dionysio enfrente de la Isla del Carmen, y diò fondo á vista del mismo paraje en que se fundò despues el Real de Loreto.

En aquel paraje de S. Bruno vinieron à la Playa á vèr al P. Juan Maria algunos Indios Califor-

 nios,

nios, y le fueron siguiendo por tierra hasta la ensenada de S. Dionysio, y al saltar en tierra el Padre lo salieron á recibir de paz, como hasta cincuenta de ellos, hombres, mugeres, y niños; y arrodillados en la Playa besaron con muestras de veneracion las Imagenes de Christo Crucificado, y de la Santissima Virgen, que llevaba consigo el Padre, el qual les dió à entender del modo que pudo, y valiendose de las vozes que havia aprendido en los papeles del P. Copart, el fin de su llegada, que era vivir con ellos, y procurar llevar sus almas al Cielo.

Fuè el dia del desembarque del P. Juan Maria Sabado diez y nueve de Octubre de mil seiscientos y noventa y siete. Y luego hizo armar una tienda de campaña, en que colocò la Imagen Santissima de nuestra Señora de Loreto, la qual servia de Capilla, y en ella celebró el Santo Sacrificio de la Missa, haviendo antes formado un pequeño Real con todas las cargas, y fardos que se havian desembarcado. Y yà se vè con quanta ternura, y regocijo rendiria el Padre las gracias à Dios, y á su Santissima Madre, que despues de tantas contradicciones, y peligros lo havian conducido al termino de sus ansias, y desseos. Luego se dedicò con grande empeño al estudio de la lengua, valiendose de un medio diccionario, que havia formado el P. Copart, y de la traduccion que en ella havia hecho el mismo Padre de la Doctrina Christiana, y juntamente iba adquiriendo copia de nue-

nuevas vozes con el trato que tenia con los Indios, y preguntas que les hazia. Con esto pudo comenzar sus exhortaciones, y, para que sirviesse de mayor atractivo, quando acababa de explicarles algun Mysterio, daba â cada uno un cucharon de mayz cocido, alimento para ellos hasta entonces no conocido, pero que lo experimentaban mas util, y solido, que las rayzes, y frutas silvestres, de que hasta entonces se sustentaban.

CAPITULO XX.

Dán assalto al Real de Loreto, quatro Naciones de Gentiles, y quedan vencidas con la proteccion de MARIA Santissima.

CAminaba con toda prosperidad la entrada feliz del P. Juan Maria en la California, mostrandose los Indios muy contentos, viendo, que no solo atendia â su enseñanza, sino que les mataba el hambre con el mayz que les repartia, pero de esta misma benignidad se valiò el Demonio para inquietarlos, y rebolverlos contra el Padre, porque cebados con el nuevo mantenimiento del mayz, que hasta entonces no conocian, havian intentado varias vezes hurtar algunas cargas de los bastimentos, de las quales havian formado los Soldados las trincheras del Real, pero nunca pudieron conseguirlo por la vigilancia de los Soldados que de dia, y de noche las guardaban

ban. Por esso les pareció mejor juntarse muchos de guerra, y dár assalto al Real de los Españoles, quitar â todos, y al Padre tambien la vida, y de essa manera apoderarse â su salvo de los mantenimientos. Animabales â esto el vér, que yà la Galeota se havia buelto con la gente de mar â Hiaqui, y solo havian quedado el P. Juan Maria, cinco Soldados, tres sirvientes Indios de Hiaqui, y un Pagecito, y desde fines de Octubre hasta doze de Noviembre conocian los nuestros las inquietudes de los Indios, y algunos amagos de assalto. Mas no por esso dexaba el P. Juan Maria de salir fuera del Real á enseñarles la Doctrina Christiana, y darles despues la racion del mayz cocido. Pero ellos no se contentaban con esto, sino que á menudo venian al Real à pedir mayz, y el P. Juan Maria no juzgaba conveniente el darselo, si nò lo ganaban con algun trabajo, y exercicio corporal, al qual en ninguna manera querian sujetarse, y para dàr un assalto general convocaron quatro naciones circunvecinas, de las quales se formô un como exercito de quinientos Indios, los quales el dia treze de Noviembre dieron el assalto general al pequeño Real de Loreto. Los Soldados estaban yà sobre aviso, y al momento se pusieron en arma; y aunque desde el principio pudieron haver disparado los mosquetes con muerte de muchos Indios, pero mas querian defenderse, que ofender, y el P. Juan Maria desseando que no perecieran los Indios con

gran-

grande valor salió fuera del Real, y quiso persuadirles que se retiraran, y no pusiessen â peligro sus vidas. Pero la respuesta fuè dispararle â un mismo tiempo tres flechazos, de cuyas puntas le librò la Señora Lauretana, disponiendo que todas entrassen al sezgo por la ropa, sin hacerle daño alguno.

Cobraron mayor audacia los Indios, quando vieron, que un pedrero â que havian dado fuego los Soldados por estàr rajado rebentò con impetu, y aunque pudo hacer estrago en los del Real, que estaban inmediatos fuè el Señor servido, que fuera del susto no recibieran otro daño alguno. Viendo esto los Indios apretaron mas el assalto, por todas partes, y se acercaron tanto por el lado, que havia rebentado el pedrero, que hallandose yà los Soldados en el ultimo riesgo de las vidas comenzaron â disparar los mosquetes, y los Indios comenzaron tambien â caèr unos muertos, y otros mal heridos con tanto horror, y espanto de los demàs, que dandose por vencidos se retiraron luego, y quedó todo el paraje en sumo silencio, y los Soldados libres de la opresion, y fatiga de aquel combate. Sucediò esta retirada, yà cerca de ponerse el Sol, y como media hora despues vino de la Rancheria mas cercana una tropa de mugeres con sus hijuelos â pedir la paz, y que perdonassen â sus maridos, y â los demàs Parientes, prometiendo en nombre de todos, que en adelante no havria otra sublevacion, y que vivirian todos

dos en paz con el Presidio. Oyòlas con grande gusto el P. Juan Maria, y afeandoles el hecho les prometiò de parte del Capitan, y Soldados el perdon, y la paz, que pedian. Con estas, y otras razones las despachò muy consoladas, y en entrando la noche acudieròn todos â la tienda de la Santissima Virgen Lauretana, y rezaron â choros el Rosario, y la Letania en accion de gracias por tan insigne victoria, que se tubo por milagrosa por varias circunstancias, que se advierten, y ponderan en la historia, que se ha escrito de la Conquista de la California.

CAPITULO XXI.

De los varios medios prudentissimos de que se valiò el P. Juan Maria para assegurar, y adelantar la Conquista de la California.

HAviendo yà conseguido el P. Juan Maria la entrada en la California, y empezado con tan felices principios â establecer en ella nuestra santa Fè, y Catholica religion, bueno serà que digamos los prudentissimos medios de que se valió para que esta espiritual Conquista, que havia de ser de grande gloria de Dios, y provecho de aquella dilatada Gentilidad tuviesse permanencia. Lo primero que solicitó fuè, que huviesse fincas estables con cuyos reditos se mantuviessen los Missioneros de aquella tierra; y porque estando tan distantes, y ultramarinos

nos no podian por sì mismos atender â las cobranzas de los reditos, y al empleo, y gasto de ellos en los viveres, y mantenimientos, que cada año debian embiarse de Mexico â la California, negociò de N. P. General, el que mandasse, que fuera del Procurador General, que hay en Mexico, y atiende â todos los negocios de la Provincia, huviesse Procurador particular que cuidasse de todo lo que tocasse â lo temporal, y bienes de la California, como de hecho se estableciò, y persevera escogiendo siempre los Padres Provinciales Sugetos capaces, activos, y zelosos para esta ocupacion. Y para el despacho prompto de todo lo que se remitiesse de Mexico, solicitò que los Padres Missioneros, que hay en las Costas de Cinaloa, y Sonora se encargassen de despachar los barcos, que debian ir â la California con la provision de ganados, mayz, y demás bastimentos. Y assi lo han hecho, y executan hasta ahora con religiosa charidad, viendo que de esta manera cooperan tambien â la conversion de aquella Gentilidad.

Lo segundo â que atendiò su prudentissima providencia fuè â buscar parajes acomodados para fundar las Missiones, y Pueblos de los Indios, que tuviessen agua de pie, y tierra capaz para poderse sembrar, y tambien para poder mantener con suficientes pastos todo genero de ganados. En lo qual trabajò incansablemente â los principios por ser de suyo la tierra intratable, y muy aspera, y llena de peñascos.

Des-

Deſde los principios de eſta Conquiſta ſe encargó el P. Juan Maria de mantener los Soldados del Preſidio, y Marineros del barco en que ſe conducian los baſtimentos, y demàs coſas neceſſarias â la California, pero deſpues alegando en diverſos Memoriales, que preſentò al Señor Virrey, y Real Acuerdo, y en informes que hizo á ſu Mageſtad, de que todo lo Conqniſtado ſe havia hecho en nombre del Rey, y poniendolo todo debajo de ſu dominio, pretendiò que la manutencion del Preſidio, y Marineros fuera â coſta de las Cajas Reales yà que para el ſuſtento de los Padres Miſſioneros no havia admitido la limoſna de los treſcientos peſos annuales, que mandaba ſu Mageſtad dàr de ſu Erario â cada uno de dichos Padres, como lo haze ſu Real magnificencia con los Padres Miſſioneros de las otras Provincias. Mucho ſe opuſieron â eſta pretenſion los Miniſtros Reales, por mas que el V. Padre inſtaba en ella por el eſpacio de los veinte años, que cuidò de la California. Pero deſpues de ſu muerte ſe conſiguiò, y ſe puſo en practica por Cedulas apretadas de nueſtro Catholico Monarca, quien tambien ſe ſirvió de mandar, que el govierno del Preſidio, y Marineria ſe mantuvieſſe con la ſujecion al que fueſſe Superior de la Miſſion Californica en el methodo, con que deſde el principio con licencia, y facultad del Señor Virrey ſe havia eſtablecido.

Y es el caſo, que previniendo el prudentiſſimo

Pa-

Padre los gravissimos inconvenientes, que de lo contrario podian originarse, procurò establecer, que la eleccion del Capitan del Presidio, y de los demàs Cabos Militares, y aun de los Soldados corriesse todo por la voluntad, y disposicion del dicho Superior, el qual pudiesse removerlos, y poner otros en su lugar, quando no cumpliessen con sus obligaciones. De lo qual se dá razon por extenso en la historia que se ha escrito de la Conquista gloriosa de la California. Pero sin embargo desde el principio quedò establecido, que aunque la eleccion tocaba al dicho Superior, pero los Cabos inferiores, y demás Soldados estuviessen sujetos al Capitan del Presidio, como â su legitimo Superior, el qual los castigasse, y corrigiesse en lo que faltassen, no solo en lo Militar, sino tambien en qualquiera otra materia. Y el P. Juan Maria procuraba no entrometerse en lo particular del govierno del Capitan, dexandolo obrar, sin atajarle sus operaciones por ruegos que le hiciessen, sino es en caso, que el Capitan por mal informado excediesse los limites de lo justo.

Procurò tambien desde el principio, que los Soldados guardassen todas las leyes, y observancias, que se acostumbran en los Presidios mas bien disciplinados. Y no puso menos cuidado en que todos procediessen como Christianos, que oyessen Missa con devocion, que rezassen cada dia el Rosario de nuestra Señora, y que los Sabados lo rezassen â coros en la Capilla Lauretana cantando despues la Letania. Y luego les hacia una fervorosa Platica en que los exhortaba â las buenas costumbres, â frequentar los Sacramentos de la confession, y comunion, especialmente en las festividades de la Santissima Virgen, y que se desterrassen totalmente del Presidio los votos, juramentos, y blasfemias, y establecìò, que el que faltasse en esto pagasse una cierta multa, que se impuso.

Al govierno del Presidio debemos aqui añadir la solicitud con que el P. Juan Maria procurò el buen govierno de los Indios en los Pueblos, y Missiones, que de nuevo se iban fundando, disponiendo, que los Padres de cada Mission eligiessen los Gobernadores, Alcaldes Fiscales de las Iglesias, y Maestros para la Doctrina Christiana. Y que â los yâ nombrados, les dè el Capitan del Presidio sus vezes, y authoridad para mandar â los otros, y zelar, que todos obedescan â los Padres. Tambien dispuso, que el govierno de los barcos, y gente de mar, estuviessen immediatamente sujetos al Capitan del Presidio, como â Capitan de mar, y tierra, pero mediatamente al Superior de las Missiones, como lo está tambien el mismo Capitan con sus Soldados. Y con esto cerrò totalmente la puerta â la codicia de las perlas, que siempre havia sido el obstaculo principal en las muchas entradas que se havian antes intentado, y por esta infernal codicia no se havia atendido como se de-

debiera â plantar la Fè en aquella dilatada Gentilidad. Porque desde el principio negò totalmente el P. Juan Maria â los Soldados, y Marineros la facultad de ocuparse en el busseo de las perlas; y si alguna vez alguno se descuidaba yá sabia, que havia de sujetarse â la pena de ser privado de la plaza del Presidio, ô de qualquiera incumbencia en la marinerìa. Aunque no por esto estorvò del todo el busseo de las perlas â los que para ello traian licencia del Superior Gobierno, por redundar esse exercicio en utilidad del bien comun, y augmento de los haveres Reales; pero zelando siempre, que se hiziesse sin vejacion alguna â los Indios, y sin que en el busseo tuviessen parte los Soldados del Presidio, y Oficiales, y sirvientes de sus barcos.

Zelaba tambien con grande vigilancia el P. Juan Maria, que ni en los barcos, que conducian los bastimentos de los Padres, ni en otros algunos passasse â la California â vivir en ella gente forastera de la otra vanda, por la experiencia de que en las otras Missiones de Tierra firme semejante gente ha sido la que ha pervertido â los Indios, enseñandoles la borrachera, y otros muchos vicios. Y porque muchas vezes semejante gente es aquella que no cabiendo por sus delictos en los Reynos de Nueva-España, y Nueva Galicia procura guarecerse en lo mas retirado de nuestras Missiones.

Desseaba mucho, y lo solicitaba con los Pádres Provinciales, que los Sugetos que fuessen señalados para Operarios de la California fuessen de róbusta salud, y â todos quando allá llegaban los recibia con muestras de un singular amor, y charidad, los instruia en las cosas necessarias, les encargaba la observancia de los exercicios espirituales, y â los principios hacia que todos, aunque no juntos, viniessen â la Mission de Loreto â hacer los exercicios espirituales de N. P. S. IGNACIO, y â sus tiempos â los que no tenian todavia grado en la Compañia, que viniessen al Triduo acostumbrado, que precede â la renovacion de los Votos Religiosos. Lo qual todo se observò sin repugnancia alguna por algunos años, hasta que haviendo crecido mucho las Missiones, y los Pueblos con grandes distancias, y ser los caminos por la mayor parte muy fragosos, se dispensó en esso, dandose por contento el P. Juan Maria, y los demás Superiores de la California, que le fueron succediendo, que cada uno en su Mission atendiesse al cuidado de su alma, dandoles el pasto espiritual de los exercicios, y demás distribuciones, como se acostumbra tambien en todas las Missiones de Tierra firme.

A los principios de esta tan gloriosa Conquista hizo el P. Juan Maria algunas juntas con los otros Padres Missioneros, en que se determinó según el conocimiento, que yà tenian de la tierra, y sus moradores, el methodo, que debieran observar en las nue-

nuevas entradas, y descubrimientos, en la reduccion de los Gentiles, instruccion de los Catecumenos, en la educacion de los nuevos Christianos, en la corecion, y castigo de los delinquentes; y con esto consiguiò el P. Juan Maria, que huviera uniformidad en todos los Padres tocante al govierno espiritual, y corporal de las Missiones, aunque estuviessen unos de otros distantes muchas leguas. Fuera de esto quando bolviò siendo Provincial, como despues verèmos, â visitar la California dexò ordenado, que en quanto fuesse possible, se guardassen alli las ordenaciones, que el P. Hernando Cabero de buena memoria Visitador General, que fuè de esta Provincia, dexò impuestas â los Padres Missioneros de Tierra firme, porque en todas ellas estàn prevenidos los peligros que pueden acontecer, para que se eviten, y los puntos mas essenciales, que conducen â que todos los Missioneros observen un mismo methodo de obrar, assi en lo que toca â los ministerios de Curas, como en el porte religioso de sus Personas.

En lo que toca â los medios de que se valiò para la reduccion de los Gentiles, no serà facil decir el amoroso zelo con que en esto procedia. A todos los Indios que iban viniendo llamados, y convidados los unos de los otros, recibia con demonstraciones de grande amor, y con entrañas de verdadera Madre de todos: socorrialos en quanto podia con el sustento del mayz cocido, y el atole, què para ellos era de

suno

ſumo regalo, como gente que eſtaba acoſtumbrada à mantenerſe con las rayzes, y frutas ſilveſtres, que cogian en los montes. Y eſte ſubſidio les daba quando havian aſſiſtido á la Platica de la Doctrina Chriſtiana, que les hacia todos los dias, y en la qual muchas vezes les ponderaba, como èl, y los demàs Padres havian dexado ſus tierras, y comodidades ſolo por venir à enſeñarles el camino del Cielo. Tenia tambien grande cuidado con los enfermos procurando ſervirlos, y curarlos con las medicinas, y remedios, que la pobreza ſuma de aquella tierra permitia. Con eſte trato tan amoroſo venian muchiſſimos Indios trayendo ſus hijuelos, para que el Padre los baptizaſſe. Y el Padre los baptizaba con toda ſolemnidad, dandoles à los principios por Padrinos á los Soldados del Preſidio; y quando yà huvo competente numero de Chriſtianos parvulitos, hacia, que los mayores de ellos fueſſen Padrinos de los otros parvulitos menores. Y á los unos, y los otros agazajaba el Padre quanto podia, dandoles de comer, y repartiendoles Roſarios, y Cruces benditas, y á las Madres que aun eran Gentiles tambien daba algun ſocorro, y les repartia ſayal para mantillas de ſus criaturas.

Viendo los Indios adultos eſta charidad, y beneficencia del P. Juan Maria, le pedian con inſtancia, que les baptizaſſe. Pero el Padre ſe portò en eſto con prudentiſſima cautela, y en mas de ſeis años

no

no quiso abrir la puerta á los baptismos de los adultos por las contingencias, que podia haver en la inconstancia de los Indios, y en no poderse mantener los Padres en la tierra. Y solamente en caso de necessidad baptizaba à los adultos enfermos, que estàban en peligro de muerte. Y de estos algunos felizmente murieron despues de baptizados, y otros que escaparon con la vida, vivieron despues como buenos Christianos.

Uno de los medios de que la divina providencia se valiò para excitar à los adultos à pedir el Santo Baptismo, fuè que no contento el P. Juan Maria con enseñar à los parvulos todos los dias la Doctrina Christiana, puso todos los Mysterios de ella en punto de musica, y tomando una biguela comenzaba el Padre à entonar los Mysterios, y seguiale como un coro de Angeles la devota infanteria de niños yá baptizados, los quales la cantaban tambien en las Rancherias de sus Padres, y estos llevados de la acorde melodia de la musica, iban aprendiendo los mismos Mysterios, y se movian á pedir ser admitidos al gremio de la Santa Iglesia. Quando llegò el P. Juan Maria á conocer que yá convenia baptizar à los adultos, resolviò, que segun el orden del Ritual Romano, y la costumbre de la primitiva Iglesia, se celebrassen los baptismos en los Sabados antecedentes à las dos Pasquas de Resurreccion, y Pentecostes, y lo hacia con la mayor solemnidad, y aparato, que le le era possible, y que aquellos dos dias fuessen de mucho regocijo para todos.

No era menor el esmero que ponia en celebrar las fiestas ocurrentes entre año, y especialmente las de la Santissima Virgen. En la solemnidad del Corpus hacia á los Indios, que pusiessen enramada para la Procession, y que assistiessen à la Missa cantada con toda devocion. En la semana Santa procuraba observar todos los ritos, y santas ceremonias, que acostumbra la Iglesia en essos dias, porque decia, que para plantar la Fè en aquellos recien baptizados Gentiles convenia grandemente estas muestras de culto exterior, y que por los ojos les entraba la devocion, y piedad al corazon, y con esto iban perdiendo los resabios de sus costumbres gentilicas, las quales en ninguna manera les permitia, quando se oponian à la vida christiana. Aunque no les prohibia otro genero de recreaciones, con las quales se havian educado, y en que no se descubria cosa alguna que fuesse supersticiosa, ô nociva al bien de sus almas. Antes les aconsejaba que en los dias mas festivos viniessen de sus Rancherias á la Cabezera, y se divirtiessen con sus bayles, y juegos á su usanza. Y como escribiò en una carta suya tenia notados como treinta generos de bayles muy ingeniosos, en que con arte imitaban las acciones humanas de lo que ellos hacian, ô en la guerra, ô en casa, ô en la pesca; y en ninguno de ellos havia advertido cosa que oliesse á ihindecencia, ô ſuperſticion. Y huvo vez, como teſtificò el P. Pedro de Ugarte, que eſtando los dos viendo uno de eſtos bayles, para ganarles mejor las voluntades el miſmo P. Juan Maria llevando conſigo al miſmo Padre ſe entrò en la rueda de los Indios, y por un rato baylò con ellos un bayle, que en ſu lengua llaman *Nimbè*, con grande complacencia de los Indios por vèr ſu bayle tan authorizado. Accion verdaderamente de grande edificacion en una Perſona Religioſa tan grave, y circunſpecta como el P. Juan Maria, como pondera el Hiſtoriador de la vida del V. P. Diego Luis de Sanvitores Apoſtol de las Iſlas Marianas en ſemejante accion, que refiere de eſſe Apoſtolico Padre, é iluſtre Martyr de Chriſto.

CAPITULO XXII.

De los grandes trabajos, que padeciò el P. Juan Maria para aſſegurar, y adelantar la Conquiſta de la California.

SI como dice el refran Caſtellano: *Lo que mucho vale mucho cueſta*, conociendo el V. P. Juan Maria de quanto valor, y precio ſon las almas, pues no dudò el Hijo de Dios dàr ſu ſangre, y perder ſu vida por redimirlas, deſde los años de ſu adoleſcencia aun ſiendo ſeglar como yá vimos, ſe abraſaba en deſſeos de la converſion de los Gentiles, no dudando exponer á los mayores peligros la vida por conſeguirla. Entrò tocado de Dios en la Compañia, por especial mocion de su Divina Magestad passó à esta Provincia de Nueva-España. Treze años gastò en la conversion, y cultivo de los Tarahomares, y conociendose con mucha especialidad llamado del Cielo â procurar la salvacion de los Californios, no perdonò â trabajo alguno por conseguirla. Y yà vimos quantos sinsabores, y verguenzas le costaron las licencias para emprender esta Mission tan Apostolica. Y haviendolas conseguido cargò sobre sus ombros la pesadissima Cruz de immensos trabajos, que fuè forzoso tolerar para emprenderla, conservarla, y augmentarla.

Primeramente haviendo sacado la licencia del Señor Virrey, y de la Real Audiencia de Mexico con la condicion, de que todo havia de ser sin costo alguno de la Real Hazienda, siendo forzoso mantener Presidio de Soldados, para la conservacion de lo Conquistado, y juntamente el barco, y marineria para remitir lo que era necessario para el sustento, y manutencion de los Padres, y del mismo Presidio, y para proveer de alimento â los Indios, para todo lo qual eran menester cada año cerca de veinte mil pesos, facilmente se conocerà quan infatigable debia ser el trabajo del P. Juan Maria en solicitar por muchos caminos las limosnas de bienhechores. Y aunque â los principios le fuè de mucho alivio la vigilancia, y solicitud con que el P. Juan de Ugarte se apli-

aplicaba â recoger en Mexico limosnas de los bienhechores, y en hacer las remesas de todo lo necessario â la California, pero este alivio durò solo por espacio de quatro años, despues de los quales fuè el mismo P. Ugarte â ser Compañero del P. Juan Maria, y â ser el segundo Apostol de aquella Gentilidad, como latamente se refiere en la historia de su vida.

Por este mismo tiempo falleciò en Mexico el insigne bienhechor de la California D. Pedro Gil de la Sierpe Thesorero de Acapulco, y con su muerte faltò tambien la Galeota, en que todos los años remitia el mismo D. Pedro desde Acapulco las memorias de la California. Por esse tiempo tambien el barco S. Fermin de que havia hecho donacion el mismo Señor Thesorero se perdiò en las Costas de Hiaqui. Todo este conjunto de circunstancias era un continuo quebranto de corazon para el P. Juan Maria, y teniendo el continuo cuidado de escribir cartas â los Señores Virreyes, Prelados Eclesiasticos, y otras Personas, para que concurriessen con limosnas â la conservacion, y augmento de aquella Conquista, èl mismo en Persona solia â vezes passar â las Costas de Hiaqui, y de alli iba de Mission en Mission, solicitando socorros de Cinaloa, y Sonora. Solia tambien passar â los Reales de Minas llamados del Rosario, de los Frayles, y de Guadalupe, y á otras haziendas de labor, y de ganados, para recoger lo que podia de rezes, harinas, ſemillas, y coſas ſemejantes.

A eſte trabajo ſe juntaba el haver cuidado por eſpacio de veinte años de todo lo economico, y administracion temporal del Preſidio, de la diſtribucion de ſus raciones, y ſueldos, y de la provision de todo lo que havian meneſter en aquella tierra tan pobre, y falta aun de lo mas neceſſario. Y como en aquellos veinte años aun no havia en las Cajas Reales ſituado alguno para el Preſidio de los Soldados era forzoſo mantenerlos de los reditos de las Miſſiones que eſtaban yà fundadas, y de las otras limoſnas que ſe recogian, padeciendo por eſſo el P. Juan Maria, y los otros Padres muchas hambres, y falta aun de lo mas preciſo, y neceſſario. Y porque muchas vezes ſe detenia la conducta de los baſtimentos, que ſe llevaban de Tierra firme, y otras por la detencion llegaban yà muy viciados, y aun corrompidos, de lo poco que quedaba era meneſter repartir con mucha eſcazès â los Soldados, y â los Padres. Y vez huvo, que faltando otro alimento ſe repartieron por onzas las cortaduras de las hoſtias, que para ſemejante aprieto tenia de mucho tiempo guardadas en una arquita el P. Juan Maria. Y quando del todo faltaban los viveres neceſſarios ſalia el P. Juan Maria, y con ſu exemplo tambien los Padres, y Soldados â buſcar en los montes algunos meſcales, rayzes, y frutillas ſilveſtres con que poder de alguna manera man-

mantener la vida. Y llegò â verse el grande Siervo de Dios tan flaco, macilento, y debilitado de la hambre que padecia, que como escribiò al Señor Fiscal de Guadalaxara D. Joseph Miranda, aun le faltaba el aliento para tomar la pluma en la mano, y escribir. Y para prevenir en adelante algun cierto socorro en las necessidades casi extremas, que alli se padecian, se viò obligado â embiar â Mexico al P. Francisco Maria Picolo â solicitar limosnas de los bienhechores, como lo hizo, y tuvo la oportunidad de cobrar seis mil pesos, que por aquel tiempo havia mandado el Rey Nuestro Señor, que de sus Reales Cajas se diessen de limosna â la Mission de California.

Aun se viò el P. Juan Maria en mayor aprieto quando haviendo varado la lancha S. Xavier llevada de los vientos en las Costas de los Seris, se viò obligado â passar allà en Persona, y falto de todo socorro llegò â temer el morir de hambre, y quando yá â penas podia tomar la pluma en la mano escribiò una carta al Señor Marquès de Villa-Puente despidiendose yà de èl para la otra vida, y porque tenia la muerte muy cercana entregò la carta á un sirviente muy fiel, que consigo havia llevado, para que procurara remitirla â Mexico, y le dió la instruccion de lo que debia hacer despues de su muerte. De todo lo qual se dá mas extensa noticia en la historia que se ha escrito de la California, y en la vida del

Ve-

Venerable, y Apostolico Missionero de la California P. Juan de Ugarte, que ha salido yá â la luz publica.

Y què dirè de los muchos peligros de perder la vida, en que se viò el P. Juan Maria en esta tan Apostolica Conquista de la California. Porque principalmente en los primeros años varias vezes intentaron los Indios assaltar al Presidio, y matar â todos los Padres, y Soldados, y fuera de esso quando muchas vezes se entraba solo en las Rancherias de los Indios todavia Gentilès, se alborataban ellos; pero conociendo el Padre sus malos intentos les hablaba con tan dulces palabras, y eficazes razones, que los Indios se sossegaban, y aun solian quedar mas afectos al P. Juan Maria, y de varios casos particulares tocantes â este punto se trata mas por extenso en la historia de esta Conquista. Arresgò tambien su vida muchas vezes en los mares, en que padeciò horrorosas tormentas, y tempestades, y en una que durò mas de dos dias, que no pudo en ellos comer, ni tomar descanso alguno. Y en una carta que escribiò â su grande Amigo, y bienhechor el Señor Fiscal de Guadalaxara D. Joseph Miranda, agradeciendole un librito, que le havia embiado de los milagros de nuestra Señora de la Defensa, en que se refiere uno de haver librado nuestra Señora â unos navegantes que la invocaron de unos disformes ballenatos que los seguian con grande peligro de dár al travez la

em-

embarcacion, le dice estas palabras: *El caso dè las ballenas que pone el librito, me sucediò á mi un dia, y una noche entera por el mes de Marzo.*

Fueron tambien muchos los trabajos, y peligros, à que se expuso en la tierra en los caminos que hizo para bien de aquella Conquista, porque fuera de las tres vezes que caminó desde Mexico á la California en que anduvo en ida, y buelta mas de tres mil leguas, y fuera de los otros muchos caminos que anduvo, viniendo à las Missiones de Tierra firme en demanda de limosnas, y socorros para la California, emprendiò otro bien largo, y prolixo en compañia del P. Eusebio Francisco Kino con la empressa de buscar el passo por tierra à la California, lo qual fuè el año de 1701. caminando por despoblados, tierras muy arenosas, y faltas de agua, y de bastimentos, y á vezes por los confines de los Indios Apaches, y otras naciones barbaras. Aunque haviendo caminada en ida, y buelta como ochocientas leguas, no consiguieron mas que cansancios, muchos riesgos, y el desengaño de que tal camino no havia, y era solo imaginacion vana, y fantastica de los que querian persuadirlo. Aunque haviendose yá averiguado, que la California no es Isla, sino tierra continente con la Pimeria, no serà yà imaginacion vana el que pueda conseguirse esse camino.

Aun mas penosos por mas continuos eran los caminos que emprendia en la misma tierra de la Califorlifornia. Porque siendo como es una tierra muy aspera, pedregosa, montuosa, y llena de barrancas, y precipicios era necessario desde el principio abrir caminos, unos para ir â los lugares yà descubiertos, porque huviesse comunicacion de unas Missiones â otras, otros para poder acudir â los ministerios, y visitar las Rancherias de los Indios, que en aquellos principios estaban muy desparramadas, y divididas, y era mucho mayor el trabajo en tiempo de epidemias generales que padecieron en varios años aquellos nuevos Christianos, y para acudir â los enfermos con los socorros espirituales, y corporales, que necessitaban, era insoportable el trabajo, que bastara â quebrantar al mas robusto.

Finalmente era continuo, y muy pesado el trabajo de verse obligado â tratar con naciones barbaras, que acostumbradas â los vicios, y soltura de su gentilidad, unas resistian proterbas á recibir la suave ley del Evangelio; otras impedian à los que querian abrazarla, y muchas vezes servian de escandalò à los yà baptizados, haciendolos retirar de los Pueblos, y volverse á los usos, y costumbres de su barbara gentilidad. Y no ignoraba el P. Juan Maria las secretas conjuraciones que solian hazer los Indios instigados de sus hechizeros para acabar de una vez con todos, ô matandolos, ô haziendolos con violencia salir de sus tierras. Afligido pues, con tales diabolicas oposiciones su espiritu procuraba

to-

todo el esfuerzo de su fervorosa charidad â remediarlas con suavidad. Pero conociendo que algunas vezes era forzoso prevenir los daños, que amenazaban con el castigo de unos para el escarmiento de otros, procuraba sin embargo valerse de varias industrias para templar el rigor de la Justicia. Unas vezes intercedia con el Capitan por los culpados para que los perdonasse, otras mediaba para minorar el castigo. Otras haviendo conseguido á solas con el Capitan, que los perdonasse, hacia, que este en lo exterior se mostrasse inexorable, hasta que à fuerza de ruegos, que le hacia delante de ellos, consequia, que los delinquentes quedassen con el perdon, agradecidos al P. Juan Maria, viendo quanto procuraba su bien, y su remedio, y le miraban como à Padre, y con mas facilidad, y gusto le obedecian.

CAPITULO XXIII.

Viene el Padre Juan Maria â la Provincia por orden de la Obediencia, y entra â ser su Provincial.

ESTE tenor de vida Apostolica se viò obligado à interrumpir el P. Juan Maria de Salvatierra con la ocasion que ahora dirè. Havia venido por Visitador de esta Provincia el P. Manuel Piñeyro, y juntamente Vice-Provincial, Sugeto de grandes prendas de la Provincia de Aragon, pero que actualmente estaba governando por Patente, y assignacion de N. P. General la Provincia de Toledo. Y teniendo noticia del'Apoſtolico zelo, y religioſas virtudes del P. Juan Maria deſſeò mucho conocerlo, y deſſeando por otro lado informarſe de la Conquiſta, que el Padre havia emprendido, y de los progreſſos de la Chriſtiandad en la California, le embiò orden de que vinieſſe á Mexico, dexando aquellas Miſſiones al cuidado de los otros Padres, que glorioſamente trabajaban en ellas. Cooperò eficazmente à eſta llamada el Exc^{mo}. Señor Virrey Duque de Alburquerque, que haviendo recibido una Cedula de ſu Mageſtad, en que ſe contenian varios puntos tocantes à la proſecucion de la Conquiſta de la California, juzgó ſu Exc^{a}. que en una junta que determinaba hacer era forzoſa la preſencia del P. Juan Maria, como quien havia ſido el Author de aquella tan Apoſtolica Conquiſta, y que con tantos ſudores, trabajos, y peligros la havia conſeguido.

Pero aunque eſtas fueron las razones porque fuè llamado á la Provincia el P. Juan Maria, pero Dios con oculta providencia lo traìa para que governaſſe como Provincial la miſma Provincia, y con la authoridad de ſu cargo pudieſſe mejor adelantar las coſas de la California. Y fuè el caſo, que al año cabal que havia llegado à la Nueva-Eſpaña el P. Viſitador, y Vice-Provincial Manuel Piñeyro fuè nueſtro Señor ſervido de llevarſelo para Sì, como de ſu miſericordia eſperamos. Y haviendoſe abierto el

Plie-

Pliego de Roma *casu mortis*, se hallò ser nombrado de N. P. General por Provincial de esta Provincia el P. Juan Maria de Salvatierra. Y aunque luego se le despachó Correo para que acelerasse su venida, porque hasta entonces aun no havia llegado à Mexico, el Correo no lo encontró, por haver cogido distinto rumbo del que el Padre traìa. Y haviendo llegado â los principios de Noviembre del año de mil setecientos y quatro, luego que supo su assignacion, fueron grandes los esfuerzos que puso, y razones que alegò â los Padres Consultores, para que no cayesse sobre sus ombros el peso de aquel trabajoso, aunque honroso cargo, pero no siendo admitida su propuesta, huvo de bajar la cabeza, y entrar en el govierno de la Provincia.

Lo primero que hizo, fuè procurar exonerarse de los negocios executivos de las Californias, dandoles prompto expediente por atender â los que se ofrecian tocantes al govierno de la Provincia, y despues de mes y medio á fines de Diciembre saliò â la visita de los Colegios de la Puebla, Vera-Cruz, y Oaxaca, en la qual se portò con tanta prudencia, charidad, y zelo de la observancia religiosa, que dexando â todos sus Subditos consolados, y edificados con la suavidad de su govierno, consiguiò de todos quanto queria. Volviò â Mexico por el mes de Marzo del año de mil setecientos y cinco, en donde fuè ferzoso detenerse para evaquar un negocio de suma

 im-

importancia al bien de la Provincia, que entonces se ofrecia.

Tres años havia, que no se pagaban de las Cajas Reales los situados para la manutencion de tantos Missioneros, como se ocupaban en la conversion, y cultivo de las Provincias de Sonora, Cinaloa, Tepehuanes, Tarahomares, y las Sierras de Topia, y S. Andrès; y siendo la quota señalada para cada uno trescientos pesos, importan cada año treinta y nueve mil y novecientos pesos. Y como era executiva la obligacion de la Provincia en proveer cada año las memorias de los Padres Missioneros, que se componen de aquellas cosas precisamente necessarias, de que se carece en aquellas Regiones tan remotas, se hallaba empeñada en casi ciento y veinte mil pesos, que, ô pedia prestados, ô tomaba â censo.

Hizo quantos esfuerzos fueron possibles el P. Provincial Juan Maria para conseguir esta cobranza, pero el Señor Virrey siempre se escusaba con la escazès de las Cajas Reales, y la necessidad de socorros, que padecia nuestro Rey, y Señor Phelipe Quinta, quando acometido de poderosos enemigos debia afianzar manteniendo la guerra su Corona; y preciandose su Exc[a]. de fiel Vasallo de su Magestad, ahorraba todo lo que podia de otros gastos, por no faltar en la remesa de España de quanto havia en el Real Erario. Representóle el P. Provincial el empeño de la Provincia, la necessidad que havia de man-

mantener tantos Sugetos, á quienes el Rey tenia encomedado la conversion, educacion, y cultivo de los Indios, y que todos como Ministros de su Magestad conservabã con sus sudores sus dominios entre aquellos barbaros, y que por esso no debia parecer de menos importancia el mantener â los Padres Missioneros Ministros del Evangelio, que el remitir â España socorros para la guerra.

Y hasta aqui se mantuvo el P. Juan Maria con la mayor sumission, y humildad, que convenia, pero no hallando brecha en el corazon del Señor Virrey, mudò de estilo, y aunque con palabras modestas, pero alentadas con mucha eficacia, y energia, huvo de decirle, que no le concedia â su Exc[a]. ventaja alguna en la lealtad, y fidelidad de Vasallo de su Magestad, y como tal â costa de innumerables trabajos, y peligros de la vida, havia augmentado sus dominios en las Californias, añadiendole un nuevo Reyno, cuya Conquista no pudo conseguir toda la potencia de los Reyes Catholicos por espacio de ciento y ochenta años, empeñandose en ella tantos Vasallos de su Magestad, que desde el Invicto D. Fernando Cortès en varios tiempos, y con el gasto de muchos millares de pesos, intentaron sin fruto alguno conseguirla, y èl con la ayuda de Dios, y de su Santissima Madre Lauretana, sin que huviessen dado siquiera un real las Cajas de su Magestad para una empressa tan gloriosa la havia conseguido.

A

A eſtas razones en que ſantamente magnanimo prorrumpiò el zelo del P. Juan Maria, no tuvo que reſponder el Señor Virrey, pero perſiſtiò conſtante en la negativa, juzgando ſiempre ſer de mayor ſervicio del Rey el atender â los executivos gaſtos de ſu Corona. Pero no por eſſo deſiſtiò de ſu pretenſion el P. Juan Maria, antes determinò apelar á lo ultimo, y que juzgò ſeria el medio mas eficaz para conſeguirla. Llamò para eſto â Conſulta, no ſolamente â los Padres Conſultores ordinarios, y *ad graviora* ſeñalados por N. P. General, ſino tambien â todos los Padres Profeſſos mas antiguos, que havia en Mexico, y haviendoles repreſentado el eſtado miſerable en que ſe hallaba la Provincia, y las Miſſiones, y quan en vano le havian ſalido todas las diligencias que havia pueſto para la cobranza de los ſituados, yà no ſe le ofrecia otro medio, que hacer dexacion, y renuncia de todas las Miſſiones, menos las de la California, cuyos Miſſioneros nó dependian de las Cajas Reales, quanto al ſuſtento. Porque con eſta renuncia ſe conſeguiria, ô que ſu Exc^a^. ſe ablandaſſe en pagar lo que ſe debia, ô que ſe libraſſe la Provincia de hacer cada año nuevos empeños para proveer las memorias de los Padres Miſſioneros. Todos los Padres de la Conſulta ſe conformaron con ſu parecer venerandolo como conſejo inſpirado de Dios â ſu Siervo para el remedio de aquella tan urgente neceſſidad. Y con el parecer de todos ſe hizo el eſcri-

to

to de la renuncia, firmandolo todos, y authorizandolo el P. Secretario de la Provincia.

Presentò el P. Provincial el escrito al Señor Virrey, que se hallò como herido de un repentino rayo con el golpe de esta no esperada resolucion, y la respuesta que dió por entonces fuè, que proveeria el escrito en junta general. Pero quedò â solas deliberando medios con que poder escapar del estrecho en que se hallaba. Hallabase muy apretado viendo los graves inconvenientes que resultaban de qualquiera determinacion, que tomasse. Porque si resolvia pagar lo que se debia en gran parte se debian disminuir los promptos socorros, de que el Rey nuestro Señor por la urgencia de la guerra necessitaba. Si admitia la renuncia, se veía obligado á un impossible de proveer de mas de ciento y treinta Curas, por otros tantos Sugetos de la Compañia, que administraban las Missiones, â los quales debiera mantener con promptos socorros. Y aunque quisiera llegar â executarlo, veía, que haviendo sido especial encargo el que nuestro Catholico Monarca havia hecho â la Compañia para que se encargasse de la conversion, y cultivo de tantas Naciones, fuera caèr en desgracia de su Magestad, si passaba sin consulta suya á una tan ardua resolucion.

Y aunque à los principios parece, que no creìa su Exc^a. que iba de veras la renuncia, sino que solo era un amago, que se quedaba en los limites de amenaza,

naza, llegò á persuadirse de la verdad, y entrar en mayor conflicto, quando recibiò carta del Gobernador, y Capitan General del Parral, en cuyos dominios caèn nuestras Missiones, el qual sabiendo que el P. Provincial havia yá escrito à los Padres Missioneros, que estuviessen prevenidos para quando les fuesse el orden de su salida tomò la pluma, y con bastante energia de razones declarò á su Exc^a. lo que èl sentia de aquella repentina mudanza, como quien tenia presentes las cosas todas de las Missiones. Decia pues, que lo mismo seria sacar à los Padres Missioneros, que sublevarse toda la tierra, y ponerse en arma todos los Indios, ô para impedir la salida de los Padres, ô por lo menos para estorvar la entrada de otros Ministros. Y que una vez sublevada la tierra, seria casi impossible despues reducirla á sujecion. Y despues de haver apoyado este su sentir con varias razones, concluìa su carta, protestando, que el como fiel Ministro de su Magestad, daba este aviso, porque en ningun tiempo le culpassen de omisso en lo que era de su obligacion.

Hallandose pues, el Señor Virrey en estas angustias no dexaba de intentar medio alguno para que el P. Provincial desistiesse de la renuncia de las Missiones. Y no fuè el de menor importancia, y aun de grande edificacion el que la Exc^ma. Señora Virreyna su Esposa ofreciesse al P. Provincial el Cofre de todas sus perlas, y joyas mas preciosas para el desempeño

peño de la Provincia, con tal que se retirasse el Memorial, en que se contenia la renuncia de las Missiones. Pero esta tan liberal, y generosa oferta, aunque retornò el P. Juan Maria una verdadera, y solida gratitud, por lo que en ella mostraba el amor â la Compañia, y al bien de las almas en las Missiones no fuè admitida; pues no era razon que lastasse sù Exc^a. lo que por otro lado podia remediarse, como finalmente en parte se remediò librando su Exc^a. executivamente la paga de las Missiones de aquel año, reservando la exhibicion de lo atrazado para quando se hallassen con mas desahogo las Cajas Reales. Y aunque en su tiempo no se pagò lo atrazado, pero escarmentado del aprieto, en que se havia visto, los años siguientes de su govierno librò à los Oficiales Reales lo que cada uno se debia.

CAPITULO XXIV.

Prosigue el P. Juan Maria la visita de la Provincia, y passa â visitar tambien la California.

HAviendo salido el P. Juan Maria victorioso, aunque no del todo, en el negocio de la Provincia, y de las Missiones, tratò de cumplir aquello para que havia sido llamado, que fuè informar del estado de la California, segun una Cedula que el Señor Virrey havia recibido de su Magestad, quien mandaba, que en una junta, que debia hacerse, assistiesse personalnalmente el P. Juan Maria. El qual juzgò, para que fuera el informe mas completo, hacerlo por escrito, representando el estado en que al presente se hallaba aquella tan Apostolica Conquista, y algunos inconvenientes que se le ofrecian en la execucion de algunos ordenes, y disposiciones de la Cedula, y quan necessario era el mantener el govierno del Presidio con la sujecion â los Padres Misioneros, especialmente al Superior de aquellas Missiones. Y haviendo presentado su escrito al Señor Virrey, y viendo que su Exc^a. iba de dia en dia diferiendo la junta que mandaba el Rey, con varios pretextos, y especialmente con el de deber informar de nuevo â su Magestad, despues de visto el informe del P. Provincial, trató su Rev^a. de salir de Mexico à proseguir la visita de la Provincia.

Comenzóla por el mes de Junio, y en todos los Colegios que visitò, guardò el mismo methodo prudente, suave, y charitativo, que havia observado en la visita de los otros Colegios, procurando en todos promover la observancia religiosa, el zelo de las almas, y la aplicacion fervorosa â los ministerios proprios de nuestro Instituto. Y haviendo visitado los Colegios, que hay hasta Guadalaxara, determinò desde alli passar al Puerto de Matanchel para embarcarse alli, y passar â la California, dando orden, y facultad â su Secretario el P. Joseph Bellido, que lo havia sido tambien del P. Visitador Manuel,

Pi-

Piñeyro, para que en su nombre visitasse los Colegios de Guadiana, y Zacatecas. Saliò pues, de Guadalaxara con el H. Jayme Bravo (que despues de ordenado de Sacerdote fuè Missionero muy fervoroso en la Colifornia) y haviendose embarcado en Matanchel un dia despues de la Assumpcion de nuestra Señora, navegaron con grande felicidad, y llegaron â fines de Agosto â la ensenada, y Puerto de Loreto.

Con su llegada llegò tambien el remedio de la extrema necessidad, que padecian los Padres Missioneros, como el mismo Padre escribiò al P. Eusebio Francisco Kino, que por solicitud del mismo P. Provincial havia embiado un buen socorro. Y en carta de 30. de Agosto poco despues de desembarcado le dice assi: *Dios nuestro Señor le pague â V. R. el socorro para estos pobres Padres, que â no llegar yo en Persona tan presto, los huviera topado yà muertos de hambre, y de otros trabajos.* Y consigo llevò quanto pudo para el socorro de los que sabia se hallaban muy necessitados. Y luego que llegò â la California despachò el barco â la Costa de Hiaqui, para que traxesse el socorro, que el P. Kino, y los otros Missioneros havian ofrecido. Y en la buelta del barco vinieron algunos Padres de aquella Costa â visitar, y consolarse con la vista de su Provincial el P. Juan Maria, el qual se detuvo dos meses en la California, que fueron los de Septiembre, y Octubre; y en esse tiempo trabajò entre los Indios como si fuera actual

Missionero. Visitó los tres Pueblos de Loreto, S. Francisco Xavier, y S. Juan Londò, que eran cabezas de tres Missiones yá fundadas. Y porque se havian descubierto otros dos parajes acomodados, cuyos habitadores eran Indios mansos, y pedian el Santo Baptismo, mandó que se fundassen alli otras dos Missiones, y señaló para ellas al P. Pedro de Ugarte, que fuè â fundar la de S. Juan Baptista Ligui, y al P. Juan Manuel de Basaldua, que fundó la de Sta. Rosalia Mulegè. No dexò en la California ordenes algunos especiales, sino el general de que se observassen en quanto la tierra, y circunstancias lo permitiessen los que para el mejor govierno de las Missiones de Tierra firme havia impuesto el P. Visitador Hernando Cabero. Y trató de volverse al govierno de la Provincia dexando en la California â su Compañero el H. Jayme Bravo, porque èl mismo grandemente la desseaba, y porque los Padres de la California se lo pidieron, porque yá presagiaban, quanto les havia de servir en lo temporal, como lo hizo por espacio de catorze años, hasta que por obediencia fué promovido al Sacerdocio, y sirviò tābien en lo espiritual, exercitando como todos los ministerios de Missionero en bien de los proximos.

Haviendo cumplido el P. Provincial Juan Maria la visita de las Missiones de California, que por nuevas, ê hijas de su santo zelo, gozaron de este privilegio, no concedido á las Missiones de Tierra

firme

firme, las quales por la suma distancia nunca pueden visitar los Padres Provinciales, sino los Padres Visitadores, que en cada triennio se señalan, se despidiò con gran ternura de todos los Padres por fines del mes de Octubre de mil setecientos y cinco, y se embarcò para Matanchel, y de alli volviò â Mexico y lo primero que procurò fuè dàr seguridad â las fincas de la California. Porque hasta entonces los bienhechores, que havian fundado las Missiones, reteniendo en si los principales, pagaban annualmente los reditos. Lo qual estaba expuesto, â que por muerte, ô quiebra de los dichos bienhechores pereciessen tambien los principales. Y haviendo hecho sobre este punto consulta primero con los Padres Missioneros de la California, y despues en Mexico con los Padres Consultores de Provincia; y haviendo conseguido aprobacion de N. P. General Miguel Angel Tamburini, consiguiò, q las rentas de las Missiones quedassen asseguradas en haziendas de labor, y crias de ganados, cuya conservacion, y augmento ha estado, y al presente està à cargo del Sugeto, que con assignacion del P. Provincial tiene el oficio de Procurador de la California.

CAPITULO XXV.

Dexa el P. Juan Maria el govierno de la Provincia, y vuelve à la California, en donde trabaja gloriosamente los diez ultimos años de su vida.

PRoseguia el P. Juan Maria el govierno de la Provincia con grande acierto en todas sus resolunes, porque en todas ellas le movia el zelo, le gobernaba la prudencia, y le alumbraba la gracia de Dios, que conseguia â fuerza de ruegos en la oracion. Y quando pensaba en hacer la segunda visita de la Provincia; como es costumbre, le detuvo en Mexico la noticia de haver llegado â la Vera-Cruz una nueva, y numerosa Mission de Europa, que traía consigo el P. Bernardo Rolandegui, que havia ido por Procurador de esta Provincia â las dos Curias de Madrid, y Roma. Y assi le fuè necessario detenerse en Mexico para recibirla, y distribuir en los Colegios, y Missiones los Sugetos; que venian. Pero huvo de dexar el govierno de la Provincia, porque haviendo representado â N. P. General las razones mismas, que havia propuesto â los Padres Consultores para no admitir el cargo de Provincial, su Paternidad tuvo por bien el darle esse consuelo, porque se dedicasse â las Missiones de la California, que â costa de tantos sudores havia fundado, y embiò Patente de Provincial al dicho P. Bernardo Rolandegui, que se hallaba yà en España de buelta de Roma. El qual la presentò ante los Padres Consultores el dia diez y siete de Septiembre de mil setecientos y seis.

Relevado yá el P. Juan Maria del penoso govierno de la Provincia se retiró al Colegio de S. Gregorio para tratar con empeño de su buelta á la California, y haviendo conferido los negocios todos de la California con el P. Alexandro Romano, que

quedaba por su Procurador, y dado orden de que el P. Julian de Mayorga, que acababa de venir en la Mission nueva de Europa, y estaba yá señalado â la California se aviasse, y fuesse â embarcarse en el Puerto de Matanchel, el P. Juan Maria emprendiò el viaje de quinientas leguas de tierra hasta el Puerto de Ahome, y tomó este trabajo por visitar â los bienhechores de Tierra firme, y agradecerles el mucho bien que havian hecho â aquella nueva Christiandad con sus limosnas. Y en el Puerto de Ahome se embarcó para su desseada California. Quantos trabajos padeció por tierra, y por mar en este dilatado viaje, se conocerà por un capitulo de carta que escribió al Señor D. Joseph de Miranda Fiscal de la Real Audiencia de Guadalaxara: *Del viaje de tierra*, dice, *no le digo â V. S. nada*, *y en compendio solo le puedo decir*, *que haviendo caminado*, *y navegado tanto*, *no havia sabido lo que eran trabajos por mar*, *y tierra*, *sino ahora. Cayeron enfermos todos los hijos Californios*, *y me topè con mozos*, *como Leopardos*, *quibus cum benefeccius*, *peiores fiunt.* Luego refiere los peligros que passó en el mar, especialmente con una terrible tormenta, que durò treinta y seis horas, sin poder en todas ellas, ni comer, ni dormir, ni tomar algun descanso, viendose continuamente en peligro proximo de naufragar, hasta que en la vispera de la Purificacion de nuestra Señora por la tarde pudieron, aunque con grande riesgo llegar â abrigarse
en

en un Puerto de la Isla de S. Joseph, en donde se detuvieron dos dias, esperando â que abonanzassen las olas del mar.

El dia tres de Febrero salieron de aquel Puerto, y llegaron con felicidad â la desseada tierra de California, y cumplieron todos el voto, que havian hecho de ir descalzos desde la Playa â visitar en su Santuario â la Santissima Virgen Lauretana, y ofrecerle alli rendidos varios tributos de su devocion. Y quien podrà decir quanto fuè el regocijo de los Padres Missioneros, de los Soldados del Presidio, y de los Indios Californios yá convertidos, quando vieron en su tierra à su antiguo amado Padre, fuera de toda esperanza, pues con razon temian, que havia de quedarse en la Provincia ocupado en el govierno de sus Casas, y Colegios. Juntamente se aliviaron todos con la provision que llevaba de socorros, y mantenimientos, que havia juntado en Mexico, y en el dilatado viaje de Tierra firme, y con la esperanza de que dentro de breve llegaria el P. Julian de Mayorga, que estaba, como yà diximos, señalado por Missionero de la California, en el barco, que havia de ir à Matanchel à traèr la provision de bastimentos, que havia dexado el P. Juan Maria en Mexico con esse destino.

Quedòse por entonces en la Mission de Loreto continuando sus Apostolicos ministerios, y juntamente con el penosissimo cargo de solicitar socorros para

para los Padres, y para mantener los Soldados del Presidio, y gente de mar. Porque como yà dixe en otro lugar, hasta despues de la muerte del V. Padre no se consiguiò, que su Magestad tomasse â su cargo la manutencion de los Soldados, y Marineros. Y en los diez años que viviò esta tercera vez en la California era continuo su desvelo en solicitar socorros yà por cartas, yà viniendo como lo havia hecho antes â Tierra firme â recoger â costa de su rubor, de las otras Missiones, haziendas de Seculares, y Reales de Minas lo que podia para que pudiesse conservarse, y augmentarse aquella nueva Christiandad. Y muchas vezes los espiritus infernales rabiosos de vér la conversion de tantas almas impedian, permitiendolo assi Dios, el passage de los barcos, alborotando los mares por muchos dias, y haciendo que por la mucha detencion, se maleassen, y aun pudriessen en gran parte los bastimentos, que conducian.

Otras vezes sucedia, que el barco que llevaba los bastimentos naufragasse, y todo se perdiesse, como especialmente sucediò el año de mil setecientos y siete, que siendo el barco nuevo se perdiò con todo lo que llevaba, y se ahogò con otras ocho, ó diez personas el P. Benito Guisi, que iba señalado para Missionero de la California, escapando en una canoa otros veinte, y entre ellos los Padres Clemente Guillen, y Jacobo Doye, que iban tambien assignados de la Obediencia al mismo Apostolico ministerio, y

X arroarribaron â la Costa de Cinaloa. Y en estas ocasiones se conocia la grandeza de corazon, y conformidad con la Divina voluntad del P. Juan Maria, sin que nadie le viera por esso afligido, ô conturbado.

La misma generosidad, y fortaleza, mostró quando el año de mil setecientos y diez la lancha nombrada S. Xavier, que havia servido desde el principio de la Conquista, saliendo de la Costa de Hiaqui para la California arrebatada de los vientos fuè â varar en la Costa de los Seris Indios Gentiles, junto al estrecho llamado *Sal si puedes*. Y el P. Juan Maria superior siempre â todas las adversidades, que se ofrecian, sin perder la paz de su corazon, passó luego al Puerto de Guaymas, y de alli por tierra â la Costa de los Seris, haviendo remitido por mar Carpinteros, que remendassen, y aderezassen la lancha varada. Y en medio de los grandes trabajos, que padeció en esta empressa, logró por fruto el baptizar muchos parvulos, pacificar algunas naciones enemigas, y aficionar â aquellos Gentiles à nuestra Santa Fè, y les prometió, que procuraria, que algun Padre Missionero fuesse á vivir con ellos, encargandoles mucho, que entre tanto acudiessen á catequizarse, en la Mission mas cercana, que era la del Pueblo de los Angeles cerca del Pitquin.

Todo lo consiguiò su invencible espiritu, y haviendose aderezado la lancha se volvió en ella à la California con un buen socorro de mayz, y carne,

que

que recogió de los Mineros del Real de Guadalupe, y la lancha quedò tan fuerte, y tan ſegura, que ſirvió otros diez años. Y aunque con tanto eſmero procuraba los ſocorros temporales, ſin los quales no pudieran mantenerſe las Miſſiones, ſu principal empeño era atender â la extenſion de aquella nueva Chriſtiandad, y concurrir con ſu conſejo, y aſſiſtencia perſonal â las nuevas Miſſiones, que ſe iban fundando, y â la conſtancia, y buen govierno de las yà fundadas. En todo lo qual tuvo baſtante que padecer, yà en la reduccion de los hechizeros, yà en pacificar los rebeliones, que por inſtigacion del demonio ſe lebantaban muchas vezes para ruina de aquella Chriſtiandad, yà tambien en ſocorrer â los que yendo al buſſeo de las perlas ſolian naufragar à viſta de la tierra, proveyendolos en quanto podia de lo neceſſario.

Crecia mucho el trabajo del P. Juan Maria, y ſe deſcubria mas ſu ardiente zelo, y charidad en el tiempo de algunas epidemias generales, que huvo en aquellos años. En ellas moſtraba ſus paternales entrañas, en andar viſitando las Rancherias de los Indios, para proveerlos de los ſocorros corporales que podia, y mucho mas para confeſſar los enfermos, ayudar â los moribundos, enterrar los muertos, y baptizar los parvulos. Entre tantos trabajos, y Apoſtolicas ocupaciones no ſe olvidaba el P. Juan Maria de la empreſſa, que deſde el principio de la

Conquista havia desseado, que era salir al descubrimiento, y demarcacion del golfo Lauretano. Intentòlo muchas vezes, pero sin fruto alguno por la falta de las provisiones necessarias, y de barco suficiente. Y haviendo solicitado el año de mil setecientos y catorze, que se fabricasse uno nuevo en el Puerto de Matanchel para este intento, saliò este tan desreglado en su fabrica por la poca inteligencia de quien lo hizo, que al primer viaje que hizo estando yà â vista de la California con poca marea se perdiò, y fuè quando se ahogó como yá diximos, el P. Benito Guisi. Con lo qual se frustró la intentada empressa, teniendola Dios reservada para el Apostolico P. Juan de Ugarte, que la comenzò, y para los Padres Fernando Censag, y Jacobo Sedelmayr, que llevaron al Cabo esse descubrimiento, averiguando, que la California no es Isla, como se pensaba, y se dibujaba en los mapas, sino Tierra firme, y continente, aunque hasta ahora no se ha podido averiguar la tierra con que confina, hasta que el Señor sea servido de que se descubra para proseguir por ella la dilatacion de nuestra santa Fè.

Tambien desseaba grandemente la reduccion de la nacion Guaycura por la parte del Sur de la misma California, quedò esta nacion desde el año de mil seiscientos y ochenta y tres muy aversa, y hostigada contra los Españoles por la hostilidad que usó con ella D. Isidro de Otondo, matando â muchos Indios

con

con un pedrero, que hizo disparar contra ellos, de lo qual quedaron tan irritados, que en adelante yá no permitian que llegassen â sus Costas los barcos del busseo de perlas, saliendo luego que llegaban armados â repelerlos, ni en los veinte años despues de introducida la Fè en la California quisieron jamàs dár oìdos, ni â tratados de paz con el Presidio, ni al combite amoroso de los Padres para recibir el Santo Baptismo. Sin embargo de esta tan obstinada rebeldia, quiso el P. Juan Maria probar ventura yendo por mar â visitarlos por el mes de Mayo de mil setecientos y diez y seis, y tomò por ocasion, y pretexto para ello, el restituirles tres prisioneros de su nacion, que por algun tiempo havian estado en Loreto, y con el designio de que estos fuessen testigos de la mucha charidad, y amor con que los havian tratado los Padres, y los Soldados del Presidio, y dexassen con esso el horror, que havian cobrado â los Españoles, y se reduxessen â recibir el suave yugo de nuestra santa Fè. Pero no surtió efecto aquesta santa industria, porque el demonio procurò impedirla inquietando, ê instigando â los Indios de Loreto, que iban con el Padre, porque luego que saltaron en tierra, acordandose de enemistades antiguas, sin aguardar orden del Capitan, ni poder de alguna manera contenerles, fueron corriendo tras los Indios Guaycures, que amedrentados con la llegada del barco se havian puesto en fuga, y dieron sobre los fu-

fugitivos, y los ſiguieron aun por parajes horribles, ê impracticables, hiriendo, y matando á quantos pudieron, principalmente á las mugeres, que por la debilidad de ſu ſexo havian ſido mas eſpacioſas en la fuga.

Por eſte mal ſuceſſo, ſe volvió el P. Juan Maria à Loreto, conſiderando, que no era tiempo de tratar de pazes con unos Indios fugitivos, y amedrentados con el deſtrozo, que havian hecho, eſpecialmente en ſus mugeres los Indios de Loreto; y parece que con eſpiritu profetico dixo, que aquella empreſſa la tenia Dios guardada para el Apoſtol de la California, nombre, que daba muchas vezes al V. P. Juan de Ugarte, quien al cabo de algunos años conſiguió plantar nueſtra ſanta Fè en las partes del Sur, como latamente ſe refiere en la hiſtoria de ſu vida. En llegando el P. Juan Maria á Loreto quiſo Dios refinar ſu paciencia, con la perdida del barco, que viniendo de Matanchel cargado de los baſtimentos, y memorias remitidas de Mexico, con un temporal deshecho ſe perdiò ahogandoſe nueve perſonas, eſcapandoſe las demàs como pudieron. Pero de tantos trabajos quiſo Dios yá ſacar à ſu Siervo, llamandolo al eterno deſcanſo, como verèmos en los capitulos ſiguientes.

CA-

CAPITULO XXVI.

Es llamado á Mexico el P. Juan Maria, y llega gravemente enfermo à Guadalaxara.

EN las tres vezes, que eſtuvo el V. P. Juan Maria en la California gaſtò veinte años deſde que fiado de la mano poderoſa de Dios, y de ſu Santiſſima Madre la Virgen Lauretana emprendió aquella Conquiſta por tantas vezes pretendida, y aun à coſta de millones de peſos gaſtados, nunca conſeguida. Con los immenſos trabajos, y peligros que hemos viſto, plantó el eſtandarte de la Cruz en aquella inculta tierra, baptizò innumerables parvulos, reduxo al gremio de nueſtra Santa Madre Igleſia muchas Rancherias, y dexó fundadas, y dotadas ſeis Miſſiones dando la forma mejor que pudo para el buen cultivo de los Indios, aſſi en lo que toca à la vida racional, y politica, como al methodo de inſtruirlos en los Myſterios de la Fè, y buenas coſtumbres. Lo qual han obſervado los Padres Miſſioneros, en las dichas ſeis Miſſiones, y en las que deſpues ſe han fundado, que al preſente llegan al numero de treze, haviendo atravezado el zelo de los Miſſioneros Jeſuitas por inacceſſibles montañas, peñaſcos, breñas, y quebradas de Norte á Sur el eſpacio de caſi treſcientas leguas. Ni es razon omitir, que de las dichas treze Miſſiones, las tres primeras fueron dotadas del Br. D. Juan Caballero, y Ocio, Commiſſario del Santo Ofi-

Oficio de la Inquisicion de Queretaro. Otra dotò con limosnas de varios bienhechores el V.P. Joseph Vidal Prefecto de la Congregacion de los Dolores del Colegio Maximo de esta Ciudad. Otra D. Luis de Velasco. Otra D. Nicolàs de Arteaga. Otra de su legitima el P. Juan Baptista Luyando de nuestra Compañia. Otra la Señora Doña Rosa de la Peña, y de las demàs fuè insigne fundador aquel gran Varon digno de eterna memoria el Señor D. Joseph de la Puente Marquès de Villa-Puente, Cavallero del Orden de Santiago, y Gentil-Hombre de Camara de su Magestad, cuyo crecidissimo caudal, aun estando vivo, dedicó todo al servicio, y gloria de Dios, dotando dichas Missiones, y manteniendo con crecidos annuales socorros las de la Asia, especialmente en el dilatado Imperio de la China.

Estando pues, el V. Siervo de Dios P. Juan Maria de Salvatierra tan gloriosamente ocupado en conservar, y augmentar la nueva Christiandad de la California, le llegò orden del P. Gaspar Rodero Provincial de esta Provincia, para que viniesse à Mexico Y la causa fuè la que ahora dirè. Muchas Cedulas havia expedido nuestro Rey, y Señor Philipo Quinto, aun en medio de los muchos gastos, y embarazos de la guerra, en orden al amparo, y fomento de la California. Y hallandose yà victorioso de sus enemigos, y restituido á la Corte de Madrid. Y como no se hallasse en el Real Consejo de las Indias

ra-

razon alguna de haverse executado sus Reales ordenes, mandò despachar nueva Cedula sobre esto con fecha de 29. de Enero de 1716. encomendando su execucion al Marquès de Valero, à quien tenia nombrado por Virrey de la Nueva-España. El qual luego que llegò á este Reyno comunicó con el P. Provincial el encargo, que traia, y le pidiò, que para tomar informe seguro de las cosas de la California, hiciesse llamar à Mexico al P. Juan Maria, para que con su parecer, y direccion, se pudiera resolver en la junta general, que pretendia hacer, lo mas conveniente.

Recibiò el P. Juan Maria el orden del P. Provincial por el mes de Marzo de mil setecientos y diez y siete, y aunque se hallaba muy indispuesto en la salud, sin embargo por el bien, y adelantamiento de aquella Christiandad, no dudò emprender tan largo, y peligroso camino por mar, y tierra; y dexando en su lugar por Superior de aquellas Missiones al P. Juan de Ugarte, saliò de la Ensenada de Loreto el dia Miercoles de la infraoctava de la Resurreccion treinta y uno de Marzo del mismo año de diez y siete. Y porque se hallaba muy aquexado del mal de piedra, que habitualmente padecia, traxo consigo al H. Jayme Bravo, para que pudiera assistirle, y substituir en su lugar, en caso que falleciesse, como de hecho sucedió, y con viento favorable dieron fondo en el Puerto de Matanchel el dia ocho de

Abril. Y allegandose al trabajo de la navegacion el que tuvo de caminar por tierra hasta llegar â Tepique, se le agravaron los dolores de la piedra, de tal manera, que yà no pudo proseguir el camino en alguna cavalgadura, ni detenerse en aquel lugar, sino que desseoso de cumplir su obediencia, y de llegar â Mexico para solicitar en quanto pudiesse el bien espiritual, y corporal de sus amados Californios, se hizo llevar en ombros de Indios, que iba sacando de los Pueblos el Hermano su Compañero, en una como litera manual, y portatil, que en el idioma de la tierra llaman *Tlapeztli*. Pero aqui se conociò quanta era la veneracion que hacian aquellos Pueblos del P. Juan Maria por la fama de su grande Santidad, y Apostolico zelo. Porque luego que se tuvo noticia de su venida, y gravissima enfermedad acudian â vandadas los Naturales de aquellos Pueblos, y se ofrecian â llevarlo en ombros hasta el siguiente Pueblo en que lo dexaban, y mostraban la reverencia, y veneracion que le tenian en besarle la mano, y la ropa; y en algunas partes llegaban los Indios de rodillas desde la puerta de la pieza, ô sala, hasta la cama en que estaba el Padre, y alli le besaban la mano, y tomaban su bendicion. Pero el humildissimo Padre atribuìa todas estas expressiones de reverencia, y veneracion, no â meritos propios, sino â la buena educacion de los Curas, que tenian bien instruidos â los Indios en el respecto, que se debe tener â los Sacerdotes.

No

No fueron menores las demonstraciones de los vecinos de Guadalaxara. Porque luego que se supo en la Ciudad, que venia yá cerca, se commovieron todos los vecinos para salir â recibirlo, y se veía atropada la gente, y quando lo encontraron, condolidos de vèr en tanto trabajo, y peligro â su antiguo amado Padre, todos â porfia llegaban â succeder unos â los otros en el trabajo para ellos muy ligero de cargarlo, teniendose por muy dichosos los que lograban aplicar el ombro al *Tlapeztli* en que el Santo Padre venia. Con esta devota comitiva llegò à la Ciudad, y â nuestro Colegio, en donde pidiò que lo llevassen primero â la Iglesia, y â la Capilla, y Santa Casa de Loreto, que el mismo Padre havia fabricado siendo Rector de aquel Colegio. Y segun se colige, era Sabado este dia, porque siendo como las nueve de la mañana, se acababa de cantar la Missa, que se canta alli todos los Sabados, y se comenzaban yá â cantar las Letanias de nuestra Señora, como el Padre desde el principio lo havia establecido. Acabadas las Letanias, rezò el hymno *Ave maris stella*, con tantos afectos, y muestras de devocion, que se edificaron, y enternecieron grandemente todos los presentes. Luego diò gracias â la Santissima Señora Lauretana por el beneficio de haverlo traido â morir à su Colegio, y à la sombra de su Sagrado Soberano patrocinio. Luego se hizo llevar al aposento, que le tenian destinadò; en donde fuè recibido del

P. Rector Thomàs de la Xara, y demàs Padres, y Hermanos de aquel Colegio con grandes demonstraciones de charidad, y juntamente de compassion, y ternura de vérlo tan atormentado con los dolores vehementissimos de la piedra.

Apenas lo havian puesto, y acomodado, en su cama, y procuradole algun descanso, comenzaron à interrumpirselo las visitas de lo mas granado de aquella Ciudad. Visitòle luego el Señor Obispo D. Fr. Manuel de Mimbela, el Señor Presidente D. Thomás Teràn de los Rios, los Señores Oìdores de la Real Audiencia, los Prebendados del Cabildo Eclesiastico; lo mismo hizo el Ayuntamiento todo de la Ciudad, los Prelados de las Sagradas Religiones, y todos los Cavalleros, y vecinos mas principales, manifestando todos el amor, y veneracion, que le tenian. Y lo que todos admiraban, era, que siendo los dolores de la piedra, de los mayores, que puede padecer un cuerpo humano, con todo esso el P. Juan Maria estaba tan sereno, como si nò los tuviera, mostrando siempre una perfecta conformidad con la voluntad de Dios.

Esta tan extraordinaria serenidad de animo tuvo otro principio oculto por entonces, pero que despues de su muerte se divulgó entre los Sugetos del Colegio, y de alli passó la noticia á toda la Provincia. Y fuè que la Santissima Virgen se dignò de visitarlo, alentandolo à la paciencia en sus dolores, y asse-

assegurandole contra los temores, que pudieran sobrevenirle, que dentro de breve passaria á gozar de los solidos bienes de la Bienaventuranza. Con tal favor animado su espiritu padecia, como si nò los padeciera los dolores intensissimos de la piedra, los quales se le iban mas, y mas agravando con notable descaècimiento, y debilidad de las fuerzas corporales. Y conociendo la cercania de su muerte llamò á su Compañero el H. Jayme Bravo, y le diò sus Poderes para tratar en Mexico con el Señor Virrey los negocios de la California, instruyendole de todo lo que juzgó conveniente que se debia hacer para la conservacion, y augmento de la Christiandad. Y con mucha especialidad le encargó la sujecion, y obediencia, que debia tener al P. Provincial, dandole cuenta de todo, y sujetandose á su direccion en todas las dudas, y dificultades que se ofreciessen.

CAPITULO XXVII.

Agravansele los dolores, y recibidos todos los Sacramentos muere santamente en el Colegio de Guadalaxara.

LUego que llegó tan agravado de sus dolores el P. Juan Maria al Colegio de Guadalaxara, el P. Rector, y demàs Sugetos de aquel Colegio se esmeraron en su assistencia, procurandó en quanto fuesse possible, ô su salud, ô por lo menos algun alivio

vio en ſus dolores. Hizoſe luego junta de Medicos, los quales aunque deſde luego informados de la gravedad, y continuacion del accidente deſconfiaron de ſu vida, procuraron ſin embargo aplicarle quantos remedios, les enſeñaba, y ſugeria ſu arte para conſeguir ſiquiera algunas treguas en los acerbos dolores, que padecia, y â eſte tiempo ſe hacian en las Igleſias de aquella Ciudad muchas plegarias, rogativas, y oraciones por ſu ſalud. Pero Dios nueſtro Señor, que yà queria dàr el debido galardon â los Apoſtolicos trabajos, y virtudes heroycas de ſu Siervo, diſpuſo que llegaſſe â lo ſumo la enfermedad, y los Medicos unanimes convinieron en que yà era preciſo, que ſe le adminiſtraſſen los Santos Sacramentos. Para lo qual no neceſſitò de eſpecial preparacion fuera de la que ſiempre tenia para celebrar, confeſſandoſe ſiempre como para morir.

Antes que ſe le diera el Viatico diſpuſo el P. Rector, que ſe ſacaſſe de ſu tabernaculo la Sagrada Imagen de nueſtra Señora de Loreto, y ſe llevaſſe en proceſſion al apoſento del Padre, lo qual ſe hizo con mucho acompañamiento de gente, que havia acudido. En el apoſento la colocaron en un Altar muy decente, que eſtaba yá para eſſo prevenido. Y al vèrla el gran Siervo, y devoto de MARIA enardecido en afectos de profundiſſima humildad, y amor exclamò con las palabras de Santa Iſabel, quando la Señora la viſitò en las Montañas de Judá : *Unde hoc mi-*

mihi, ut veniat Mater Domini mei ad me? Añadiendo luego estas palabras: *O Gran Señora, es possible, que para mi te han sacado de tu throno, y de tu Santuario? Para mi que soy un pobre pecador? Para mi que nunca merecì tan gran favor? Y te han traìdo â este aposento immundo de un enfermo asqueroso? Y* luego buelto al P. Rector, y demàs Padres les dixo: *Padres mejor, y con mas decencia estará la Imagen de la Madona en su santa Casa, y throno, que no aqui; y assi les suplico que la vuelvan allá.* Pero los Padres le respondieron, que era muy justo, que la Gran Señora le visitasse, y assistiesse en aquel tiempo, y trance tan peligroso, pues su Revª. havia sido quien le havia fabricado en aquella Iglesia su santa Casa, y por su influxo se havia estendido tanto en aquella Ciudad la devocion de la Gran Señora Lauretana.

Con esto se quietò su humildad, y al parecer con espiritu profetico dixo: *La devocion de la Virgen Lauretana crecerà, y serà mucho mayor en adelante, quando Yo me vea como espero en su Presencia en el Cielo.* Lo qual se cumpliò despues de su muerte. Pues los Abogados de aquella Real Audiencia se dedicaron â celebrar la fiesta de la Natividad de nuestra Señora, que es la Titular de la Casa Lauretana, obligandose todos con autentica escritura â celebrar essa fiesta en su santa Casa todos los años, siguiendose annualmente segun el orden de sus antiguedades â costear la fiesta, y assistir todos â ella como de comunimunidad. Fuera de esso la Real Audiencia jurò â la Gran Señora Lauretana por su Patrona, obligandose â assistir en forma, y cuerpo de Audiencia cada año en el dia de su fiesta.

Colocada pues, en el Altar que estaba prevenido la Sagrada Imagen, se le administrò por modo de Viatico la Eucharistia, y despues la extra-Uncion estando el P. Juan Maria en su entero juicio, y con muestras de grande devocion, y respondiendo â las Preces, que la Santa Iglesia tiene destinadas para entonces. Despues quedò en un profundo silencio, tratando â solas con Dios, y dandole gracias por sus inestimables beneficios. Assistiale continuamente los Padres del Colegio de dia, y de noche; y en una noche de las mas cercanas â su muerte, haviendose quedado â velarlo, y hacerle compañia el P. Roque de Yragorri, oyendole prorrumpir en un grande suspiro, y clamor, acudiò prompto â vèr si necessitaba de alguna cosa, y discurriendo, ô temiendo, que aquel clamoroso suspiro naciesse de algun pavor, que le causasse la cercania de su muerte, procurò consolarlo, diciendo, que ensanchasse el corazon con la esperanza de que en breve iria â recibir el galardon de tanto como havia trabajado, y padecido por el bien de las almas. A lo qual con afectos de profunda humildad respondió: *Hay mi P. Roque, si Dios nuestro Señor no me dà de limosna el Cielo, lo que Yo he hecho por Dios, que ha sido muy poco, me lo* tie-

tiene ya tan pagado, que antes le soy deudor por sus beneficios. Con el peso de tan profunda humildad daba lastre seguro â su espiritu, para que no naufragasse â vista del puerto de la eternidad, y fundando solo en la misericordia de Dios la firmeza de su esperanza, se prometia la salvacion alentado con la promessa de Christo en el Apocalypsi, de que al sediento daria de valde de beber de la fuente de agua viva.

Haviendosele agravado hasta lo sumo la enfermedad se juntò la Comunidad del Colegio â decirle la recomendacion del alma, y conservandose el Padre todavia en su entero acuerdo, y sentidos la oyò con mucha atencion, y devocion. Lo qual se hizo â la entrada de la noche del Viernes diez y siete de Julio. Y desde las nueve de aquella misma noche comenzò â agonizar hasta las dos de la mañana del dia Sabado. Y entonces movido de la especial devocion, y amor que siempre havia tenido â la Santissima Virgen, cuya Imagen de Loreto tenia presente â la vista, mirandola con ternura comenzó como pudo â rezarle el hymno *Ave maris stella*, y al llegar al verso: *Mostra te esse Matrem*, dexando de hablar acabò de vivir entregando su espiritu en manos de Dios por medio de su purissima Madre. Fuè su dichosa muerte el dia diez y ocho de Julio de mil setecientos y diez y siete años, siendo de sesenta y ocho años, y ocho meses de edad, teniendo cinquenta de Compañia, y treinta de Professo de quatro

tro Votos. Los quales empleó en las Missiones de la Tarahomara, y en la Conquista, conservacion, y augmento de la California.

Y es digno de gran reparo, que â la misma hora en que el P. Juan Maria comenzò â agonizar, que como diximos fuè â las nueve de la noche se lebantò sobre la Ciudad de Guadalaxara una tempestad de relampagos, rayos, aguazeros, y vientos impetuosos, que durò cinco horas hasta las dos de la mañana, hora en que muriò el Venerable Padre. Y siendo la Ciudad de Guadalaxara la tierra, que en esta America Septentrional es la mas infestada de tempestades, espantosos truenos, y continuados rayos, contestaban todos sus vecinos, en que jamás se havia experimentado en ella otra tempestad semejante. Y la voz comun de la Ciudad era, que los demonios llevados de furor, y rabia, de que el P. Juan Maria iba yà â gozar del premio de sus Apostolicos trabajos, y de que en aquella Ciudad huviesse tanto promovido la devocion â la Santissima Virgen, lo mostraban en armar aquellos estruendos, y aquel espanto, y assombro en la misma Ciudad.

Apenas ameneciò el dia diez y ocho, quando diò noticia de la muerte del Venerable Padre el doble de nuestras campanas. Y siendo assi, que los vecinos de Guadalaxara casi nò havian dormido, nì tomado reposo alguno por el horror de la sobredicha tempestad, fuè tan general la commocion de la gen-

te

te de todos eſtados â venerar ſu difunto Cadaver, qual jamàs alli ſe havia viſto. Al clamor de nueſtras campanas correſpondiò luego el de la Igleſia Cathedral, â la qual ſiguieron todas las Igleſias de Religioſos, y Religioſas, y de las Parrochias. Y movidos de los continuados, y unidos dobles de todas las Igleſias, ſalian de ſus caſas los vecinos lebantando un confuſo alarido, y ſentidas lamentaciones, explicando la amargura de ſu dolor con eſtas palabras: *Yá muriò el Santo, yà muriò el Apoſtol, yà muriò el amante Siervo de MARIA, yà muriò el Santo Miſſionero, y el Conquiſtador Apoſtolico de la California, el Padre de los Pobres, el Bienhechor de eſta Ciudad*, y â vandadas corrian â venerar muerto al que yà no podian gozar vivo. Quando llegaron â nueſtro Colegio, yá eſtaba el difunto Cadaver amortajado con los ornamentos Sacerdotales en ſus andas en el General, ô aula de Theologia, y conforme iban entrando ſe avalanzaban â beſarle los pies, y las manos, y tocar ſus Roſarios; y porque todos deſſeaban conſervar la memoria de Varon tan Santo con alguna reliquia ſuya, arremetieron indiſcretamente devotos â cortarle con tixeras los cabellos de la cabeza, y dividir en menudas piezas la caſulla, alba, y amito; ni perdonaron â las medias, zapatos, y ſotana, ſin que pudieſſen los Padres del Colegio eſtorvar eſtas demonſtraciones, ni por ruegos, ni por amenazas, ni por violencias algunas.

Lo qual viendo el P. Rector, y que con la dilacion havia de crecer mas el concurso de la gente, determinò acelerar el entierro, y que se hiciesse luego en aquella misma mañana. Para esto, y para poder volver â amortajar el Cuerpo se lo hizo quitar de la vista, remitiendo á la gente á nuestra Iglesia en donde le verian otra vez al tiempo del entierro. El qual se hizo como à las diez del dia, sin ser convidado acudiò el Illmo. Señor Obispo D. Fr. Manuel de Mimbela con todo su Venerable Cabildo, el Señor Presidente con la Real Audiencia, todas las Religiones, y la nobilissima Ciudad con sus Alcaldes Ordinarios, y Regidores debajo de mazas, y en forma de Ciudad, y finalmente toda la nobleza, y numerosissima Plebe, de todos los quales se ordenò una lucidissima, aunque lugubre procession, llevando el Santo Cuerpo en sus ombros, los Prelados de las Religiones, los Regidores de la Ciudad, y otras personas de la mayor distincion.

Acabada la Vigilia, y Missa cantada, que oficiò la Capilla de la Cathedral, llevaron el Cuerpo al lugar de la sepultura, que se havia abierto en el Presbyterio al lado del Evangelio. Y aqui fuè otra vez la commocion universal de la gente. Porque sin ser bastante à contenerla la presencia del Illmo. Prelado, que estaba en el mismo Presbyterio, ni las diligencias todas de los Padres, arremetieron otra vez à despojarlo, le quitaron los zapatos, las medias, y la

so-

sotana hasta la cintura, y huvieran proseguido, si con suma violencia no huvieran tomado el Cuerpo, y metidolo en el cajon, que estaba prevenido, y cerrado con la tapa, lo metieron luego en la sepultura. Con esto se desvalagò la gente, y se fueron todos haciendose pregoneros de las virtudes del Venerable Padre, aclamandolo todos à vozes por Santo.

CAPITULO XXVIII.

Hace la Ciudad de Guadalaxara solemnes honras al difunto Padre; el qual despues de algunos años es transladado à la santa Casa Lauretana.

NO se contentò la muy noble, y leal Ciudad de Guadalaxara con haver assistido en forma de Ciudad, aun sin ser convidada al entierro del V. P. Juan Maria de Salvatierra; sino que para mayor demonstracion del grande aprecio, y estima que hacia de su Santidad, junta en su Sala Capitular, resolviò celebrarle solemnes exequias en la Iglesia de nuestro Colegio. Y obtenido para ello el beneplacito del P. Rector Thomás de la Xara, comenzaron desde luego los Señores Regidores á disponer las cosas necessarias para la celebridad de las honras, y eligieron para Orador de las virtudes, y exercicios Apostolicos del P. Juan Maria al P. Feliciano Pimentel Professo de quatro Votos, y Sugeto bien conocido en esta Provincia, y con mucha especialidad en la Ciudad de Guadalaxara, en donde viviò muchos años con fama de mucha virtud, madurez, y prudencia, y en que con grande zelo exercitò los ministerios de la Compañia, y por cuya direccion, y afanes continuos de muchos años se fundó el Religiosissimo Convento de Augustinas Recoletas, en el qual se regocija Guadalaxara tener un preciosissimo Relicario de la mas elevada perfeccion.

Lebantaron luego en medio de la Capilla mayor uña elevada magnifica pyra adornada por todas partes de blandones, y candeleros, que mantenian las muchas hachas, y candelas que ardian. Y convidaron para la mayor solemnidad al Señor Presidente, y Señores de la Real Audiencia, á todas las Religiones, y numeroso Clero, que revestidos de sobrepellizes, y bonetes hizieron mas lustrosa aquella solemnidad. La vispera fueron dos Regidores en nombre del noble Ayuntamiento à visitar al Illmo. Señor Obispo, y darle cuenta de la solemne funcion, que tenian prevenida para el dia siguiente. Y antes que le declarassen los desseos, que tenia la Ciudad, de que su Illma. diesse todo el complemento á las honras haciendo el Oficio, y cantando la Missa de Pontifical, su Illma. se ofreciò á ello poniendo solamente por obice, de que por haver poco tiempo que havia tomado possession de aquella Iglesia, y no haverse ofrecido otra ocasion semejante aun no tenia Pontificales negros convenientes al funeral. Pero los Regidores desseosos de que no faltasse circunstancia de tanto lustre se obligaron en nombre de la Ciudad á entregar á su Illma. la mañana siguiente los dichos Pontificales. Y para cumplirlo convocaron luego lo los Maestros de Sastreria mas principales, y juntos en una sala les entregaron los generos, y telas negras de que se havian de formar los Pontificales. Y todos se dieron tan buena mañana, que trabajaron toda la noche, y à la mañana entregaron su obra perfecta, y acabada.

A pocos dias pues, despues del Novenario de Missas *de Requiem*, que se celebraron en nuestra Iglesia se celebraron las honras el dia señalado, en el qual aun no bien amanecido, yá se veìan olas de gente por las calles, que venian à ganar lugar en nuestra Iglesia. Pero escarmentada la Ciudad, y los nuestros de la commocion, y tumulto de la Plebe, que en el dia del entierro se havia experimentado, dispusieron con acordada providencia, que se pusiessen guardas de Soldados á las puertas de nuestra Iglesia, y Colegio, con el orden de no dexar entrar mas que á los Sugetos, que por su especial caracter debian ser preferidos, y que despues se diesse entrada franca à la gente popular.

Diò aviso general para esta funcion desde las visperas de la tarde antes el doble solemne, y universal de todas las Iglesias, comenzando la Iglesia Cadral. Llegada la hora se cantò la Vigilia solemnizada con la musica, y cantores de la Cathedral, y despues el Ilmo. Sr. Obispo cantò la Missa de Pontifical, assistido de dos Dignidades de su Iglesia con tanta magestad, y pompa como pudiera en las exequias de algun difunto Monarca. Acabada la Missa subiò al pulpito

el

el P. Feliciano Pimentel, y despues de dár brevemente las gracias à la nobilissima Ciudad, por lo que se dignaba honrar á un Sugeto de la Compañia, se dilatò en elogiar las heroycas virtudes, y Apostolico zelo del P. Juan María de Salvatierra, confirmando quanto decia con casos especiales de su vida. Y le oyeron con tanta atencion, y gusto, que siendo assi, que el Sermon durò casi dos horas, à ninguno pareciò largo, y antes sentian todos que se acabasse, desseando cebar su admiracion en escuchar mas, y mas sucessos de su vida. Y lo que puedo assegurar, que en toda la Ciudad quedò, y permanece todavia muy fresca la memoria del P. Salvatierra, como de un hombre Santo, Religioso perfecto, fidelissimo Siervo del Señor, Varon Apostolico, y amante finissimo de MARIA Santissima, cuyos cultos solicitó con tanto empeño en aquella Ciudad, y aun en todas las de la Nueva-España.

El dia en que se sepultó el difunto Cadaver del P. Juan Maria, advirtiendo el Señor Obispo, que el cajon que estaba prevenido era de madera muy ordinaria, porque se depositasse con mas decencia, mandò, que se hiciesse otro cajon de cedro, forrado por dentro con planchas de plomo para defenderse de la humedad. Luego se dispuso assi, y à los quatro dias despues de su entierro, yá muy entrada la noche por evitar qualquier indiscreto tumulto de la gente, abrieron la sepultura, y cajon en que antes havia sido sepultado, y con admiracion de todos, no solo

ha-

hallaron totalmente incorrupto el Cuerpo, ſino tambien flexible, y tratable como ſi eſtuviera vivo, y lo que cauſó mayor aſſombro fuè que eſtaba el Cuerpo difunto tan caliente, que haſta la tierra de la ſepultura havia participado del calor, amortajaronlo de nuevo, por el deſpojo q́ la devocion indiſcreta havia hecho el dia del entierro, y con toda decencia lo colocaron en el nuevo cajon, añadiendo una lamina de plomo con la inſcripcion, que certificaba ſer aquel el Cuerpo del V. P. Juan Maria de Salvatierra, y cubriendo el cajon con ſu tapa, lo metieron en la miſma ſepultura en q́ antes havia ſido enterrado.

A los ocho años deſpues de ſu muerte, y entierro viſitando el Colegio de Guadalaxara el P. Provincial Gaſpar Rodero, ſe acordó de que ſiendo Provincial el P. Juan Maria havia mandado traèr los hueſſos de ſu Santo, y muy amado Compañero el P. Juan Baptiſta Zappa del Ingenio de Xalmolonga, en donde murió, para que ſe colocaſſen en la Capilla, y Santa Caſa de Loreto, que por ſu direccion ſe havia fabricado en nueſtra Igleſia de S. Gregorio de Mexico, y le pareciò muy conveniente, que los hueſſos del P. Juan Maria de Salvatierra deſcanſaſſen tambien en la Capilla, y ſanta Caſa de Loreto, que el miſmo Padre havia erigido en la Igleſia de nueſtro Colegio de Guadalaxara, para que allì deſcanſaſſe ſu difunto Cuerpo en donde havia tenido quando vivo ſu corazon. Conforme â eſta ordenacion del P. Provincial, se dispuso luego (pero de noche, y con todo secreto) una sepultura en el Presbyterio de la santa Casa, y Capilla, para depositar el difunto Cuerpo. Abrieron la sepultura antigua, y el cajon en que se havia depositado, y hallaron, que al cabo de ocho años, estaba todavia el V. Cuerpo entero, y sin alguna corrupcion, y cerrado el cajon lo metieron en el nuevo sepulcro. Despues reconociendo el P. Phelipe Badillo, siendo Rector de aquel Colegio, la mucha humedad de aquel sitio, y que por esso no se podria librar de corrupcion el difunto Cadaver, dispuso que se colocasse en lugar mas seco; y haviendo abierto la sepultura, y el cajon hallaron yá reducido â esqueleto, consumida toda la carne, el difunto Cuerpo, y que solamente la casulla, estola, y manipulo no havian padecido lesion alguna. Recogidos pues, todos los huessos en un cajon mas pequeño lo colocaron en la cuevecita, ô fogon de la santa Casa, que en Italia llaman el santo Camino, que está debajo de la Sagrada Imagen de la Señora Lauretana. Alli descansan las reliquias del V. P. Juan Maria de Salvatierra, â la sombra de la Sma. Virgen, hasta que llegue el dia, en que resusciten gloriosas, y sea participante el Cuerpo del premio eterno, que corresponde â los trabajos que padeciò quando vivo por la gloria de Dios, y servicio de su Santissima Madre.

* * *

LI-

LIBRO SEGUNDO.

DE LA VIDA ADMIRABLE del Conquiſtador Apoſtolico de la California P. JUAN MARIA DE SALVATIERRA, que contiene la relacion de ſus virtudes.

QUIEN leyere con atencion lo que haſta ahora hemos eſcrito en el libro primero de la Vida del V. P. Juan Maria de Salvatierra, facilmente conocerà ſus heroycas virtudes, que deſde ſus primeros años exercitò, y con mayores realzes dió à conocer deſpues de haver abandonado el Mundo, y entrado en la Compañia, y mas particularmente deſde que ſe dedicò al Apoſtolico miniſterio de las Miſſiones, y à la converſion de una inculta numeroſa Gentilidad como era la de la California, à quien alumbró èl primero con las luzes del Evangelio. Pero no hay duda, que todas eſſas virtudes confuſamente entretexidas en todo el

 diſ-

discurso de su Apostolica Vida se haràn mas respectables, y conduciràn mejor á su imitacion, si se consideran cada una de por sì, como son mas dignas de aprecio las flores, quando una por una se considera su fragrancia, y hermosura, que quando sin orden, y confusamente se miran juntas en algun ramillete. Por esso en este segundo libro reflexando sobre toda la admirable Vida del V. P. Juan Maria de Salvatierra, irêmos entresacando una por una las principales virtudes, que en ella principalmente sobresalieron.

CAPITULO I.

De la vivissima fee, y firmissima esperanza del P. Juan Maria de Salvatierra.

LAS gloriosas empressas, con que atropellando immensas dificultades procurò el P. Juan Maria Salvatierra dilatar la gloria de Dios, y procurar la salvacion de las almas, no pudieran subsistir, si nò las avivara la fee de quan digno es Dios de ser servido, amado, y glorificado, y de quanto valor son las almas, que redimiò Christo con el precio infinito de su sangre. Esta fé viva la fomentaba con el continuo exercicio de la oracion, y meditacion, y de la leccion de libros espirituales, en que se ponderan las infinitas excelencias de Dios, de su divino sér, y atributos, las finezas de Christo en su Santissima Vida, Passion,

Passion, y Muerte. Ni se contentaba con dàr â estos espirituales exercicios aquellos tiempos, que prescriben nuestras Reglas, sino que en ellos empleaba, quantos ratos le dexaban libres las ocupaciones de la obediencia, y los ministerios con los proximos. Y no solo ponia todo su esmero en estos exercicios, en los Colegios en donde hay campana, que avise, y visitador, que registre, sino tambien en las Missiones, en los campos, en los muchos caminos, que hizo por mar, y por tierra. Muchas vezes le sucedia quedarse â dormir en los campos, ô en los montes, ô en otros lugares despoblados, mas no por esso dexaba su oracion. Antes del alba, yà estaba hincado de rodillas meditando, y orando por mas de una hora con tanto sossiego, y reposo, como que no tuviera que andar, ni otra cosa que hacer.

En cumpliendo la oracion de la mañana, salia de la oracion sin dexarla, porque la continuaba por todo el dia, aun en medio de las ocupaciones permaneciendo en la presencia, y trato interior con Dios. Y con este exercicio augmentaba la fé, teniendo siempre â Dios presente, como si lo viera, y con el Señor consultaba sus dudas, le comunicaba sus desconsuelos, y las necessidades de sus proximos. De aqui nacia aquella modesta compostura con que todos siempre le veian, como quien vivia siempre en la presencia de Dios, aunque no por esso dexaba de mostrar aquellos con quienes trataba una alegria tan ru-

amorosa, y apacible, que solian algunos decir, que con solo vèr, y tratar al P. Salvatierra se enamoraban de su virtud, y Santidad.

Serviale mucho para augmentar, y avivar la fé de los divinos Mysterios el empleo ordinario que tenia de pensar en ellos en las explicaciones de la Doctrina Christiana, que hacia â los niños, y â los rudos. Exercicio Apostolico en que perseverò los cincuenta años que viviò en la Compañia. En el tiempo de su Noviciado salia con alguno de sus Connovicios por orden de su Maestro, y Superior â hacer platicas de ella â la gente del campo. Durante el tiempo de sus estudios la enseñaba en las calles, y plazas publicas, en las carzeles, y hospitales en los dias desocupados de las escolasticas tareas. Y esta era una de las flores, que siempre ofrecia â la Santissima Virgen en los Sabados, y Novenas, que hacia en todas sus festividades obligarse en honra de la Gran Señora à explicar la Doctrina à los pobres, y gente, que de ello necessitaba. Con lo qual tributaba honra á la Virgen, y sacaba para sí el augmento de la fè de los divinos Mysterios, y verdades.

Despues en los diez años, que gastò en las Missiones de la Tarahomara, y veinte en las de la California, su principal exercicio era el de explicar los Mysterios de la Fè, que se contienen en la Doctrina Christiana â los parvulos, catecumenos, y antiguos Christianos, costumbre, que entablò, y se ha con-

conservado hasta ahora en aquellas Missiones. En las quales està establecido, que por semanas vayan entrando las Rancherias de los Indios en la Cabezera en donde assiste el Padre Missionero, y que por toda aquella semana se les enseñe, y predique la Doctrina Christiana, con todo lo demàs que los Christianos deben guardar para salvarse.

Avivaba mas su fé de las eternas verdades, y divinos Mysterios en los dias, que cada año se retiraba â hacer los exercicios de N. P S. IGNACIO, en los quales con mas retiro, y sossiego se meditan essas verdades, y mysterios, y se sacan abiertas, y generosas resoluciones de abandonar, y despreciar todas las cosas del Mundo, y aspirar solamente â las eternas del Cielo: pues ello es cierto, que el vivir los mas de los hombres olvidados de su salvacion, y del fin para que DIOS los criò, es porque la fé, con que como Christianos crèn las eternas verdades, es una fé si nò muerta, amortiguada. Y en una carta, que escribiò â su grande Amigo, y bienhechor el Señor Fiscal D. Joseph Miranda le dice, que acababa de tener los annuales exercicios en Loreto, y que aunque viejo, havia salido de ellos con grande fervor, de donde inferia, que su Señoria como mas mozo podria hacerlos con mayor fervor una vez al año, y sacar de ellos mucho provecho, y le alega exemplares de muchas partes de la Italia, de muchos Señores Togados, y Personas muy condecoradas, que se retiran cada año

á

â hacer en nuestros Colegios los exercicios de S. IGNACIO. Y aunque la semilla de estos santos consejos no brotò por entonces, por hallarse el Señor Fiscal con los muchos negocios de su oficio muy embarazado, pero despues resolviò â hacerlos, y escribiò al P. Juan Maria, que el principio de los exercicios, havia sido para èl como un infierno, el medio como un Purgatorio, y el fin como un Parayso de deleytes. Y quedò tan aficionado, que despues los hacia todos los años, y cada dia tenia una hora de oracion mental, y fuè tal de alli adelante el tenor de su ajustada vida, que despues de su muerte fuè tanta la estimacion de su mas que ordinaria virtud, que el Señor Presidente, y Real Audiencia juzgò muy debido celebrar sus honras, y funeral con Sermon, que despues se diò â la luz publica, en que se ponderaron sus grandes virtudes como de un Varon exemplar, y ajustado modelo de Ministros Reales. Noticia, que me ha parecido muy debida, y conveniente en esta historia del P. Juan Maria de Salvatierra, por haver sido el Señor Fiscal su insigne benefactor, y que con su authoridad cooperò mucho â la conversion, y augmento de la Christiandad de la California.

De la misma fragua de la oracion, y meditacion en que contemplaba la bondad infinita de Dios, y quanto hizo, y padeciò Jesu-Christo por salvar â los hombres le nacia la firme esperanza de conseguir el fin ultimo para que Dios lo havia criado, y des-

desde que le amenecciò el uso de la razon empezò â aspirar, y dessear conseguir el sumo bien. Y conforme fuè creciendo en la edad, y mucho mas despues de haver entrado en la Compañia, aunque en todas sus obras pretendia glorificar â Dios, pero juntamente solicitaba afianzar mas, y mas su esperanza de irle â gozar eternamente, aunque nunca se asseguraba de sì mismo, sino que desconfiando de sì mismo fundaba en Dios, y en los meritos de Jesu-Christo su esperanza, como si nada hiciera de su parte. Y es cosa digna de admiracion, que un Varon tan Santo, que desde sus primeros años se havia entregado todo à Dios, que abandonando las conveniencias, que le podia assegurar la nobleza de su sangre, se havia dedicado al servicio de Dios en la Compañia, que havia empleado mas de treinta años en solicitar â costa de immensos trabajos, y peligros de la vida la conversion de los Gentiles, con todo esso desconfiaba tanto de sí, que al llegar al fin de su vida, protestò, que si Dios no le daba de limosna el Cielo, por lo que tocaba á sus obras, no hallaba derecho alguno para pedirlo. Tan fundado estaba en solo Dios para esperar, y pedir la Bienaventuranza.

Y porque conocia, que por sus obras nada merecia, se valia para conseguir lo que desseaba del patrocinio de la Santissima Virgen, y de los Santos sus devotos, y tambien de las oraciones de los justos de la tierra, las quales procuraba con grande esmero. Y porque lo que mas desseaba fuera de su salvacion, era la de los proximos, y especialmente de los Californios, siendo Maestro de Novicios, instaba mucho á aquellos niños, en quienes consideraba otros tantos Angeles, que clamassen à Dios por la conversion de aquella inculta gentilidad. En una carta suya de 30. de Octubre de 1696. escrita à un confidente suyo, le dice assi: *Ayer comenzamos la quarentena de la Immaculada Concepcion. Y todos estos Angeles están con mucho fervor con consuelo mio: pues con las oraciones, que ellos hacen â la Virgen Immaculada por los pobres Californios, la Virgen ha de quitar la mancha original por medio del santo Baptismo, â mucha parte de essa gentilidad. Y assi querido mio, buen animo hasta morir, que buena Madre tenemos, y ella lo harà todo, como seamos todos suyos.*

Esto mismo repite en varias cartas, que escribia á personas de fuera, y de dentro de la Compañia, pidiendoles que le ayudassen con sus oraciones para salir con aquella empressa. Y tenia tan firme la esperanza de conseguirla, que aun quando veìa conjurado todo el infierno para impedirlo, la miraba, y trataba de ella como de expedicion muy gloriosa, pero que estaba cierto, y muy seguro, que la havia de conseguir, como de hecho la consiguiò, quando la esperanza humana la tenia por impossible, pero esse impossible lo venciò estrivando en la esperanza divina contra todas las humanas esperanzas.

CA-

CAPITULO II.

De su ardiente charidad para con Dios.

HAcer, y padecer mucho por el amado son las pruebas mas calificadas del amor verdadero. Y facilmente se conocerà quan ardiente fuè el amor para con Dios del P. Juan Maria de Salvatierra, si se considera lo mucho que hizo, y lo mucho que padeció por Dios. En toda su Apostolica Vida, no se vè otra cosa, que un continuo exercicio de obras santas, y especialmente desde que tubo noticia de lo que trabajaban los Missioneros de la Compañia en la India Oriental en la conversion de los Gentiles, desseando yá ser uno de ellos, se comenzó â dàr con mas esmero â los exercicios de las virtudes, para hacerse Sugeto habil para semejantes ministerios.

Haviendo entrado en la Compañia todas sus acciones dirigia â la gloria de Dios, y el amor de Dios era el que en todas ellas lo governaba. Si estudiaba, si conferia, ô disputaba en las Escuelas, todo era por amor de Dios. Si comia, si dormia, si descansaba, si assistia â las recreaciones comunes, no tenia otro fin, que dàr gusto â Dios, y hacer en todo su voluntad. Si se ocupaba en los ministerios con los proximos, como eran el confessar, predicar, explicar la Doctrina Christiana â los niños, y gente ruda, visitar enfermos, y encarzelados, ayudar â bien morir â los moribundos todas eran obras imperadas del amor que â Dios tenia desseando, que en todo fuesse glorificado.

Pero aun todo esto era muy corta esfera para llenar los dilatados senos de su corazon. A mucho mas anhelaba su fervoroso espiritu, que era solicitar para Dios muchos amantes, que le tributassen rendidos obsequios â mayor gloria suya. Con este fin importunò tanto â los Superiores, para que lo embiassen â las Missiones de los Gentiles, y despues de muchas oraciones, y penitencias consiguiò la licencia, que desseaba; y haviendo llegado â la Provincia de Tarahomares trabajó como Missionero Apostolico lo que yà queda escrito en su lugar. Pero quando llegò el tiempo de emprender la Conquista de la California, aqui fuè en donde su magnanimo corazon dilatò sus senos para hacer cosas tan arduas, y tan heroycas hazañas, que se tenian en la comun reputacion por insuperables, pero no lo fueron á quien estaba revestido de la virtud divina, y se hallaba abrasado con el fuego de la charidad, y amor de Dios, que le impelian à las mas arduas empressas de que havia de resultar su mayor gloria.

Y si fuè mucho lo que hizo el P. Juan Maria en prueba de su amor para con Dios, no fuè menos lo que padeciò, y en que mostró que su amor era fuerte, firme, y constante á pesar de las muchas adversidades, trabajos, y tribulaciones, que le sobrevinieron para impedirle del todo, ô retardarle sus fervorosos

vorosos designios de promover los cultos de Dios, y de su Madre, de que los pecadores no le ofendiessen, los justos le amassen; los Gentiles se convirtiessen. Yà insinuamos arriba quanto tubo que padecer, y sufrir quando salió por las calles, y casas de Mexico à solicitar limosnas para la fabrica de la santa Casa Lauretana en la Iglesia de S. Gregorio, quando no faltaron algunos que le dixeran, que aquellas eran unas solápadas estafas de avaricia revestida con capa de devocion; y otros con muestras de indignacion, que sobrados Templos tenia Mexico, para fomentar los cultos de la Señora, sin que para esto fuesse necessario molestar à los vecinos en orden á fabricar nuevas Iglesias.

Aun fueron mayores los ultrajes, que padeciò, quando saliò á pedir limosna para la Conquista de la California. Porque no bastando los reales, y medios, que podia recoger de la piedad de los pobres, le era preciso visitar las casas de los mas acaudalados, y en muchas de ellas no hallaba mas limosna, que la de valdones, y palabras muy desabridas, que le decian. Y los que menos se desmandaban, se ponian de proposito à quererlo convencer, para que desistiesse de una empressa, que con crecidissimos gastos muchas vezes se havia solicitado, y nunca se havia conseguido. Pero en mediode estas, y otras adversidades no desmayó el amante corazon del P. Juan Maria, porque su amor, y charidad

ridad para con Dios era como queria el Apoſtol S. Pablo, un amor que todo lo ſufre, todo lo eſpera, y todo lo venze con valentia.

Venciò por fin todo lo que á ſus Apoſtolicos intentos ſe le oponia, y le reſtó que vencer por eſpacio de veinte años, quanto queda inſinuado arriba de peligros de la vida por mar, y por tierra, de hambres, de pobrezas, de azechanzas de los Gentiles por promover la gloria de Dios en la inculta tierra de la California. Baſte traſladar aqui lo que en el Sermon de ſus honras predicó el P. Feliciano Pimentel, quien trató mucho con el P. Juan Maria, ſiendo ſu Subdito en el Colegio de Guadalaxara, y deſpues por mucho tiempo fuè en la miſma Ciudad Procurador de las Miſsiones de la California; conviene á ſaber: *Que el P. Juan Maria deſde que ſaliò de ſu Provincia para eſta haſta ſu muerte anduvo treinta y ocho mil leguas; muchas â pie, y otras en tan malas, y moleſtas cavalgaduras, que le quedaba molido todo el cuerpo, caminando muchas vezes por cerranias, y por precipicios en deſpoblados, y de mas de eſtas muchas por mar, padeciendo repetidos rieſgos de la vida con eſpantoſas borraſcas, y peligros de naufragar.*

No eſtrañarà eſto quien conſiderare atentamente los muchos viajes, que hizo, y multiplicò en la Nueva-Eſpaña, y en todas las Miſsiones de la California, y de Tierra firme. Conſta por una carta del miſmo P. Juan Maria, que en la ida, y buelta,

que

que hizo con el P. Eusebio Francisco Kino en demanda del passo por tierra â la California anduvo ochocientas leguas. Consta, que visitò todas nuestras Missiones como Visitador General señalado por el P. Provincial por espacio de tres años, en que anduvo mas de quatro mil leguas. Consta, que quando Provincial visitò los Colegios de la Provincia, y en la ida, y en la buelta se passan como seiscientas leguas. Y que por tres vezes fuè desde Mexico â la California, viajes en que de ida, y buelta se comprehenden mas de tres mil leguas. Y finalmente consta, que en los diez años, que fuè Missionero de la Tarahomara, y en los veinte de la California siempre estuvo en continuo movimiento por mar, y tierra, sin que huviesse año alguno en que no emprendiesse uno, y muchos viajes, yá para solicitar limosnas en las Missiones de Tierra firme, en los Reales de Minas, y en las haziendas de labor, y crias de ganados, yá para otros muchos negocios graves, que ocurrian concurrentes al adelantamiento de las Missiones, como era hacer nuevos descubrimientos, fundar nuevas Missiones, y visitar las yá fundadas, en que tubo mucho que padecer por amor de Dios, por ser la tierra toda montuosa, muy aspera, y llena de barrancas, y precipicios, sin que huviera adversidad, trabajo, ô peligro alguno, que le minorasse el fuego de la charidad, y amor con que procuraba en todo la mayor gloria de Dios.

CAPITULO III.

De ſu ardiente amor, y devocion, eſpecialmente para con JESUS, y ſu Santiſſima Madre.

COMO la humanidad Sacroſanta de JESUS es la puerta para entrar al Santuario de la Divinidad, aſſi para llegar â eſſa puerta es meneſter paſſar primero por otra, que es MARIA Santiſſima Madre del miſmo JESUS. Y una, y otra tubo patentes el P. Juan Maria eſmerandoſe grandemente en el amor, y devocion de JESUS, y MARIA, para llegar â engolfarſe en el mar immenſo de la Divinidad. Quanto fueſſe ſu amor, y devocion á JESUS, y MARIA, ſe conocia lo primero por ſus palabras. Porque ſi es oraculo, divino, que de la abundancia del corazon habla la boca, facilmente ſe conocerà quanto abundaba el corazon del P. Juan Maria en el amor de JESUS, y de ſu Santiſſima Madre, por las palabras, en que frequentemente prorrumpia. En todas ſus converſaciones, como tambien en todas ſus cartas, ſus ordinarias jaculatorias eran: *Viva JESUS, viva MARIA*, otras vezes decia: *A buenos Señores ſervimos. Todo es poco quanto hacemos por agradarlos. Y aun todo es nada quanto podemos hacer en retorno de ſu amor, y de los beneficios, que de ellos recibimos.*

Fuera de eſſo no perdia ocaſion de hablar de ſus excelencias, y virtudes, y lo hacia con tanto fervor, de-

devocion, y ternura, que aun el tiempo de sus estudios los que querian encenderse en el amor de JESUS, y MARIA, de proposito solicitaban juntarse con èl especialmente en el tiempo de las quotidianas quietes, y recreaciones, y confessaban, que salian mas fervorosos, que de la oracion mas quieta, y recogida. Lo mismo fuè quando acabados los estudios se dedicò al ministerio Apostolico de las Missiones, y el tiempo que empleò por obediencia en el govierno de los Colegios, y de la Provincia. Especialmente quando fuè Rector de Tepotzotlan, y Maestro de Novicios para formar en ellos unos Santos, los procurò educar con la leche de la devocion, y amor de JESUS, y MARIA. Dos son las platicas espirituales, que hacen cada semana nuestros Maestros de Novicios en la Capilla â su Communidad. Y de estas siempre era la primera del amor de JESUS; y la segunda del amor de MARIA. Ni por esto faltaba â la obligacion, que se le impone en sus Reglas al Maestro de Novicios, conviene â saber: que los instruìa en sus platicas, y exhortaciones en todas las virtudes religiosas, y observancia de nuestras Reglas, y de los otros puntos principales de nuestro Instituto. Porque poniendo â sus Novicios el modelo, y exemplar de JESUS, y de MARIA, era siempre para su imitacion, en todas las virtudes de que iba tratando successivamente en sus platicas, yà de la pobreza, yà de la humildad, yá de la obediencia, yà de la morti-

 ficacion,

ficacion, y demàs virtudes assi de las morales, y religiosas, como de las Theologales, y divinas. Y declarandoles primero, quanto excedieron, y se esmeraron en essas virtudes JESUS, y MARIA, passaba â explicarles aquella virtud de que trataba con todas sus partes, y exercicios, y con fervorosas palabras, y authoridades de la Sagrada Escriptura, y Santos Padres los animaba, y exhortaba â la practica de ella, con efecto tan feliz, que no parecia el Noviciado, sino una casa de Angeles, Siervos de JESUS, y de MARIA, que no pensaban en otra cosa, que en amarlos, servirlos, ê imitarlos.

Pero este cuidadoso esmero, que tuvo el P. Juan Maria en educar â sus Novicios con la leche de la devocion, y amor de JESUS, y MARIA, lo tuvo siempre con todos sus proximos desde que comenzò â tratar con ellos segun los ministerios de nuestro Instituto. Sabese, que en los años que leyò, y enseñò Grammatica en su Provincia de Milân, no solo atendia â instruir â sus discipulos en las reglas de la Grammatica, oratoria, y poesia, sino aun con mas esmero en las obligaciones de Christianos; y para persuadirles el exercicio de las virtudes se valia del eficaz medio del amor â JESUS, y MARIA, y de enseñarles la practica de las flores en honra suya, de las quales hablarèmos despues, con lo qual consiguiò grande fervor, y aprovechamiento en aquellas tiernas plantas.

Des-

Despues quando por un año enseñò la Rhetorica en la Puebla puso tanto esmero en la buena crianza de la juventud, fomentada con el amor, y devocion de JESUS, y MARIA, que se difundiò la fama por toda la Ciudad, y haviendo llegado à noticia de su Illmo. Prelado el Señor Dr. D. Manuel Fernandez de Santa Cruz, pidió al P. Provincial lo volviera à la Puebla para que hiciera Mission en toda aquella Diecesi, ê inflammara â todas sus ovejas en el amor de JESUS, y MARIA. Lo qual no pudo tener efecto, porque yá entonces iba caminando el P. Juan Maria â las Missiones de la Tarahomara.

Quando estuvo de Rector del Colegio de Guadalaxara yà hemos visto en su lugar quanto promoviò la devocion de la Santissima Virgen, fabricando, y dedicando solemnissimamente la Capilla, y Casa Lauretana. Y para que se conozca quanto creciò por su medio en Guadalaxara la devocion de MARIA Santissima, bastarà poner aqui el testimonio, que diò por escrito el Br. D. Christoval de Mazariegos, siendo Preposito de la Venerable Congregacion del Oratorio de S. Phelipe Neri, y dice assi: *Fuè tanta la devocion, que el P. Juan Maria tenia â nuestra Señora la Virgen Maria, que discurro, que desde entonces* (esto es, quando fuè Rector en aquella Ciudad) *se encendiò su devocion tanto, como hoy se experimenta en esta Ciudad. Y assi decia el Señor Obispo Cervantes, que se havia de llamar Guadalaxara, la*

Ciudad de MARIA, cuya devocion dexò el P. Juan Maria tan arraígada con sus continuas Platicas, Novenas, Sermones, fiestas, y frequencia de Sacramentos, que desde aquel tiempo tengo experimentado dura su memoria en toda la Ciudad. Y mas en la Santa Casa de Loreto, que fabricò á su solicitud el dicho Venerable Padre, como es publico, y notorio. Esta Casa, y Capilla, oìa Yo decir en aquel tiempo, que los Angeles ayudaban, porque crecia la obra, y que en un año poco mas se havia hecho Capilla, y Casa. Y quando los Angeles no huvieran ayudado à lo material de la fabrica, lo que se viò, fue, que de noche las mugeres de todo jaez, llevaban piedras, y los hombres de dia à vista, y exemplo de vér al Venerable Padre cargar piedra, y mezcla, y materiales acudian como hormigas à ayudarle, &c. Hasta aqui el citado Testimonio, de donde se conoce, quanto puede atraèr â otros al amor de MARIA un corazon abrasado en las llamas de su amor.

Ni conduxo poco para promover, y fomentar en Guadalaxara la devocion, y amor de JESUS, y MARIA, lo que como testigo de vista refiriò el P. Feliciano Pimentel en el Sermon, que predicò de las honras de este gran Siervo de Dios: Dice pues: que haviendo faltado por no sé que contingencia uno de los Maestros de Grammatica de aquel Colegio, el P. Juan Maria siendo el Rector, por no ser gravoso â algun otro Padre de la Casa, bajó â suplir por muchos

chos dias el exercicio de la Classe. Y que haviendo llegado el tiempo que llaman de las medias lecciones, en el qual no siendo entera la acostumbrada en lo demás del año, se les concede â los estudiantes dentro del recinto del Colegio algun juego decente, y honesta recreacion, reparaban los Padres, que aun despues de haver hecho seña con la campana, no salian los niños á divertirse: preguntaron â algunos de ellos la causa? Y la respuesta fue, que era tanto el gusto que tenian en oír lo que el P. Rector les decia en la Classe, que antes les causaba tristeza, quando los obligaban á salir â sus pueriles diversiones. Y averiguando mas: què cosas eran las que les decia? Respondieron, que les hablaba de las excelencias de JESUS, y de MARIA, del amor que nos tenian, de los beneficios de que nos llenaban; y de la obligacion, que todos tenemos de amarlos, y servirlos, y cosas semejantes. Y todo esto lo decia el Venerable Padre con tanta suavidad, y dulzura, que tenia â los niños como embelezados, y contando ellos en sus casas lo que les sucedia en la Classe, causaban grande edificacion â sus Padres, y demàs familiares, y juntamente los movian â la devocion de JESUS, y MARIA.

CA-

CAPITULO IV.

Del piadosissimo exercicio, que con nombre de flores ofrecia el P. Salvatierra en obsequio de JESUS, y de MARIA.

COMO el amor verdadero, segun el oraculo divino, no consiste en palabras, sino en obras, aunque todas las obras del V. P. Juan Maria de Salvatierra calificaban el amor que tenia â JESUS, y MARIA, en ningunas otras se mostraba la fineza de este amor como en el exercicio piadosissimo de las flores, que ofrecia en todas las festividades de Christo, y de su Santissima Madre. Desde que concurriò en el Noviciado de Turin con el Venerable, y Apostolico P. Juan Baptista Zappa, con quien desde entonces se uniò con un estrechissimo vinculo de santo amor, y fraterna charidad, ambos â dos fueron â una en la devocion de las flores Marianas, que ofrecian â JESUS por medio de su Santissima Madre. Y para que se conozca quanto era lo que ofrecian estos dos amantes Compañeros en este ramillete, ô corona de flores, y para la comun edificacion, y aliento â la imitacion â los que leyeren esta historia apuntarémos aqui su practica, y exercicio, que uniformemente observaron todos los dias de su vida.

Desde q̃ concurrieron en el Noviciado estos dos fervorosos amantes de JESUS, y de MARIA convinieron en ofrecer todos los dias, y especialmente los

Sa-

Sabados del año, y todas las festividades de Christo, y de la Santissima Virgen, con nombre de flores, especiales obsequios, y actos de virtudes. Para lo qual se pusieron dos reglas: la primera, que no se havia de contar por flor qualquiera obra ordinaria, de aquellas que acostumbraban hacer todos los dias, sino que havia de ser algun obsequio particular, y extraordinario. La segunda, que no bastaba que fuesse extraordinario el obsequio, sino que debia ser algun acto heroyco, ô de vencimiento proprio, ô de charidad fraterna, ô de humildad profunda. A lo qual añadieron, que si al dia se ofreciesse hacer dos, ô tres actos de aquella virtud, no los havian de omitir, y finalmente que lo havian de apuntar en un librito, para cotejar un Sabado con otro, una Novena con otra, y una quarentena con otra, â la manera que enseñó N. P. S. IGNACIO el modo de hacer el examen particular, para vèr si havia provecho en aquel exercicio, y afervorizarse mas en el servicio de JESUS, y de MARIA.

En las Novenas, ô quarentenas que hacian en los nueve, ô quarẽta dias antecedẽtes â las festividades, se señalaban para cada dia tantos actos de las virtudes de oracion, modestia, silencio, charidad fraterna, penitencias, y mortificaciones. Y siempre para cada Novena, ô quarentena escogian como Patronos algunos Santos, obligandolos con algun obsequio para hacer la Novena, ô quarentena con toda perfeccion.

Y

Y aunque segun la diversidad de las fiestas, ô Mysterios que celebraban eran varios los obsequios, y flores, que ofrecian, tenian señalados algunos obsequios comunes â todas, tales eran el salir un dia con licencia del Superior â visitar, servir, y consolar â los enfermos en algun hospital: salir otro dia por las calles á pedir limosna para socorrer à los encarzelados, y exhortarlos â la paciencia en sus trabajos, al dolor de sus pecados, á la emmienda de sus vidas, y limpiar sus almas con la confession. Otro dia salir á explicar la Doctrina Christiana à los niños, y gente ruda.

Tambien en alguno de essos dias con licencia de los Superiores visitaban alguno de los Templos consagrados à la Santissima Virgen. Alli comulgaban, ô celebraban el Santo Sacrificio de la Missa. Y mientras estuvieron en Mexico la mas ordinaria visita era al Santuario de nuestra Señora de Guadalupe, despues de la Comunion, ô Missa gastaban un gran rato en oracion, y meditacion de las excelencias de MARIA Santissima, y se encomendaban à la Gran Señora à sì, y à todos sus encomendados.

En estos dias de las Novenas, ô quarentenas añadian mas penitencias que las ordinarias con licencia del Padre espiritual á cada vez que sonaba el relox, saludaban á la Gran Señora con el *Ave Maria*, y tenian un largo Catalogo de jaculatorias devotissimas con que entre dia la saludaban, y obse-

quiequiaban. Ayunaban ſiempre las viſperas de las feſtividades, y ofrecian la Miſſa en el miſmo dia de la feſtividad, en accion de gracias del Myſterio, que ſe celebraba. Viſitaban varias vezes en aquellos dias el Santiſſimo Sacramento, y algun altar dedicado en nueſtra Igleſia â la Santiſſima Virgen. En los miſmos dias procuraban en las quietes, y recreaciones introducir con grande ſuavidad, y ſin violencia platica de coſas eſpirituales.

Es coſa conſtante, que en eſte exercicio de las flores de JESUS, y MARIA, no deſmayò jamás el V. P. Juan Maria deſde el tiempo de ſu Noviciado. Y haviendo vivido cinquenta años en la Compañia yà ſe vè quanto ateſoraria de merecimientos con el exercicio de tantas virtudes de que las dichas flores ſe componen. A que ſe añade el cuidado que tenia en exhortar â otros â la miſma devocion. Y por un papel ſuyo en que diò informe de las heroycas virtudes del Venerable, y Apoſtolico P. Juan Baptiſta Zappa, conſta, que por eſpecial encargo ſuyo, quando el P. Franciſco de Aguilera le ſucediò en el oficio de Maeſtro de Rhetorica en la Puebla, llevò adelante con grande fruto de ſus diſcipulos, el exercicio de las flores de MARIA.

Las Novenas de flores que ofrecia eran en los nueve dias antes de cada feſtividad de la Santiſſima Virgen. Las quarentenas eran al cabo del año cinco: las tres eran los quarenta dias antes de las feſti-

 vidades

vidades de la Concepcion, Annunciacion, y Assumpcion gloriosa â los Cielos de la Gran Señora. Las otras dos eran la una, los quarenta dias de la quaresma para celebrar la Passion, y Muerte de Christo, y su gloriosa, y triumphante Resurreccion. La otra los quarenta dias antes de la solemne fiesta del Corpus, que comienzan veinte dias despues de la Resurreccion. Fuera de esso eran tiempo dedicado â las flores las quatro semanas del Adviento para celebrar al niño Dios recien nacido. Hazia tambien Novenas de flores en honra de la Santissima Trinidad, y en los nueve dias antes de San Miguel, de San JOSEPH, nuestro Padre San YGNACIO, San FRANCISCO XAVIER, cuya decena de Viernes hacia dos vezes al año. A otros Santos sus Patronos, y Abogados celebraba, ô con Novena, ô por lo menos con un triduo de flores antes del dia de sus fiestas. Que verdaderamente es un exemplo maravilloso, que nos pone Dios â la vista para la imitacion, y un generoso estimulo para no afloxar jamàs en el exercicio de todas las virtudes.

CAPITULO V.

De su fervorosa charidad para con los proximos.

HAcer bien, y librar de todo mal son los dos exes, en que se rebuelve la maquina hermosa del amor, y charidad para con los proximos, y con

con todos ellos, fuè ardiente la charidad, y amor del P. Juan Maria, y eſpecialmente con los pobres, con los enfermos, con los encarzelados, con los pecadores, y con los juſtos, ſin que huvieſſe quien no participaſſe de ella, como llegaſſe â ſu noticia. Con mucha razon fuè llamado Padre de los pobres, porque en quanto podia les daba el ſocorro oportuno en ſus neceſſidades: en tanto grado, que en las Miſſiones de la Tarahomara llegó â padecer grandes hambres, y penurias, porque la proviſion, que recibia de Mexico todos los años, la repartia de limoſna á ſus Indios, y èl ſe quedaba en ſu pobreza, reducido muchas vezes à ſuſtentarſe de raizes, y hierbas ſilveſtres, y por mucho regalo de mayz toſtado, molido, y reducido á harina, que llaman *Pinoli*; y vez huvo, que por no haver otra coſa llegò á comer ratones cogidos en el campo. Lo miſmo le ſucedia en la California: pues como teſtificaron el P. Pedro de Ugarte, y el Capitan D. Eſtevan Rodriguez, llegó á padecer el P. Juan Maria grandes hambres, y neceſſidades, porque no ſufriendole el corazon, vèr â ſus Indios hambrientos, y neceſſitados les repartia con larga mano quanta proviſion le embiaban de Nueva-Eſpaña, y de las Miſſiones de Tierra firme. Y â tanto ſe eſtendia ſu charidad, que en la Miſſion de Loreto el miſmo Padre iba al monte â cortar leña, para cozer el mayz, que daba de limoſna todos los dias â los Indios, que aſſiſtian â la Doctrina Chriſtiana, dandoles un cucharon â cada uno. Y era para el Siervo de Dios de gran consuelo vèr el que tenian aquellos miserables con la limosna que les hacia, dando saltos de contento, y unos lo abrazaban, otros le manoseaban hasta el rostro, y la barba, y otros con su misma sotana se limpiaban qualquier immundicia que tenian. Y algunas vezes por estár muy caliente el pozoli, ô mayz cozido, por no recibirlo los Indios en sus manos, le cortaban pedazos de la sotana para recibirlo en ellos, y por mas que algunos de los presentes le exhortaban, â que no lo consintiesse, su gran charidad no le permitia resistir â aquel inconsiderado atrevimiento de los Indios.

No se estrechaba su charidad â la limosna quotidiana del pozoli, sino que se estendia â quantas necessidades padecian aquellos miserables. Repartiales sayal, y otra ropa con que se cubriessen, dabales semillas para que sembrassen, y medicinas para sus enfermos. Y esto no solo â los Indios de la Mission, y Pueblos en que assistia, sino tambien â los de las otras Missiones. Y para ello solicitaba, ô por su misma persona en las Missiones de Tierra firme en los Reales de Minas, y haziendas de ganados, ô por cartas que escribia â los bienhechores de la California quantiosas limosnas. Las quales fueron tan quantiosas, que como el mismo Padre escribió al Señor Fiscal de Guadalaxara D. Joseph Miranda, por Abril del año de mil setecientos

y

y doze en los quinze primeros años de la Conquista, por quenta bien ajustada llegaban yà al importe de quinientos mil pesos.

Yá diximos, como una de las flores, que ofrecia á JESUS, y MARIA en sus Novenas era salir un dia á pedir limosna, que repartia luego, ô à los pressos de las carzeles, ô à los enfermos de los hospitales. Lo qual practicò en su Provincia de Milán, y despues en Mexico en el tiempo de sus estudios de Theologia, y finalmente en Guadalaxara quando fuè Rector de aquel Colegio. Y alli no contentandose con la comida ordinaria, que se daba todos los dias à los pobres en la Porteria, como es costumbre en todos nuestros Colegios, bajaba, y les repartia reales à los que veía mas necessitados. Y esto practicaba especialmente quando el Colegio estaba mas pobre, y con gracia decia: *Vamos à sembrar limosnas para coger cosecha de beneficios*, porque sabia, que la limosna es fecunda semilla, que rinde ciento por uno á quien le dá.

Y què dirè de la charidad que exercitaba con los que no solamente eran pobres, sino tambien enfermos en los hospitales. Bastará referir aqui el Testimonio que diò por escrito el Licenciado D. Christoval de Mazariegos siendo Preposito de la Venerable Congregacion del Oratorio de S. Phelipe Neri en Guadalaxara, y dice assi: *En la flor de mis años tube la dicha de conocer á dicho Venerable Padre, y*

con

con el amor que le tenia obſervè los actos de charidad ſiguientes: Como Yo viviesſe con un Tio mio, que fuè Capellan del hoſpital Real de S. Miguel de eſta Ciudad, oy de los Padres Bethlemitas, donde havia ſiempre muchiſſimos enfermos, en eſte Real hoſpital veía Yo à dicho Venerable Padre, que frequentaba viſitar á ſus enfermos con tanta charidad, que dexado el manteo, y enfaldada la ſotana ſacaba con ſus proprias manos los vaſos immundos, y los lavaba con una gran prolixidad, y los volvia à poner entre los enfermos. Luego proſeguia barriendo perſonalmente las enfermerias, y à ſu exemplo ſu ſanto Compañero, y otros, y Yo que era niño, y por mi naturaleza aſqueroſiſſimo, à tan raro exemplo no podia contenerme, y me arreſguè algunas vezes à limpiar las immundicias del ſuelo, como ſu Revª. lo hacia ſin el menor aſco, como ſi arrancara flores. Barridas las enfermerias, luego proſiguia à limpiar los enfermos, les bolteaba los colchones, les ſacudia las frezadas, y los alzaba en peſo haſta acomodarlos bien, y con deſcanſo. Seguiaſſe luego el ſahumar con aluzema en las enfermerias. Luego acudia el Padre à hacerles una breve platica, conſolando á los enfermos, y à los que querian confeſſarſe los confeſſaba, y à todos los conſolaba, y luego me parecia les daba una limoſna á eſcondidas, que por juzgar lo aſſi no lo advertia bien como niño. Pero advertia en ſu ſanto zelo, y charidad. Lo qual he deſſeado imitar, pero no merezco tanta virtud, y ſantidad. Con eſtos

bue-

buenos exemplos advertia Yo, que à los operarios, y criados del hospital los enseñaba; y assi los veia en algunas ocasiones hacer sus oficios con charidad.

Hasta aqui el citado Testimonio, de donde se podrâ colegir lo que el fervoroso Padre hacia en las visitas de los demàs hospitales. Y aunque no en todas partes los havia, en todas partes havia enfermos â quienes servir, y consolar. Y con esto se verifica lo que obraba con los enfermos Jesuitas en los Colegios, en que vivia, y especialmente en los de Guadalaxara, y Tepotzotlan, en que fuè Superior. Luego que le avisaban, que havia algun enfermo, acudia â visitarlo, y consolarlo con dulces palabras. Procuraba, que se les acudiesse â sus tiempos con las medicinas, que los Medicos ordenaban, y supplia por su misma persona las faltas en que por olvido, ô por tener otras ocupaciones caian los enfermeros. Barria los aposentos, haciales la cama â los enfermos, y muchas vezes sacaba para limpiarlos los vasos immundos, por mas que se confundian los enfermos, y mostraban sentimiento de verse assi servidos de su Superior.

Pero en donde tuvo mas campo, y esfera su charidad, fuè entre los Indios Tarahomares, y Californios. Advirtiò el P. Juan Maria, que los Indios como gente barbara, è inculta, ni tenian inteligencia para curarse, ni compassion de si mismos, para assistirse. Y assi sucedia, que muchos morian antes

de

de tiempo, por la falta de alimentos para ſuſtentarſe, y de medicinas convenientes para mantenerſe. A que ſe añadia, que los hechizeros, ô verdaderos, ô fingidos por lograr intereſſes con los Parientes del enfermo ſe metian â Medicos, y prometian curarlos, ſiendo aſſi que con remedios, ô ſuperſticioſos, ô deſproporcionados les agravaban la enfermedad, y les acababan la vida. Para atajar eſtos daños tenia ſiempre el Siervo de Dios competente proviſion de remedios que llaman caſeros, en que ſin peligro de que dañaſſen al enfermo, tenia eſperanzas de ſu provecho, y alivio. En todas las Rancherias de los Indios tenia ſiempre ſeñaladas perſonas, que le aviſaſſen, quando havia algun enfermo, y luego acudia prompto â ſu ſocorro, procurando primero el del alma, ſi el mal era peligroſo, y luego les aplicaba los remedios que ſegun las circunſtancias juzgaba convenientes para ſanar, ô por lo menos aliviar al enfermo, y juntamente los proveìa de alimentos que en eſta gente pobriſſima ſuele ſer la mejor medicina. El miſmo con ſus manos los untaba, y daba las purgas, y les miniſtraba la comida ſufria con paciencia, y alegria las impertinencias, que como barbaros tenian, y no perdonaba, ni à la ropa de ſu pobre cama para abrigarlos. A los que eſtaban de peligro procuraba con tiempo dàr los Sacramentos, ayudabalos â bien morir, y muertos èl miſmo los amortajaba, y los enterraba, cantandoles la Miſſa de

cuer-

cuerpo presente. Si era hora competente, y si nò otro dia la cantaba, y con su propio manteo formaba la tumba, y muchas vezes con el mismo manteo los abrigaba, para que sudassen; y vez huvo, que por no haver otro que lo hiciesse el mismo Padre con sus manos cavò, y abriò la sepultura para un Indio difunto.

Confirmacion de esta tan heroyca charidad es el caso, que como testigo de vista depuso el P. Pedro de Ugarte. Y fuè, que haviendo ido siendo actual Provincial el P. Juan Maria â visitar la California le avisaron un dia del peligro de muerte, en que se hallaba un Indio en la Rancheria de Loreto, porque obligado de la hambre, havia comido unas raìzes, y hiervas nocivas, y venenosas, q̃ èl no conocia, con las quales se le hinchò el cuerpo desmedidamente. Acudiò luego el P. Juan Maria llevando consigo al dicho P. Pedro de Ugarte que lo testifica. Y viendo la gran necessidad del enfermo juzgò conveniente, que se le echasse una ayuda. Y sacando una porcion de varias hiervas, que traìa siempre consigo para tales casos, èl mismo procurò hacer el cozimiento de ellas, y sacando el instrumento necessario, èl mismo echò al enfermo la ayuda, y fuè Dios servido que con esta diligencia sanasse el enfermo con admiracion, y edificacion del P. Ugarte, y demás Padres, que lo supieron de vér â su Provincial ocupado con tanta charidad en un tan bajo, y humilde ministerio.

Con la misma edificacion admiraron los Padres de Mexico la charidad del P. Provincial en el caso siguiente. Hallandose en el Colegio Maximo despues de haver buelto de la California enfermò gravemente uno de los Indios, q̃ havia traido consigo. Acudiò luego su tierna, y ardiente charidad â solicitar el remedio. Hizolo subir â su mismo aposento, y que en èl le pusieran cama junto â la suya, y cama como si fuera para algun hermano suyo con colchon, sabanas, y almohada. Y luego hizo llamar al celebre Medico D. Andrés Cesarini, quien al vèr al Indio tan bien acomodado, y junto â la cama del mismo Provincial, no pudo menos, que admirar una tan eximia charidad; pero añadió, que tan regalada cama antes podia dañar, que aprovechar al enfermo, porque estando los Indios acostumbrados â dormir en el suelo, y sin mas abrigo, que el que siempre traén consigo, se le podia encender la sangre, y esforzar la calentura con el calor del colchon, sabanas, y frezada. Pero el P. Provincial contra estos aforismos de la medicina opuso el del Evangelio: *Amaràs á tu proximo como à ti mismo.*

No fuè menor la charidad del P. Juan Maria con los presos, y encarzelados. Yà diximos en su lugar como la exercitaba en las carzeles de Mexico. Aqui añadirèmos lo que hizo en las de Guadalaxara el tiempo, que fuè Rector de nuestro Colegio, y se conocerà por el Testimonio, que diò el otras ve-

zes

zes citado D. Christoval Mazariegos Preposito de la Congregacion del Oratorio de S. Phelipe Neri, el qual dice assi: *Con los presos de la carzel tenia tal cuidado, q̃ era cõtinuo en assistirles, no solo á predicarles, enseñarles la Doctrina, y confessarlos, que esto como Instituto de su Religion, no hiciera fuerza, á no verlo con tanto esfuerzo dedicado à buscarles el sustento, y libertarlos de la hambre, yá que no podia de sus prisiones. Buscó su santo zelo muchos Sugetos de la Ciudad, que un dia en el año, se obligassen à dàr de comer, y cenar á los presos, y lo consiguiò siendo Rector de este Colegio. Esto lo supe porque à mi Madre le tenia señalado su dia, y creo, que á mi Padre otro dia à parte. Y como me parecia en casa dia de boda por la abundancia, y esmero me acuerdo de la fiesta de los presos, y del regocijo de mi Madre, que lo hacia á gusto de mi P. Juan Maria.* Hasta aqui el citado Testimonio.

CAPITULO VI.

De la charidad espiritual, que exercitaba con los proximos el P. Juan Maria.

NO se limitaba la charidad del P. Juan Maria à socorrer las necessidades de sus proximos tocantes al cuerpo, sino que esto le servia de medio para solicitar el bien espiritual de sus almas, procurando librarlas de todo mal de culpa, y hacerlas amigas de Dios por la gracia, y â los que yá la havian conseguido, que se conservassen en ella con muchos augmentos, instruyendolas en el exercicio de las virtudes. Y para uno, y otro se valia de los ministerios Apostolicos de predicar, y confessar. Sus Sermones, y Platicas eran siempre muy agenas de aquel artificio, que enseña la Rhetorica, y Oratoria profana enderezado â deleytar los oidos mas que à penetrar los corazones. Sus razones eran solidas, sus argumentos graves, y de muho peso, y el afecto con que los proponia, encendido en el fuego del amor divino. Y de esta suerte ablandaba los corazones moviendolos á la compuncion, y dolor de los pecados, à la devocion, amor de Dios, y desseos de toda virtud. Es verdad, que no se ocupò en el ministerio de las Missiones circulares, como su amante, y amado Compañero el P. Juan Baptista Zappa, pero su abrasado amor de Dios, y el zelo que siempre tuvo de su mayor gloria, le hizo que fuesse perpetuo predicador Apostolico, llamado, y traido de JESUS, y MARIA à estos Reynos para la conversion de pecadores, y especialmente de los Gentiles, y para encender, y promover en todos el amor, y devocion de la Santissima Virgen.

En su Provincia de Milán se exercitò en hacer Platicas fervorosas á los Estudiantes, mientras fuè Maestro de Grammatica, y letras humanas por espacio de quatro años. Y todos los Sabados hacia à sus discipulos en la Classe fervorosas exhortaciones, quando les explicaba la Doctrina Christiana. En el viaje, que hizo de Italia à Cadiz, y en la navegacion

de

de Cadiz á la Nueva-España, y despues en Mexico en los años que estudiò la Theologia, y quando en la Puebla leyò Rhetorica, nunca dexaba de exhortar á todos al amor de Dios, y de MARIA, al aborrecimiento del pecado, y frequencia de Sacramentos. Y eran muchos los que movidos de sus ardientes exhortaciones lo buscaban luego para confessarse. Y yà hemos visto el fervor con que en las carzeles, y hospitales, platicaba, y luego confessaba à quantos querián. Y quedaban los reos tan aficionados al dulce trato con que el P. Juan Maria procuraba la salvacion de sus almas, que quando por obediencia fuè à la Puebla lo sintieron grandemente, y á menudo preguntaban quando volveria?

En Guadalaxara todo el tiempo que alli fuè Rector, no solamente confessaba, como hemos visto à los enfermos, y encarzelados, sino que se puede decir, que toda la Ciudad acudia como à su comun refugio al P. Juan Maria, unos á confessarse, otros á communicarle casos de sus conciencias, y otros puntos arduos assegurando en su dictamen, y resolucion el acierto, y seguridad, y otros para remediar por su medio las necessidades ocurrentes â los pobres. Y aunque el Padre Salvatierra tenia reducidas à distribucion bien ordenada las obras todas del dia, quando se ofrecia, acudir ál bien, y provecho de alguna alma, todo lo dexaba, principalmente quando le llamaban â alguna confession en nuestra Iglesia, ô

fuera

fuera de casa. Porque miraba este ministerio como el mas importante, y necessario para el bien de las almas. Y haviendo instituido, que todos los Sabados se rezasse â coros el Rosario en la santa Casa, y Capilla de Loreto, y que se cantassen las Letanias de nuestra Señora, luego les hacia á los presentes una Platica fervorosa de la devocion de la Virgen, de la hermosura de la Gracia, de la fealdad del pecado, y de otras materias utilissimas. Y lo mismo hacia despues en la Mission de Loreto en la California todos los Sabados. Costumbre, que en una, y otra parte ha quedado hasta ahora despues de passados tantos años.

El fruto que hacia con sus fervorosas Platicas, y exhortaciones se conocia por los muchissimos que acudian, ô â su confessonario, ô á su aposento, y todos salian siempre aprovechados. Los que llegaban pecadores salian justos por la contricion, y dolor de sus pecados, á que los movia. Los justos salian con mayores aprecios de la Gracia, y de las virtudes. Los tristes salian alegres, los timidos, y escrupulosos salian alentados, y esforzados. Porque el Señor havia derramado en sus labios, y palabras tal gracia, que atraidos de su dulzura todos lo buscaban para el bien de sus almas.

Ni es de omitir otra santa industria de que para aprovechar á sus proximos se valia. Guardaba en una gabeta todas las cartas que recibia de su Apostolico

lico Compañero el P. Juan Baptista Zappa, que todas estaban llenas de Dios, y de desengaños, y no se hallaba en ellas mas que documentos espirituales, y maximas santas conducentes al bien, y provecho del alma. Quando sucedia pues, que la persona, que venia à buscar acierto, y consuelo en la direccion del P. Juan Maria, le hallaba rezando el Oficio Divino, ô en otra precisa ocupacion, abria la gabeta, y sacaba una, ô dos cartas de aquellas, y se las hacia leer, mientras èl cumplia con la obligacion del rezo, ô qualquiera otra ocupacion. Y hacia esto por la experiencia que tenia de que casi siempre el penitente, ô hijo espiritual, hallaba alli razones, y sentencias muy acomodadas á la necessidad, que padecia. Y con ellas, y con las que el P. Juan Maria les hablaba, quando se hallaba yá desembarazado los despachaba contentos, y consolados.

Lo que atraìa á los proximos à buscar en el P. Juan Maria el remedio de sus almas era la suma afabilidad, y mansedumbre, con que à todos recibia, sin mostrar jamàs enfado por mas impertinencias que tuviessen. Y esto especialmente hacia, que sus Subditos, quando era Superior acudiessen á èl con toda confianza, consultandole sus escrupulos, y descubriendole sus tentaciones. Y yà se sabia, que no era menester aguardar coyunturas, ni observar quando estuviesse de buen temple para hablarle, porque siempre era el mismo en la mansedumbre, y afabilidad con que los recibia. Pero

Pero en donde se esmerò mas en este suavissimo porte fuè en los diez años, que tratò con los Indios de la Tarahomara, y los veinte que estuvo en la California, porque siendo su animo reducirlos todos al gremio de la Santa Iglesia, y conservarlos en èl viviendo como Christianos, no perdonaba à cosa alguna para ganarles las voluntades, y conseguir de ellos quanto queria. Por esso nunca se escusaba de assistir à sus fiestas, y bodas, y se alegraban mucho de que comiesse con ellos, sin hacer asco de comer cosa alguna, pues vez huvo, que no se estrañò de comer carne de caballo, como ellos. Ni dexaba de assistir à sus bayles, quando en ellos no veia rastro alguno de supersticion, ô cosa menos honesta, porque si observaba algo de esso procuraba impedirlo. Ni es menor argumento de la charidad para con los Indios la mansedumbre con que toleraba sus tosquedades, sin quexarse jamás, ni mostrar para con ellos sentimiento alguno, ni que se viesse en èl movimiento de ira, ô de indignacion, antes si, una serenidad apacible, y una paz imperturbable. De todo lo dicho se infiere quan grande fuè la charidad del P. Juan Maria para con todos sus proximos, quan dulce, y amoroso su trato con todos, con lo qual á todos ganaba las voluntades para conseguir lo que de todos desseaba, que era el provecho de sus almas.

* * *

CA-

CAPITULO VII.

De la charidad, que exercitò el P. Juan Maria con las benditas almas del Purgatorio.

SIendo el Instituto de la Compañia el procurar intensamente la salvacion de las almas, no cumple con èl perfectamente el que procurando la conversion de los pecadores, y la perseverancia, y augmento de la gracia de los Justos, despues de muertos no procura con sufragios Indulgencias, y oraciones, sacarlos de las penas acerbissimas del Purgatorio, hasta que lleguen à conseguir su eterna salvacion en la gloria. Procurò el V. P. Juan Maria de Salvatierra como perfecto Jesuita la salvacion, y provecho espiritual de sus proximos con los ministerios Apostolicos de confessar, predicar, explicar la Doctrina Christiana, fundar Missiones, erigir Congregaciones, ayudar moribundos, y exhortar á todos à la virtud en sus familiares platicas, y exhortaciones, pero por dàr cumplimiento cabal á su Instituto, no se olvidaba de las almas de los difuntos, quando encerradas en la carzel del Purgatorio, se han quedado como á la mitad del camino, sin poderse ayudar por sì mismas, à salir de ella, y llegar al termino en el Reyno de la gloria.

Para esto primeramente tenia hecha donacion à las almas del Purgatorio de toda la satisfaccion de sus buenas obras. Y fuera de las ordinarias ofrecia â Dios por mano de la Santissima Virgen muchos sufragios de ayunos, oraciones, y penitencias, para que se aplicassen â las benditas almas del Purgatorio. Valiase tambien para su mayor alivio del tesoro de las Indulgencias, aplicando por ellas, quantas podia ganar como Religioso, como Cofrade, que era del Rosario, y como Congregante de nuestra Señora, y con las que estàn concedidas â las Cruces, Medallas, y Rosarios benditos de Roma. Y sobre todo procuraba el alivio, y socorro de aquellas almas Esposas de Christo con las muchas Missas, que aplicaba por ellas. Porque fuera de las que decia por obediencia por los difuntos de la Provincia, y los de fuera de ella, y las que ordinariamente intima N. P. General por bienhechores de la Compañia, ofrecia tambien quantas podia por varios difuntos de su obligacion.

Mostraba esta su ardiente charidad especialmente por las almas de los Indios, que morian en las Missiones, que administrò en la Tarahomara, y en la California. Porque fuera de los sufragios ordinarios de la Iglesia, por cada uno rezaba el oficio de difuntos, y le cantaba la Missa de Requiem. En segundo lugar participaban el socorro de sus sufragios, y oraciones las almas de los bienhechores de la California. Por los mas insignes cantaba una Missa con toda solemnidad en Loreto. Y encargaba â los demàs Padres Missioneros las ayudassen tambien

bien con sus Missas, y oraciones. Conoceráse esta su agradecida solicitud con saber, que haviendo llegado â la California la noticia de haver muerto en Guadalaxara un hermano del insigne bienhechor de la California el Señor Fiscal D. Joseph Miranda, que era Arzediano de aquella Santa Iglesia, celebrò sus Exequias en Loreto, y prometiò decir por su alma veinte y quatro Missas, y que recogeria otras entre los Padres Missioneros. Y si esto hacia por el hermano de un bienhechor insigne, què no haria por los mismos insignes bienhechores? Hasta â los mismos Indios encargaba que rezassen por los bienhechores de la California, por el mucho bien que les debian, quando con sus limosnas havian procurado concurrir â la salvacion de sus almas.

De aqui es, que como â gran benefactor del Purgatorio, venian las almas frequentemente â visitarlo, unas para pedirle sufragios para salir de las penas, que las atormentaban; otras para agradecerle lo que las havia socorrido, y avisarle, como yá passaban gloriosas al Cielo. Y porque estas apariciones solian ser frequentemente de noche, y en el tiempo que tenia dedicado al descanso del sueño, y padecia quebrantos en la salud, porque â vezes ocupaba lo mas de la noche en rogar â Dios por las almas que se le aparecian yà con el Oficio de difuntos, yà con rezar Rosarios, Psalmos, y otras oraciones, hizo un pacto con las almas del Purgatorio, que pon-

 derò

derò bien el P. Feliciano Pimentel en el Sermon de ſus honras en eſtas palabras, hablando de ſu devocion para con las almas del Purgatorio. Eſto breve eſtà dicho en eſtas palabras, que le cayeron de los labios al P. Juan Maria: *Yo tengo hecho concierto con las almas del Purgatorio, que ſi quieren alivio, me dexen dormir un poco. Porque acuden tantas, que ſe llevan toda la noche, y flaca la cabeza por la falta del ſueño, lès faltarà el ſocorro, que deſſean.* Con eſte concierto en adelante aunque venian almas â pedirle ſufragios, y oraciones, en llegando la hora deſtinada para el ſueño preciſo de que neceſſitaba, ſe retiraban, y no venian haſta que ſe levantaba â tener ſu oracion.

De algunos Sugetos Jeſuitas de eſta Provincia ſe ſupo que vinieron deſpues de muertos â pedir ſufragios al P. Juan Maria, y que deſpues eſtando yà de partida para el Cielo, venian â darle las gracias. Por dos cartas ſuyas eſcritas al Señor Fiſcal Miranda ſe ſupo, que viò en eſpiritu la muerte del P. Pedro Mathias Goñi, que muriò en el Colegio Maximo de Mexico el año de mil ſetecientos y doze; y no contento con ofrecer por ſu alma muchas Miſſas, y oraciones por haver ſido bienhechor inſigne de la California, mientras fuè ſu Procurador en Guadalaxara; le eſcribiò la noticia â dicho Señor Miranda, para que èl tambien lo encomendaſſe â Dios, pero con diſſimulo en tercera perſona diciendo: *Que uno de*

los

los viejos de la California, havia visto en sueños difunto, y amortajado al P. Pedro Mathias Goñi. Estrañò la noticia el Señor Fiscal, y le respondiò, que no solo no havia llegado â Guadalaxara noticia de là muerte de dicho Padre; pero que poco antes havia sabido, que el P. Goñi se mantenia con salud en Mexico. A lo qual respondiò el P. Juan Maria, que se alegraria, que no fuesse verdad, y que èl havia tenido aquella noticia por cosa de sueño. Pero poco despues por cartas de Mexico se puso ciertamente la muerte del P. Goñi.

Estando el P. Juan Maria en la Mission de Loreto en la California, le oyeron exclamar: *Ahora acaba de morir en Mexico el insigne bienhechor de las Missiones de California D. Pedro Gil de la Sierpe Tesorero de Acapulco, y â venido â pedir le pagasse con oraciones para entrar en la Gloria lo que en reales, y navios diò para la Conquista.* Pero despues le visitò el alma del difunto para darle noticia de su eterna felicidad. Lo qual se supo por carta del mismo P. Juan Maria, escrita al P. Provincial Francisco de Arteaga con fecha de Mayo del año de 1701. en la qual le dice assi: *Representòle à una persona, que no pudo assegurar si era sueño, hallarse à vista de un hermoso Palacio quadrado, y todo iluminado. Y hallandose esta persona como cerca de la esquina de este Palacio, que respiraba alegria à los que se le acercaban, viò salir de su puerta como una esquadra de cinquenta Cali-*

fornios

fornios hermosamente vestidos con traje de Angeles, que daba mucho gozo el verlos que iban à recibir à un Personaje, quando de repente se apareciò D. Pedro Gil de la Sierpe en la esquina del Palacio, como recien venido: que lleno de gozo recibia el encuentro de los Angeles, que le guiaban para la entrada de este gran Palacio, y con quienes decia: bien empleados nuestros trabajos para la conversion de estos pobres Californios. Y yendole á dár un abrazo la persona, que lo estaba mirando, y los parabienes, se hallò luego despierta con algun pavor, como que buscaba á la persona, que iba à abrazar. Contò la persona el caso á su Padre espiritual, y se tubo como por preludio, y señal de la mejor entrada à mejor Reyno de D. Pedro, recibido de cinquenta Angeles, que entonces tantos tenia passados con la gracia baptismal al Palacio del Cielo: reconociendo essa dicha venida en gran parte con los sudores, ansias, y fatigas de este Cavallero. Y como por otra parte no se hacia caso de semejante vision, por ser expuesta á engaños, y errores, la nueva cierta, que vino de su muerte nos assegurò de la verdad, y se le hicieron aqui solemnes exequias con grande sentimiento de los Españoles, y hasta de los pobres Indios, que yá por relacion sabian, que tenian en D. Pedro un Padre, que esperamos, adelantara desde el Cielo esta conversion, que tanto solicitaba adelantar en la tierra. Hasta aqui el P. Juan Maria en la carta citada escrita al P. Provincial.

Tam-

Tambien ſe le aparecieron otros Sugetos de los Nueſtros, pidiendole ſufragios para alivio de ſus penas, y ſegunda vez para agradecerle el que por ſus oraciones iban yá â gozar de la viſta clara de Dios en el Cielo. De algunos hizo mencion el citado P. Feliciano Pimentel en el Sermon de las honras, por eſtas palabras: *Otra vez ſe le oyò decir: què ſé Yo ſi es, ô ſuè ſueño [eſte era ſu modo de explicarſe] Aqui eſtuvieron juntos el P. Provincial, que ſuè, Franciſco de Arteaga muerto en Mexico, vino con el antiguo Miſſionero P. Nicolàs de Prado, y con el P. Pedro Ignacio de Loyola ahogado en el mar.* Haſta aqui dicho Sermon; pero añadiò el P. Juan Maria, que el P. Arteaga le havia dicho, que el P. Loyola havia eſtado mas tiempo en el Purgatorio, que el P. Antonio de Figueroa Valdez por haver ſido Superior, y haver tenido mas de que dár quenta â Dios por razon del oficio. Ambos iban â Roma por Procuradores de eſta Provincia, y murieron el dia treinta y uno de Julio del año de mil ſetecientos y quinze, en la Flota, que naufragò, y ſe perdiò en la Canal de Bahama.

CAPITULO VIII.

Como ſe apareciò varias vezes al P. Juan Maria deſpues de muerto ſu amado Compañero el P. Juan Baptiſta Zappa.

HAviendo trabajado glorioſamente por muchos meſes el Venerable, y Apoſtolico Padre Juan Bap-

Baptista Zappa, haciendo Mission por muchos Lugares de esta Nueva-España, quedò tan fatigado, y exhausto de fuerzas, que por disposicion de la obediencia se retirò â Xalmolonga, hazienda de fabricar azucar tocante al Colegio Maximo de Mexico para vèr si alli podia restaurarse; pero cediendo la naturaleza â la violencia del mal, acabò alli sus dias en un Sabado treze de Febrero de mil seiscientos y noventa y tres, â las doze del dia; y al mismo tiempo se apareciò â su amante, y amado Compañero el P. Juan Maria de Salvatierra en Guadalaxara, en donde era Rector, lugar distante de Xalmolonga mas de ciento y veinte leguas. En carta de quinze de Noviembre del año antecedente de noventa y dos le havia prometido, que en siendo tiempo le avisaria de su cercana partida, y en cumplimiento de su promessa, fuè su mismo espiritu desprendido yà de las ataduras del cuerpo el mensajero, y la carta viva, que le llevò la noticia de su muerte.

Aquel dia al tiempo que el P. Juan Maria se iba â recoger â su aposento despues de la quiete ordinaria, viò, que se le acercaba un Jesuita con traje de Peregrino, y pensando fuesse algun Missionero al quererlo abrazar, conociò, que era su amante Campañero el P. Zappa, y que venia con el rostro triste, y descolorido, como de difunto, y conociò, que el traje de Peregrino indicaba, que hallandose en el Purgatorio, estaba todavia como Peregrino

fue-

fuera de su Patria, y que todavia era viador, y no comprehensor. Los efectos, que causó en el P. Salvatierra esta vision, fueron hallarse de repente abrasado con un fervor tan extraordinario, que no cabiendole en el pecho, saliò â buscar algun desfogo en los ministerios de la Compañia. Saliò luego del Colegio, y se fuè al hospital â servir, y consolar â los enfermos. De alli saliò para la plaza â explicar la DoctrinaChristiana â la gente que pudo congregarse. Bolviòse al Colegio, y pidiendo al Padre â quien tocaba aquella tarde del Sabado cantar la Salve, que le cediesse por entonces aquel oficio, tomò la capa, y haviendo salido al altar para cantar la oracion de la Salve, que serian yà las quatro de la tarde, lebantando los ojos â mirar la Imagen de nnestra Señora del Populo, que estaba en el altar, viò toda la Imagen despidiendo tantos rayos de resplandor, que parecia arder toda dentro de los cristales de la vidriera. Sintiò en esto tan grande dulzura, y tales desseos de hacer grandes cosas en honra, y obsequio de la Señora, que le costò gran trabajo el dissimular lo que sentia, y estàr sobre si para cantar la oracion. Fuesse luego â la Sacristia, y luego viò â su amado Compañero el P. Zappa, el qual le dixo: *A Dios amado Compañero, y hermano de mi corazon, que Yo yà me voy al Cielo.* Todo esto consta por un papel que se hallò entre los del P. Juan Maria despues de muerto, y por relacion del P. Alexandro Romano

Provincial, que fuè, de esta Provincia, y por haver sido antes en Mexico Procurador de la California tubo estrechissimo trato con el P. Juan Maria. Y se puede discurrir, que aquel fervor con que el Padre se fuè â servir al hospital, y â predicar â la plaza, y el obsequio que hizo â la Señora en cantar la oracion de la Salve fueron sufragios, que ofrecidos por el alma del P. Zappa le abreviaron las penas del Purgatorio. Y que lo que hizo despues fuè como en accion de gracias de la gloria concedida â su Compañero.

Porque aquella misma tarde tomando una escoba se fuè â barrer las oficinas mas humildes, y lugares mas immundos de la casa, y â la noche tomando un delantar sirviò la cena â los de casa, y despues por muchos dias se exercitò con grande fervor en semejantes ministerios. Los Padres de aquel Colegio estaban assombrados de vèr tan extraordinarios efectos en su Rector, sin poder averiguar la causa de donde nacian; hasta que passados algunos dias, haviendo llegado â Guadalaxara la noticia de la muerte del P. Zappa, discurriendo que le havia de llegar â lo intimo del alma, nadie se atrevia â participarsela, y determinaron ir todos juntos â darle el pesame â su aposento, para que aquella accion compassiva sirviesse de algun lenitivo al sentimiento. Pero lo mismo fuè ponerse en su presencia, que sin dàr lugar à que le hablassen, previno su razonamiento diciendo:

do: *Yá el P. Rector sabe, que el P. Zappa està en el Cielo. Dios pague à V. R. la charidad.* Con lo qual quedaron admirados, y persuadidos, á que aquellos desusados fervores del P. Rector havian sido efecto de la anticipada noticia que tenia de la suerte feliz de su Compañero. Testificò este caso el P. Miguel de Castilla, que entonces leía Theologia en aquel Colegio, y despues muriò siendo Rector del Colegio Maximo, y fuè uno de los que fueron aquel dia con el animo de darle la noticia, y pesame de la muerte del P. Zappa.

No fuè sola esta visita, la que despues de su muerte hizo el P. Zappa al P. Salvatierra. Yá diximos en otro lugar como el P. Salvatierra siendo Provincial dispuso que se traxessen los huessos de su Compañero del Ingenio de Xalmolonga, para que se depositassen en la santa Casa, y Capilla de Loreto del Colegio de S. Gregorio, aunque quando llegò á efectuarse, yá havia dexado de ser Provincial, y se estaba disponiendo, y aviando para volver á la California. El dia pues, en que llegaron los huessos del P. Zappa, que fuè Sabado veinte y cinco de Septiembre, parece, que con ellos entrò tambien su espiritu, causando en el P. Salvatierra grandes fervores, y consolaciones espirituales, con un como rapto maravilloso, que lo tubo enagenado, y como fuera de sí por espacio de tres dias. En esse mismo dia entrò el P. Alexandro Romano, que hacia oficio de Procu-

 rador

rador de la California al aposento del P. Salvatierra para tratar negocios de importancia tocantes à la misma California. Pero lo hallò tan enagenado, que ni entendia lo que se le hablaba, ni respondia cosa al intento del negocio, hasta que el mismo P. Juan Maria huvo de decirle: *Vaya V. R. y otro dia trataremos de esse negocio.*

Acudiò el P. Alexandro al siguiente dia, y sucediò lo mismo, volviò tercera vez à otro dia, porque era urgente el negocio, y hallando todavia al P. Juan Maria absorto, y enagenado, le preguntò, si era yà tiempo de hablar sobre aquel negocio? Entonces como si despertara el P. Juan Maria de un dulce sueño, y como si viniera de otra region, en lugar de responderle à la pregunta, solamente le dixo: *Há Padre mio! Què gran Santo fuè este P. Zappa! Gran Santo! Gran Santo! Mucha, y grande gloria tiene en el Cielo.* Y esto repetia muchas vezes añadiendo grandes alabanzas de sus heroycas virtudes. Y luego haviendo desfogado el incendio, que no le cabia en el pecho, dió lugar al P. Alexandro para tratar del negocio. De donde infirió con razon el dicho P. Alexandro, que aquel enagenamiento de tres dias del P. Juan Maria havia sido efecto de algun dulce rapto en que se le havia mostrado la grande gloria de que su Compañero el P. Zappa gozaba yà en el Cielo.

(*.*)

CA-

CAPITULO IX.

De la prudencia con que ſe portò el P. Juan Maria en todas ſus acciones.

EN el hermoſo coro de las virtudes obtienen el primer lugar deſpues de las Theologales, las que llaman Cardinales, y de eſtas la principal es la prudencia, cuyo oficio es dirigir todas las otras virtudes, á ſus proprios fines por el medio juſto, y apartandolas de los vicioſos extremos. El Angelico Dr. Santo Thomás tratando de eſta virtud en la *ſecunda ſecundæ* diſtingue tres grados de prudencia. A la primera, llama *monaſtica*, con la qual el hombre ſe govierna á sì miſmo. La ſegunda, *economica*, con que govierna ſu caſa, y familia. La tercera, *politica*, con que govierna los Subditos de una Republica, ô de todo un Reyno. Y en todas tres hallarèmos en perfecto grado eminente al P. Juan Maria de Salvatierra.

Primeramente deſde que le amaneciò el uſo de la razon procuró arreglar todas ſus acciones como medios para conſeguir el ultimo fin para que fuimos criados. Y viendo, que el camino mas ſeguro es el de la vida Religioſa abandonò todas las eſperanzas, que la nobleza, y riqueza de ſu caſa pudieran prometerle. Deſde que entrò en la Compañia, procurò vivir ajuſtado al nivel de ſus Reglas, y Conſtituciones; y porque el fin de todas ellas es formar un Varon Apoſtolico, que no contento con atender al provecho de ſu alma, anhela, y aſpira à la ſalvacion de los proximos, deſde ſus primeros principios ſe eſmerò en quanto pudo en aprovechar á otros.

Exercitando de eſta ſuerte la prudencia monaſtica, pudo en mayor esfera practicar la economica en el govierno de los Colegios, ſiendo Rector, y en el de toda la Provincia ſiendo Provincial, aunque eſta ſegunda es mucho mas dificil que la primera: porque para governarſe con prudencia á sí miſmo tiene en ſu mano, y à ſu voluntad la obediencia de los Subditos, que govierna en el reyno interior de ſu alma, que ſon las virtudes, las paſſiones, los penſamientos, palabras, y obras; pero quien govierna à otros, no tiene en ſu mano ſus voluntades para que obedeſcan rendidos à ſus ordenes, y mandatos. Y en eſſo eſtá la dificultad de quien govierna à otros, la qual vence la prudencia, con la qual procura huir como vicioſos los extremos: porque ſi aprieta con rigor demaſiado ſobre la religioſa obſervancia, hay peligro de experimentar rebeldia, murmuraciones, y deſazones grandes en los Subditos. Si por el contrario afloxa, y condeſciende con demaſiada blandura conſeguirà por fruto tibiezas, y relaxaciones. Por eſſo el P. Juan Maria con admirable prudencia ſabia templar el rigor con la blandura; y aſſi conſeguia de ſus Subditos quanto queria. Y todos le amaban,

ban, y acudian à èl con una confianza filial, porque hallaban en èl entrañas de Padre, y como se ponderò en el Sermon de sus honras, quando como Provincial visitò los Colegios, ninguno se estrañaba de comunicarle sus afliciones, de las quales quedaban libres con el amoroso trato de su Provincial. Y en las congojas, y afliciones que suelen causar los paramos de las Missiones, tanto duraban estas, quanto tardaban en llegar el P. Juan Maria como Visitador, que era de todas ellas.

En el tiempo de la visita, ô de los Colegios, ô de las Missiones procuraba promover la observancia de las Reglas, la union, y fraterna charidad de unos con otros, la aplicacion â los ministerios, y la comun edificacion de los proximos. Ni se descuidaba en corregir las faltas, y descuidos, que conocia, pero lo hacia con tal amor, suavidad, y prudencia, que ninguno quedaba sentido, sino emmendado. Y quando era menester sabia revestirse de severidad, y entereza para corregir â los que no se daban por entendidos con la suavidad. Pero passada la correccion, recobraba, y mostraba su afabilissima amabilidad.

Assi lo practicò algunas vezes siendo Rector de Guadalaxara, supo que un Padre havia borrado de la nomina, ô tabla de las Missas que se pone en la Sacristia, la Missa tercera â que le havian señalado, quizá por pensar que no le cabia en aquella semana.

Pe-

Pero el P. Rector le diò por ello una penitencia publica en el Refectorio, y despues se mostrò con el dicho Padre tan afable, y accessible, como si tal reprehension no huviera sucedido. A otro Padre, que al entrar en la quiete el P. Rector, por pereza, ô floxedad no se lebantò como debiera, sino que se quedò sentado con nota de los demás, alli luego publicamente le reprehendiò advirtiendole, que havia faltado al respecto que debia â su Superior, y juntamente havia ofendido, y escandalizado â la Comunidad con aquella notable singularidad. Pero immediatamente haviendose sentado, se puso â conversar con el mismo Padre tan benigno, y afable como antes.

Siendo Provincial, y visitando el Colegio Maximo en una de las Consultas, que se suelen tener en tiempo de visita encargò mucho al P. Rector, que procurasse el remedio en una falta que se cometia en los Estudios. Sonriose el P. Rector pareciendole, que era cosa de poca monta, y dificil de corregirse. Pero alli mismo le reprehendiò con entereza dandole â entender, que no era cosa de poca monta lo que ordenaba un Superior, y era conducente â la mejor observancia. Assi procuraba siempre cumplir con las obligaciones de su oficio, aplicando siempre los medios, que le dictaba la prudencia para corregir las faltas, y promover las virtudes.

En un Colegio de la Provincia, havianse convenido

venido dos Padres en avisar al P. Juan Maria, que como Provincial visitaba aquel Colegio de algunas faltas, que les parecia pedir eficaz remedio. Entrò el uno, y haviendole hecho su informe, le respondiò el Provincial, que le agradecia la delacion; pero que conocia, no ser conveniente llevar aquello por rigor, y que algunas vezes era necessario el dissimulo por evitar mayores males. Y quedò aquel Sacerdote tan convencido, y satisfecho, que persuadiò al otro, que no tomasse en boca aquellas faltas, porque yà conocia, que tenia mucha razon el Provincial.

Con esta misma prudencia se portaba en las demàs denuncias que le hacian de las faltas de observancia. Procuraba remediarlas, ô de palabra, ô por cartas, ahorrando quanto podia de remedios ruidosos, y solo en caso de mucha necessidad daba quenta de las faltas â sus Consultores. Porque decia, que siendo alli muchos los dictamenes, y pareceres, se solian acriminar mas de lo justo las faltas, y que algunos por el zelo de la justicia, se solian olvidar de la compassion, y misericordia, y que siempre era menester atemperar essas dos virtudes para dár en el medio, y conseguir con esso el fruto, que se dessea con la correccion.

Y no era menos admirable en este gran Siervo de Dios, y prudentissimo Superior la paz, y tranquilidad con que quedaba, quando haviendo puesto los medios, que juzgaba convenientes, no conseguia

 el

el buen efecto, que desseaba, dexandolo entonces todo en manos de Dios. Y assi decia: *Si Yo no lo puedo remediar, porquè me he de entristecer? Hagasse la voluntad de Dios, que puede sacar de los mismos males muchos bienes.* En lo que podia remediar usaba siempre de mucho secreto, cautela, y prudencia. El secreto en mirar por el buen credito del delatado, sin proceder à demonstraciones externas, y ruidosas quando á solas podia con una correccion amorosa remediar al culpado. La cautela en no dexarse llevar del primer informe, hasta enterarse bien por los caminos, que podia, de la verdad. La prudencia en atender á las circunstancias de tiempo, lugar, y personas.

En un Colegio le delataron á un Sugeto, que tenia à su cargo el predicar cada ocho dias, de que no ponia el empeño que debiera en los Sermones, los quales hacia, y predicaba con poco estudio, y aplicacion. No quiso proceder desde luego el P. Provincial á la correccion, sino que aguardando al dia en que predicaba, fuè á oirle para certificarse por sì mismo de la verdad. Oyò el Sermon, y hallò todo lo contrario de lo que se le havia dicho, quedando con buen concepto, y aprecio del Predicador, á quien diò los parabienes, y agradeciò el empeño, que ponia en su exercicio. Y llamando despues à solas al delator le corrigió secretamente la ligereza, con qu , ô por alguna passion, ô ignorancia havia procedido en la denuncia.

Al

Al contrario se portó con otro Predicador, que en un Domingo de Quaresma llevado de zelo, pero indiscreto, y no governado por el nivèl de la prudencia, ponderò, y afeó algunos desordenes, que le parecia haver en la Republica, con tal expression de palabras, que todos conocieron que sin nombrarlo herian la persona del Señor Virrey, que entonces governaba. Sintieron mucho todos los Nuestros â aquella indiscrecion, por la qual se temia, que noticioso su Exc[a]. nos diesse alguna notable pesadumbre. Pero mas que todos lo sintiò el P. Juan Maria, que era Provincial, y se hallaba actualmente en la Casa Professa en donde se predicò el Sermon. Luego aquella noche llamò al Predicador â su aposento, diòle una gravissima reprehension, poniendole â la vista, que haviafaltado â la regla duodecima de nuestros Predicadores, en que se les manda, que en un todo se abstengan de reprehender en particular publicamente á persona alguna. Y mientras se determinaba en la consulta la penitencia, que debia darsele luego por la mañana saliesse desterrado al Noviciado de Tepotzotlan en donde esperarìa la ultima resolucion, que debia tomarse en aquel caso.

Con esta oportuna providencia atajò prudentissimamente la queja, que pudiera dàr el Sr. Virrey, y qualquiera otra demonstracion, â que pudiera moverle el sentimiento. Pero su Exc[a]. luego que supo aquella misma mañana lo que se havia exe-

 cutado

cutado en vez de mostrar sinsabor alguno, con magnanimidad digna de un Principe Christiano, embiò â suplicar con encarecidos ruegos al P. Provincial, que luego mandasse volver â Mexico al Predicador, el qual como zeloso procuraba predicar verdades, y que si se havia excedido en el modo, se le podia perdonar la falta por el zelo con que lo havia hecho. Assi se executò, y con la prudente providencia del P. Juan Maria se evitaron las pesadumbres, y sinsabores, que se temian.

Finalmente reluciò grandemente en este gran Siervo de Dios la prudencia politica, que podemos llamar Apostolica, con que dispuso, y dirigiò las arduas empressas del servicio de Dios, y provecho de las almas, especialmente en los diez años, que gloriosamente trabajò en la Tarahomara, y mas especialmente en la Conquista, y reduccion de la California, de lo qual se tratò yà en su lugar, y â los dictamenes de su prudencia se debe la conservacion, y augmento, que han tenido hasta ahora essas Apostolicas Missiones.

CAPITULO X.

Del agradecimiento, que tubo siempre el P. Juan Maria para con sus bienhechores, y la afabilidad con que ganaba las voluntades.

HAllabase el V. P. Juan Maria muy obligado â la generosa charidad, con que los bienhechores le le havian ſocorrido en las neceſſidades ocurrentes, eſpecialmente en lo que huvo meneſter para emprender la ardua Conquiſta de la California, y para conſervar, y augmentar la converſion de tantas almas en una tierra tan dilatada. Sabeſe por quenta ajuſtada, que en los veinte años, que corriò con eſta tan dificil empreſſa gaſtò ſeiſcientos y ſeſenta y ſeis mil, y ſeſenta y ſeis peſos. Cantidad, que en la mayor parte ſe debia â la generoſidad Chriſtiana de bienhechores. Y como por un lado le havia dotado el Cielo de un corazon nobiliſſimo, y por otro ſabia, que es virtud muy agradable â Dios la gratitud, procuró eſmerarſe quanto pudo en ſer â los beneficios, que recibia muy agradecido en quantas maneras podia con palabras, obras, y oraciones. Eſtaba muy fundado en los ſantos dictamenes del grande Apoſtol del Oriente S. FRANCISCO XAVIER, quien tomò ſiempre por dechado, que imitar en todas ſus expediciones, y empreſſas Apoſtolicas. Y aſſi en eſta materia practicò lo que el Santo Apoſtol en ſus cartas, ê inſtrucciones encargaba â los Miſſioneros de la Compañia; conviene â ſaber: que ſe moſtraſſen ſiempre muy agradecidos â los bienhechores, que, ô con limoſnas, ô con ſu authoridad, favor, y ayuda concurrian al fomento de las Miſſiones, y â los buenos ſuceſſos de la converſion de las almas, y propagacion de la Fè entre Gentiles.

Es

Es cosa de admiracion al leer las cartas del P. Juan Maria, vèr quan llenas están de expressiones de su gratitud para con los bienhechores de aquella Conquista. Les alaba grandemente sus beneficios, los declara participantes del fruto espiritual de aquellas conversiones, no menos, que los mismos Missioneros, les promete el premio colmado de Dios en esta vida con augmentos de bienes temporales, y espirituales, y lo que es mas, les anuncia quanto cabe en los limites de una piadosa seguridad de felicidad eterna, y que al fin de esta vida les saldrian â recibirlos assi los parvulitos recibidos baptizados, como los demás nuevos Christianos, que yá entonces gozaren de Dios, y rogaren por sus almas para aliviarles las penas del Purgatorio, y las acompañarán, quando triumphantes suban al Cielo. Y juntamente les avisaba, como para perpetuar su memoria, especialmente en los principios de la Conquista, â los niños, que baptizaba les ponia los nombres, y sobrenombres de los bienhechores.

No contento con las palabras passaba tambien en quanto podia â manifestar su agradecimiento en las obras. Esto cumpliò primeramente â los principios de la Conquista, remitiendo â nuestro Catholico Monarcha cumplidos informes de los bienhechores mas principales, que con sus caudales havian cooperado â la Conquista de un nuevo Reyno, agregado en lo temporal â los dominios de su

Ma-

Mageſtad, y en lo eſpiritual al de Jeſu-Chriſto. Y en virtud de eſtos informes conſiguiò, que mandaſſe ſu Mageſtad honorificas Cedulas de accion de gracias à los principales bienhechores; y de hecho vinieron al Lic[do]. D. Juan Caballero, y Ocio, que fuè el que con veinte mil peſos fundò las dos primeras Miſſiones: al Teſorero de Acapulco D. Pedro Gil de la Sierpe, que con todo el empeño que pudo ayudò, y fomentò la introduccion de la Fè en aquel Reyno; y al Señor Fiſcal de la Real Audiencia de Guadalaxara D. Joſeph Miranda Villaiſan, que fuè el perpetuo Patron, y aun Procurador de aquella Conquiſta. En las quales Cedulas ſe moſtraba el Rey agradecido à los tales bienhechores, y les prometia, que los tendria preſentes para honrarlos, y favorecerlos en quanto ſe les ofrecieſſe. No ſe contentò con eſſo el P. Juan Maria, ſino, que en otras muchas ocaſiones procurò moſtrarſe agradecido, yà con cartas de favor, yà con recomendaciones honorificas de ſus perſonas para el buen deſpacho de negocios que tenian pendientes en la Corte de Madrid, y en las Audiencias de Mexico, y Guadalaxara.

Paſſó á màs en ſus demonſtraciones el agradecimiento del P. Juan Maria. Porque para algunos Pueblos de las Coſtas de la Nueva Galicia, que havian cooperado algunas vezes al tranſporte, y conduccion de los baſtimentos, y otros generos pertenecientes à la California, y concurrido en las playas

yas á las fainas, y operaciones maritimas, recabò de la Real Audiencia de Guadalaxara algunos privilegios, y exempciones, de que no gozaban los demás Pueblos. Fuera de esso quando alguno de los Soldados del Presidio, ù otro sirviente de las Missiones se despedian del Padre para venirse â Tierra firme, ô porque era forzoso despedirlos por no convenir, que quedassen en la California, sin embargo por lo que havian servido en ella, se mostraba agradecido dandoles cartas de favor, y recomendacion para los Señores de la Real Audiencia, y para otras personas, que pudieran favorecerlos. Y aun quando eran despedidos por delinquentes, procuraba, que saliessen con honra, y como que ellos de su voluntad renunciaban las plazas, porque no les iba bien en aquella tierra, sin mencionar en las Certificaciones, que les daba las faltas porque eran despedidos.

Fuera de esto eran efectos de su agradecido corazon las muchas Missas, y oraciones, que ofrecia por los bienhechores. Y para tenerlos siempre presentes en la memoria tenia en un libro escritas todas las limosnas, no solo las quantiosas, sino aun las mas pequeñas con los nombres de los que las hacian, para que esto le sirviera de recuerdo en sus Missas, y oraciones entre dia, y encomendaba â todos los Padres Commissioneros suyos, que tuviessen cuidado de encomendar â Dios â todos los bienhechores, pues mediante el beneficio de sus limosnas

se

ſe mantenian, y procuraban la ſalvacion de aquellas almas. Y haſta â los miſmos Indios yá baptizados les daba noticia de los principales bienhechores, de las quales percibian ellos buena parte en el ſuſtento, y en el veſtido, y les encargaba, que rogaſſen â DIOS en la Miſſa, y en otras oraciones.

Para ganar las voluntades de los bienhechores ſervia grandemente la afabilidad de ſu trato, que uſaba con todo genero de perſonas, con Religioſos, con Seculares, con Soldados, con Marineros, y en una palabra con todo genero de perſonas. A todos hablaba, como dicen, en ſu lengua; eſto es, de lo que cada uno mas guſtaba. Alegrabaſe de ſus proſperidades, moſtraba ſentimiento de ſus trabajos, dabales los conſejos, que mas les convenian. Aun con los miſmos Indios de la Tarahomara, y de la California ſe portaba con tanta manſedumbre, y afabilidad, como ſi fuera ſu igual, y como todos hallaban en èl un Padre, un Amigo, un bienhechor, un igual, con quien tratar amigablemente, y â quien acudir confiadamente en ſus neceſſidades.

Ni por ſer tan acceſſible, y afable en ſu trato, y converſacion faltaba à aquellas atenciones, y corteſanias, que eran debidas â la calidad de las perſonas con quienes trataba. Veiaſe eſte, eſpecialmente en ſus cartas, en las quales ſe hallaban honrados los que las recibian con terminos honorificos, ſin que por eſſo dexaſſe en todas ellas de excitar â la devovocion, y virtud con santos consejos, que en ellas entretexia. Y todos miraban las clausulas de sus cartas, como oraculos de hombre Santo. Y por esso las guardaban, porque con el espiritu, que en ellas descubria junto con la afable cortesania, con que los trataba se sentian compungidos, y edificados.

Con esta grande afabilidad juntaba el P. Juan Maria quando era necessario la virtud de la eutropelia, que es aquella que regulada por la prudencia inclina â procurar algun recreo, no solo del alma, sino del cuerpo en entretenimientos licitos, y honestos de obras, y palabras. El P. Pedro de Ugarte, que le acompañò algunos años en la California referia algunas de estas gracias con que el P. Juan Maria procuraba alegrarlo. Porque algunas vezes lo sacaba con su baculo al campo, algunas lo llevaba â las Rancherias de los Indios, para que viesse sus juegos, y diversiones, y tal vez, quando ellos baylaban, se lebantaba el P. Juan Maria, y hacia lebantar al P. Pedro, y hacia, que con èl entrasse en la rueda de los Indios para baylar con ellos. Y luego le decia; *Padre mio en esta soledad, y desierto es necessario buscar algun recreo del animo, para no dár lugar â la tristeza, que es aposentadora de las tentaciones.*

Algunas vezes despues de Missa convidaba al dicho Padre â tomar el desayuno del chocolate en su aposento, y con gracia le decia: *Ahora si, que no hay Superior que nos vea.* Y mientras tomaban el desa-

yuno

yuno lo divertia con dichos festivos, y cuentos graciosos, que havian passado algunas vezes en nuestros Colegios, especialmente entre los Hermanos Estudiantes. Y assi procuraba alegrar â dicho P. Ugarte, que era recien llegado â la California, porque no estuviesse triste en aquella soledad. Lo mismo usaba con otros Missioneros, que iban de nuevo, y quando alguno de ellos le comunicaba desconsuelos que padecia, le oìa con grande afabilidad, y luego le decia: *Venga viejo* (que era el titulo con que ordinariamente trataba à otros) *Venga viejo, y vamos baylando*, y de hecho baylaba con muestras de grande alegria; y luego le decia: *Que diesse gracias â Dios por aquel desconsuelo, ô trabajo que padecia, como venido de su mano para su bien*; y le decia tales razones tan dulces, y juntamente espirituales, que lo llenaba de consuelo, y lo despachaba muy alegre, y edificado.

Cojiòle en una ocasion la Pasqua de Navidad en una hazienda nuestra, y llamando al Administrador le dixo: *Viejo no estè triste, que hoy es dia de alegrarse en el Señor por su santo Nacimiento. Vaya, y busque entre los sirvientes una viguela, para tocar la, cantar, y alegrarnos con los Angeles, que cantaron hoy la gloria â Dios en las alturas, y en la tierra paz á los hombres de buena voluntad.* Assi se hizo, y tomando el V. Padre la viguela en las manos, la tocò con la destreza, que sabia, y cantò algunas canciones sagradas con grande consuelo del Administrador, y de otros de la casa, que estaban presentes.

CAPITULO XI.

De la invicta paciencia, que mostraba el P. Juan Maria en los mayores trabajos.

LA materia principal, y primera, que se le ofrece â un Religioso desde que abandonando el mundo entra â ser discipulo en la escuela de la perfeccion, para exercitar la paciencia, y fortaleza es el vencimiento de sus passiones, el tezon en la distribucion Religiosa, y la constancia en observar las Reglas de su Instituto. Y haviendo vencido generosamente el P. Juan Maria los assaltos de sus parientes, que le estorvaban su entrada en la Compañia no tubo mucho que trabajar en el vencimiento de sí mismo. Y desde los principios de su Noviciado emprendiò la vida Religiosa, y todas sus observancias con tezon tan constante, que sin volver jamàs atrás de lo comenzado, perseverò siempre fervoroso hasta la muerte.

Pero quien podrà bastantemente explicar la paciencia del P. Juan Maria en los innumerables trabajos, que le fuè forzoso tolerar nacidos de sus empressas Apostolicas, â que le empeñò el zelo de la mayor gloria de Dios, y provecho de las almas! Treinta años gastó en las Missiones de la Tarahomara, y California. Reduxo â Pueblos los Indios, que como fieras vivian en los montes. Los reduxo â vida politica, y christiana; y para esto era menester

ter penetrar montañas, abrir nuevos caminos, sufrir las tosquedades de aquella gente nacida, y criada sin cultivo alguno. Era menester padecer muchas hambres, y desnudezes, tolerar los ardores del Sol, y las inclemencias de los tiempos, y exponerse â muchos peligros de la vida por mar, y por tierra. Y todo lo toleraba el Siervo de Dios, no solamente con paciencia, sino tambien con alegria, sin que jamàs alguno lo viesse perturbado, ni que vencido de trabajos tan prolixos, y continuados desistiesse de lo comenzado.

Y por lo que toca especialmente â la Conquista de la California, quien podrá ponderar facilmente la invencible paciencia con que llevò adelante una empressa tantas vezes solicitada, y nunca conseguida, y que yà de todos los prudentes se juzgaba impossible. Hallò contradicciones grandes en sus mismos Hermanos los de la Compañia, que yà por lograr su acertado govierno en los Colegios de la Provincia, yá porque juzgaban que no era factible, que un pobre Religioso consiguiesse lo que â costa de gastos muy excessivos de la Real Hazienda nunca se havia conseguido, â los principios no querian, ni dàr oidos â sus propuestas. Conseguida yá la licencia de sus Superiores, quanto tubo que padecer, y tolerar con los Ministros Reales, para alcanzar su beneplacito. Conseguido este, pero con la condicion, que debia ser sin que lastasse el mas minimo gasto el Real Erario, viendose obligado â comprar embarcaciocaciones, mantener Soldados, hacer provision de todo el ajuar neceſſario para una nueva Conquiſta, y que todo eſto debia ſalir de limoſnas expontaneas de bienhechores, quanto tubo que padecer en ſolicitarlas, ſin ſer baſtantes â hacer blandear ſu invicta paciencia las palabras aſperas, y deſprecios de muchos, que calificaban de imprudente aquella empreſſa, ni faltó quien la tuviera por locura.

A eſte conſtante ſufrimiento ſe llega el que tenia en las enfermedades, que padecia, y eſpecialmente en el mal de piedra, que en los paramos de las Miſſiones totalmente faltos de Medicos, y boticas ſe hicieran intolerables, â quien no tuviera como el P. Juan Maria por beneficio grande de Dios, el hacerle participe de ſu Cruz, y el acompañarle en los tormentos del Calvario.

Solo pudiera alguno menos advertido condenar al V. Padre de menos ſufrido en los trabajos, por lo que ſucedió en una ocaſion en los principios de la Conquiſta de la California, quando aun no eſtaban en aſſentado corriente las coſas, ni la tierra daba todavia lo neceſſario para ſuſtentar la vida. Havian llegado aquellas Miſſiones â neceſſidad tan extrema, que ni de preſente tenian aun lo muy preciſo para vivir, ni havia eſperanzas de que de fuera les viniera ſocorro, eſtando por eſſo los Padres, el Capitan del Preſidio, y los Soldados en evidente peligro de la vida â violencias de una hambre irremedia-

ble

ble. Y haciendo el Siervo de Dios una junta de todos les propuso la extrema necessidad en que se hallaban, sin esperanza de ser tan presto socorridos; y que por esso parecia yá no solo conveniente, sino necessario desamparar aquella tierra, y passarse á la otra vanda de la Tierra firme, llevando consigo en el barco, y la lancha à los parvulitos, y adultos baptizados, y à algunos catecumenos, que estaban yá proximos à baptizarse.

Esto pudiera parecer à alguno mengua de paciencia, y constancia en los trabajos, si nó supiera el fin, y destino, que tenia en esta proposicion el P. Salvatierra. Sabia muy bien que los Padres sus Compañeros estaban con la firme resolucion de perder primero la vida, que abandonar la empressa comenzada. Y assi fuè, que haviendo oìdo la propuesta de su Superior el P. Juan Maria, reclamaron con animosa resolucion, y especialmente el Venerable, y Apostolico P. Juan de Ugarte dixo, que aunque viera, que todos desamparaban la California, estaba resuelto à quedarse solo, y que para mantener la vida se iria por aquellos montes á buscar las rayzes, hierbas, y fructillas silvestres, con que los Indios se sustentaban con el exemplo de esta tan magnanima resolucion de los Padres animado el Capitan del Presidio dixo lo mismo, y con el exemplo de su Capitan prometieron lo mismo los Soldados. Y esto era lo que pretendia el P. Juan Maria, porque aquexados

de

de la hambre el Capitan, y Soldados no desampararan la tierra, y fugitivos se fueran â la Tierra firme. Por esso les dexó en su propuesta libre la eleccion, ô de quedarse en la California, pero obligados á buscar el sustento en los pezes del mar, y en las frutas silvestres de los montes, hasta tanto que fuessen de fuera socorridos, ô de passarse á las Missiones de Tierra firme. Y en tal caso, el animo del Siervo de Dios era el embiar solo á los que dieran su voto à favor del desamparo, que para estos, como eran pocos los Soldados, era facil el transportarlos con poco costo á Tierra firme, y no era facil, sino casi impossible el traspassarlos á todos los Christianos, catecumenos, y parvulitos con sus Madres, que todos passaban largamente de mil personas.

Con esto se conocerà, que no fuè mengua de paciencia, y constancia en los trabajos en el P. Juan Maria el haver puesto en consulta el desamparo de la tierra, sino un ardid governado de la prudencia para conseguir lo que de hecho consiguió, que todos se quedassen en la tierra para llevar adelante lo comenzado. Assi lo escribió en algunas cartas el P. Juan Maria, especialmente al Señor Fiscal D. Joseph de Miranda, y Villaisan. Y qual fuesse siempre su constante resolucion consta de una protesta, que hizo dirigida al Real Acuerdo de Mexico, en nombre suyo, y de todo el Presidio, en que decia, están todos resueltos à no desamparar la tierra, aunque fal-

tassen

tassen los socorros de las Reales Cajas, y aunque huviessen de morir alli por amor de aquella nueva Christiandad.

CAPITULO XII.

De la profunda humildad del P. Juan Maria de Salvatierra.

HAviendo dotado el Cielo al V. P. Juan Maria de tantos dones de naturaleza, y gracia se hacia à todos mas admirable su profundissima humildad, con la qual, no solamente no se engreìa, pero à todos se humillaba, conociendo, que ni la nobleza de su sangre, ni la grandeza de su capacidad, ni las estimaciones, que aun las personas mas ilustres hacian de su persona eran cosa suya, sino beneficio especial de Dios. Con nada se alzaba presumido, antes siempre se tenia por Siervo inutil, y sin provecho; y mirando à los demás como Superiores se portaba como Siervo de todos, procurando servirles en los ministerios mas viles, y abatidos, como lo hacia con los presos en las carzeles, y con los enfermos en los hospitales por despreciables que fuessen: á todos servia como á sus Amos, y Señores.

De la misma manera se humillaba á los Nuestros, aunque fuessen Subditos suyos. Siendo Rector da Guadalaxara solia ir à pie à visitar el Santuario de nuestra Señora de Zapopan, distante como una legua

gua

gua de la Ciudad, llevando por Compañero à un Hermano Maestro de Grammatica en aquel Colegio. Y porque havia en el camino un arroyo sin puente, al llegar alli se descalzaba el P. Juan Maria, y queriendo hacer lo mismo el Hermano su Compañero, nunca lo permitia, sino que se lo echaba á cuestas, y de esta manera lo passaba á la otra vanda una vez á la ida, y otra á la buelta.

Yá diximos en otro lugar como siendo Provincial haviendo ido à visitar su amada California, èl mismo por sus manos dispuso una ayuda para un Indio enfermo, y bien necessitado, y èl mismo se la hechó como si fuera el mas vil, y abatido enfermero. En esse mismo tiempo diò otro maravilloso exemplo no menos de humildad, que de ardiente charidad, y zelo de la salvacion de las almas. Un dia por la mañana estando en la puerta de la Casa en Loreto con los dos Padres Juan, y Pedro de Ugarte, vió venir de lexos un Indio, que venia muy aprisa, y discurriendo lo que podia ser, dixo á los Padres, que lo esperassen mientras iba á una diligencia. Salió, y encontrando al Indio supo que venia à pedir confession para un enfermo, que distaba de alli tres leguas. Mandóle el Padre que lo guiasse, y siguiendo el acelerado passo del Indio llegó à donde estaba el enfermo, y lo confessó, y consoló con la charidad, que acostumbraba. Entre tanto llegó la hora de comer, y como el Padre no parecia, cuidadosos los Padres

dres echaron gente por varias partes â buscarlo, hasta q̃ â las tres de la tarde lo vieron venir todo encendido, y muy fatigado despues de haver andado en medio de los mayores bochornos del Sol â pie seis leguas de ida, y buelta. Y en sabiendo los Padres la causa de su ida le dieron las quexas de que no huviesse señalado â alguno de los dos, pues no era razon, que un Provincial de la Compañia assi se abatiesse, y fatigasse, quando tenia Subditos, que lo hiciessen. Oyòlos el Padre, y con gracia les respondiò: *VV. RR. estàn aqui todo el año trabajando, y assi debian tener ahora algun descanso. Pero Yo que soy Provincial, y me está regalando la Provincia, y engordandome, debia tomar esse corto trabajo para aliviar à VV. RR.*

Quando estaba en los Colegios aun siendo Superior teniendose por Siervo de todos, â todos hasta â los mismos sirvientes de la Casa se comedia â ayudarles en los mas viles, y bajos ministerios. Y teniendose por el infimo de todos, se adelantaba à prevenir lo que los Hermanos Coadjutores, y los sirvientes debian hacer. Y para executarlo sin nota, y sin estorvo escogia las horas mas escusadas, y libres de concurso, y registro de los de casa. Entonces barria las piezas de la Casa, y aun los lugares mas immundos, recogia, y derramaba las basuras. Y si acaso alguno lo veia, y queria quitarle la escoba de la mano para aliviarle de aquel trabajo, entonces re-

 sistia

sistia valiente su humildad, diciendo, que no le quitassen lo que èl tomaba por entretenimiento, y diversion, ni le impidiessen aquel exercicio corporal, que la regla encarga aun â los que deben insistir en los mentales.

Entre otras obras de humildad, en que se ocupaba aun siendo Superior en los Colegios de Mexico, Guadalaxara, y Tepotzotlan una era ir algunos dias despues de comer á la puerta reglar, à llevar, y repartir la limosna ordinaria á los pobres. Haciales primero alguna breve platica tocante à los Mysterios de la Doctrina Christiana, y exhortandoles á que vivieran como buenos Christianos, y luego por sus mismas manos les repartia la limosna, y comida preparada, y se la servia como criado à sus amos. Y lo mismo hacia en las carzeles, y hospitales, y despues en la California, quando despues de la Doctrina repartia à los Indios el pozoli exercitando à un tiempo la humildad, y charidad corporal, y espiritual como Siervo de todos.

CAPITULO. XIII.

De la perfeccion con que el P. Juan Maria se esmerò en la observancia del Voto de la Pobreza.

DE la humildad de corazon nace como legitimo parto la pobreza de espiritu porque quien verdaderamente conoce, que es nada, y que nada se le debe, y que antes merece hasta el infierno por sus cul-

culpas nada apetece de las cosas de este mundo, juzgandose indigno de todas. Assi se mostraba â todos el P. Juan Maria observando una exactissima pobreza en el vestido, en la comida, en las alhajas, en el carruage, quando iba de camino. Puede servir de prueba el viaje que despues de haver sido Provincial hizo â la California. Un Religioso de la Sagrada Orden de S. Francisco, Ministro que era en el Pueblo, y Partido de Guaynamota al verle passar por alli tan pobre, tan desaviado, sin carruage, ni comitiva alguna llegò â persuadirse, que el Padre iba penitenciado, y desterrado por algunas graves faltas â los desiertos de California. Y passando despues por alli el P. Pedro de Ugarte le preguntò con mucha admiracion: *Que delictos ha cometido el P. Juan Maria de Salvatierra, por los quales, sin acabar el Provincialato iba desterrado de la Provincia á la California con tanta pobreza, y falta de lo muy necessario?* A esta pregunta, y admiracion procurò satisfacerle el P. Pedro con decirle, que no eran delictos, sino virtudes las que havian llevado con tanta pobreza al P. Juan Maria â la California, sino que haviendo conseguido a costa de immensos trabajos la Conquista de la California, y la conversion de tantos Gentiles â la Fè, y conocimiento de Jesu-Christo se vio obligado â salir de alli llamado de los Superiores, y que haviendo llegado â Mexico se hallò sin pensarlo señalado de N. P. General por Provincial

vincial de esta Provincia. Que abrasado del fuego de una ardiente charidad, y zelo Apostolico de la salvacion de aquellas miserables, hizo tales propuestas, y alegò tales razones à N. P. General, para que le relevasse de aquel honorifico cargo, que condescendiendo su Paternidad le dió la licencia para que dexado el Provincialato se volviesse á su amada California, y que el ir tan pobre, y desaviado era efecto de su gran despego de las cosas del mundo, y desseo de humillarse, y mortificarse por Christo. Y satisfecho con esta respuesta aquel Religioso quedò sumamente edificado, y con un grande aprecio de la Santidad del P. Juan Maria.

No fuè menos admirable la pobreza con que volvió de la California, quando fuè á visitarla siendo Provincial. Baste para prueba el Testimonio del Lic[do]. D. Christoval de Mazariegos à quien hemos citado varias vezes en el informe, que dió por escrito de las virtudes del P. Juan Maria, y dice de esta suerte: *Lo que se admirò mucho en este viaje, fué, que de buelta al Puerto de Matanchel no hallò el V. P. su avio, y tomando un Cavallo troton, como de Indio, en un pelado suste, y en estrivos de palo, montò, ê hizo su viage, hasta el Colegio de esta Ciudad de Guadalaxara donde se vió entrar, si mal no me acuerdo, cerca del medio dia impensadamente. Y entro en tal figura, que pudiera haver sido en otra Persona cosa de irrision, la que en el Padre fuè de edificacion hasta de los muchachos*

chos. La figura con que lo vieron, fué esta, la persona tan V. del P. sobre dicho Cavallo con unas riendas de sogas, como de esparto, y su bolsa por freno. La persona â media sotana rota, y con un sombrero, que le prestò un Soldado de la fabrica antigua, muy alto de copa, y muy corto de falda. El rostro quemado del ayre, y del Sol, y una pobre capa prestada; porque todo lo que llvó consigo lo dexó en las Californias.

De esta relacion se conoce lo que el P. Juan Maria amaba la santa pobreza, y el desprecio que hacia del mundo, no reparando en la publicidad de una Ciudad entrar en aquel traje, que pudiera causar irrision, y mofa â quien no conociera la Santidad de este gran Siervo de Dios. El qual haviendose dedicado â las Missiones de los Gentiles por espacio de treinta años desde luego se abrazò con la extremada pobreza, que era forzoso padecer en tierras tan remotas, tan barbaras, y agenas de todo comercio. Y es constante, que en tantas limosnas como solicitò, y consiguiò para la Conquista, y conservacion de la Christiandad en la California, jamás se aprovechò del importe de medio real para su propria persona. Todas ellas, y lo que producian las fincas cada año, todo lo aplicaba â los gastos de la Conquista, â la manutencion del Presidio, â la provision de los barcos, y gente de mar, y al sustento de sus amados Indios Californios. Y solo tomaba de los alimentos, quando los havia, una muy escasa racion

cion de mayz, y tassajo para su sustento. Y quando aun esso faltaba, se mantenia con raizes, y frutillas silvestres de los montes.

Pero para su vestuario nada tomaba, sino que lo pedia de limosna al Procurador de la California, como pudiera qualquier mendigo. Y se hallò una carta, que escribiò al P. Juan de Estrada Rector, y Maestro de Novicios en el Colegio de S. Andrès de Mexico, en que le pide de limosna una sotana, pero con la condicion, que aya de ser vieja, y muy usada, porque si se la embiaba nueva no la recibiria.

Esta tan exacta pobreza no solo observò el P. Juan Maria en las Missiones. Lo mismo fuè en los Colegios, aun quando era Rector, quando tenia â su disposicion los bienes, y rentas de los Colegios: siempre buscaba, y se aplicaba lo peor de la Casa para su uso. En las cartas que escribia por no añadir de mas un medio pliego, no perdonaba â los margenes. Y lo mismo era en los demás escritos en que apuntaba sus Platicas, Sermones, y otros puntos de devocion, en los quales valiendose de bueltas de cartas, y sobre escritos no perdonaba aun â los margenes. Y por esta causa solo el Padre podria entender lo que escribia, sin que despues se aya podido coordenar cosa alguna de dichos papeles, que sin embargo para memoria, y veneracion de su Santidad se conservan juntos en un gran legajo.

De las alhajas de que usaba era como de cosas

co-

comunes, que ſirven para todos, porque â qualquiera que neceſſitaba de alguna, luego ſe la daba; y eſto no ſolo á los Padres, ſino tambien á los Indios Californios, que le aſſiſtian. Su manteo era el ordinario cobertor de los Indios enfermos, quando los echaba à ſudar, ô por otra cauſa neceſſitaban de abrigo. De ordinario andaba ſin medias, y ſin calzones de color, cubriendoſe ſolo con unos calzoncillos blancos de cotenze crudo, como los que uſan los Grumetes. Muchas vezes ſe paſſó ſin ſotana, cubriendoſe con una frezada, ô con ſu manteo viejo.

En una carta, que eſcribiò al Señor Fiſcal D. Joſeph Miranda le dice, que haviendoſe juntado en Loreto los Padres Miſſioneros de la California para conferir ſobre el govierno de aquellas Miſſiones, no havia uno que ſe pareciesſe á otro en el veſtido exterior. Tanta era la pobreza de aquellos Apoſtolicos Varones. Y luego añade: que èl en aquella ocaſion era el mas bien tratado aunque parecia Donado de S. Auguſtin por la ſotanilla vieja, y ſin cuello de que uſaba.

CAPITULO XIV.

De la angelica pureza, y Caſtidad del P. Juan Maria.

YA diximos en el libro primero como aun hallandoſe en el ſiglo mancebo florido en la edad, y abundante de riquezas, y regalos venciò animoſamente la tentacion en que le puſieron ſus Parientes, dexandolo á solas con la sobrina del Arzobispo Cardenal, que le tenian destinada para Esposa, y como el castissimo mancebo conociendo la fraude huyò luego del peligro, y no repitiò en adelante las visitas. Y què victorias no alcanzaria despues con tantos exercicios de mortificacion, que lleva de suyo la vida religiosa, ordenados á domar, y refrenar las malas inclinaciones de la carne, y à conservar pura, y sin mancilla alguna la castidad!

Y primeramente fuè singular la modestia con que siempre se portò el P. Juan Maria en la vista, en las palabras, y en las acciones: virtud, que se mira siempre, y es necessaria como guarda fidelissima de la castidad. Despues de su muerte depusieron muchas personas, que lo trataron familiarmente, que el P. Juan Maria jamás viò el rostro â muger alguna, no solo quando se hallaba en el trafico, y concurso de las Ciudades; pero aun quando enseñaba, y catequizaba á las Indias en los Pueblos remotos de las Missiones, sino, que como hombre mysticamente muerto, no veia â los vivos, aun quando para su bien hablaba con ellos. Y que era tal su recato, que aun quando por reverencia le pedian la mano para besarsela, la recataba encubriendola con el manteo, y esso les daba á besar en vez de la mano.

Y generalmente hablando todo su porte exterior respiraba Santidad. Sus palabras eran siempre graves, discretas, y edificativas: su conversacion,

aun-

aunque no pesada, siempre de cosas provechosas, y ordenadas â la gloria, y servicio de Dios: sus movimientos, compassados, y nivelados por las reglas de la modestia, que nos dexa en sus Constituciones N. P. S. IGNACIO: sus ojos bajos sin afectacion, ni fruncimiento, y en todo lo demás de su exterior se daba luego â conocer la gran virtud, que ocultaba en lo interior. Y es cosa digna de admiracion, que â la primera vista que tuvieron de èl los Superiores, y otros de los Nuestros al salirlo â recibir fuera de Mexico con los demás Sugetos de la Mission, como se acostumbra, se captivaron tanto de su modestia, y religiosa circunspeccion, que yá desde entonces se prometian en él para toda nuestra Provincia un vivo exemplo de Santidad.

Pero como el resguardo mejor con que se conserva candida, y pura la azuzena de la castidad, son las espinas de una continua mortificacion, en esta puso su mayor esmero el P. Juan Maria desde el Noviciado, y la continuò por toda su vida, aunque con la discrecion, que previenen nuestras Reglas, y que conviene â un Varon espiritual, que debe mirar la mortificacion, y penitencia corporal como medio, y no como fin de la perfeccion. Por esso segun los tiempos, y las necessidades en que se hallaba unas vezes las mitigaba, y disminuìa, otras las augmentaba, y prolongaba, pero nunca las omitia del todo, macerando su carne con ayunos, cilici-

 cios,

cios, disciplinas, cadenillas de hierro, y otras muchas incomodidades, con que la afligia.

Desde el Noviciado perseverò siempre en un methodo ordinario de penitencias, y fuera de aquellas mortificaciones, que se acostumbran hacer en nuestros Refectorios, en que siempre se exercitaba el P. Juan Maria con grande edificacion de todos. Para lo secreto tenia distribuidas por los dias de la semana sus penitencias, de suerte, que ningun dia se le passasse sin tener algo que padecer, y en que vivir siempre mortificado. Havia dias de crueles, y sangrientas disciplinas, otros de asperissimos cilicios, cadenillas, rallos, cordelillos asperos, y nudosos, otros dedicados â rigoroso ayuno, que muchas vezes era â pan, y agua, y â dormir sobre las duras tablas. Y estas eran las penitencias ordinarias: pero en las Novenas, y quarentenas, que con nombre de flores ofrecia al Señor, y â su Santissima Madre para celebrar sus festividades, entonces doblaba, y augmentaba las penitencias ordinarias. Y como estas Novenas, y quarentenas eran tantas por todo el año, venia â ser toda su vida un continuado exercicio de penitencias.

Los que fueron sus Novicios, y otros, que con el trato mas intimo, y familiar pudieron como oculares testigos observarlo, depusieron, que entre los demàs asperissimos cilicios, usaba â vezes de uno sembrado de puntas de azero, y con tal situacion,

que

que al ſentarſe, cargaba el cuerpo ſobre muchiſſimas de ellas, que grandemente lo atormentaban. Y que un colchoncillo de que uſaba le durò treinta y ocho años, de donde ſe infiere quan poco le ſervia, pues no pudiera llegar â edad tan crecida, ſi ſe ſirviera de èl todos los dias.

Y porque el azeyte, que mas fomenta el fuego de la luxuria, y por eſſo mas ſe opone â la caſtidad es el exceſſo en la comida, y bebida, fuè tanto el eſmero que puſo el P. Juan Maria en refrenar la gula, que ſe puede decir ſin exageracion, que toda ſu vida Religioſa fuè un ayuno continuado, y una perpetua abſtinencia. Fuera de los dias de Quareſma, Temporas, y Vigilias, en que es el ayuno de precepto, ayunaba todos los Viernes, y Sabados del año, y en las Novenas, y quarentenas que ofrecia ſegun ſe ha dicho multiplicaba los ayunos. Y eſto era quando vivia en los Colegios. Pero en los treinta años, que que gaſtó en las Miſſiones de la Tarahomara, y la California guardaba por neceſſidad otros muchos ayunos â que le obligaba la falta de alimentos, por la ſuma pobreza, y falta de todo lo neceſſario en aquellos paramos, y deſiertos. Por lo qual andaba el P. Juan Maria de ordinario macilento, y palido en el roſtro, y en todo el cuerpo tan falto de fuerzas, y extenuado, que algunas vezes apenas podia tomar la pluma en la mano para eſcribir.

Aun quando llegaba el ſocorro annual de baſtimentimentos, y demàs cosas necessarias, que de Mexico se remitian, el pan floreado con que el P. Juan Maria se mantenia, era el mayz cozido, y su mayor regalo un tassajo de carne seco, y assado al fuego, y despues martajado entre dos piedras, porque falto yá de dentadura, se valia de esta industria para ablandarlo, y comerlo, y esto con gracia llamaba su jigote gordo. Con esta abstinencia tan rigorosa, y extraordinaria, y con los trabajos, que padeciò en los diez años, que fuè Missionero en la Tarahomara llegò de tal suerte à estragarsele el sentido del gusto, que yà para èl no havia diferencia de manjares, ò insipidos, ô sabrosos, como yá diximos en otra parte en el primer libro.

Con estas mortificaciones corporales domaba el cuerpo, para que no se insolentasse contra el espiritu, y con la mortificacion heroyca, y continua de las passiones. Sujetaba el espiritu para que estuviesse siempre sujeto à la razon, y una, y otra mortificacion le servia de vigilante custodia de la delicadissima virtud de la castidad. Fuè tan exacto en la mortificacion de las passiones, que yá parecia no tenerlas. Siempre le veian todos sereno, imperturbable, y de buen temperamento. Nadie lo viò jamàs airado, ni que lebantasse la voz con muestra de indignacion. Aun quando siendo Superior reprehendia alguna falta, lo hacia con seriedad, modestia, y apacible, de suerte, que si mostraba indignacion contra

tra la falta, moſtraba juntamente charidad paternal azia el defectuoſo; deſſeando que quedaſſe emmendado, pero no avergonzado, y confundido.

En el hablar fuè ſiempre Varon perfecto, ſin que jamàs ſe le oyeſſe palabra, que fueſſe oſenſiva del proximo. Todas ſus palabras eran medidas, y ajuſtadas à la razon en tanto grado, que ninguna pudiera calificarſe de ocioſa. Eſte dominio, y ſeñorio de las paſſiones conſiguió el P. Juan Maria principalmente con la devocion de las flores, que tan repetidamente ofrecia á Dios, y á ſu Santiſſima Madre. Porque la principal de eſtas flores era exercitar aquellos dias algun acto heroyco de vencimiento de aquella paſſion, que hallaba ſer mas predominante, yá la ira, yà el apetito de alabanza propria, y deſſeo de aplauſo, y eſtimacion, yá la pereza en coſas eſpirituales, y aſſi de las demás. Y andando con eſpecial reflexa, y atencion â lograr las ocaſiones del vencimiento. Y luego las apuntaba en un quaderno, que le ſervia de mayor eſtimulo para lo de adelante, y de recuerdo para ſer agradecido â Dios, con cuyo favor, y gracia ſe conſigue el vencimiento de las paſſiones. Y de aqui ſe puede inferir â que grado tan ſublime de perfeccion llegaria el P. Juan Maria con eſte tan ordinario exercicio de vencerſe.

CA-

CAPITULO XV.

De la perfeccion con que el P. Juan Maria exercitò la virtud, y Voto de la Obediencia.

LA Obediencia es una virtud transcendental, que se exercita en la observancia de los mandamientos de Dios, y de la Iglesia. Pero en los Religiosos es virtud especial consagrada con voto á Dios; y como enseña el Angelico Doctor Santo Thomàs es la mas perfecta aun respecto de la castidad, y pobreza, que tambien ofrecen á Dios los Religiosos. Por esso, y porque sabia el P. Juan Maria, que quiso N. P. S. IGNACIO, que essa virtud fuesse como caracter, y marca por donde se conociessen los verdaderos hijos de ella, fuè singularissimo su esmero en esta virtud, aun quando la materia era de suyo muy ardua, y dificultosa, de que pondrèmos algunos casos especiales.

Luego que llegò à la Nueva-España, con el zelo, que le sacò de su Patria, y su Provincia, que era el de la salvacion de los Indios se aplicò con esmero à aprender el idioma Mexicano, y quando yà se hallaba muy expedito para poder en èl confessar, y predicar lo señalaron los Superiores à las Missiones de la Tarahomara, en las quales es muy otro el lenguaje de los Indios, y sin replica, ô propuesta alguna bajò la cabeza, y con rendida obediencia se partiò para las dichas Missiones.

En

En la Tarahomara eſtuvo diez años, y quando tenia yà fundadas dos Miſſiones de Gentiles reducidos yà por ſu predicacion al baptiſmo, y gremio de la Santa Igleſia, y eſtando con empeño de fundar la tercera, le fuè Patente de Viſitador General de todas las Miſſiones. Y aunque ſegun la parte inferior ſintiò eſta aſſignacion, por la qual ſe le impedia la converſion de muchos Gentiles, â que con anſias anhelaba, con todo eſſo el Varon obediente cantò la victoria ſujetandoſe ſin replica â la diſpoſicion de los Superiores.

Acabò el oficio de Viſitador, y quando ſu fervoroſo anhelo era volver â la Tarahomara â promover nuevas fundaciones, y Pueblos, y reducir â ellos los Gentiles que ſe fueſſen convirtiendo, recibiò Patente de N. P. General, en que lo hacia Rector del Colegio de Guadalaxara, y ſin hablar palabra encontra obedeciò, quando por una parte ſe veìa impedido â proſeguir en el progreſſo de las Miſſiones, y por otra era aquella aſſignacion muy contra ſu natural inclinado ſiempre, y prompto â obedecer, y no â mandar, ſacrificò â Dios ſu voluntad, por hacer la divina declarada en la voz de la obediencia. Como tambien quando acabado eſſe Rectorato, lo ſeñalaron por Rector, y Maeſtro de Novicios del Colegio de Tepotzotlan. Entonces con toda ſumiſſion repreſentò al P. Provincial, y ſus Conſultores, la licencia que yá tenia impetrada de N. P. General para ra emprender la Conquista de las Californias; pero porque entonces el P. Provincial, y Consultores no juzgaron conveniente, ni aun possible la dicha empressa, callò la boca, y sujetò el cuello al yugo de la obediencia.

Hallandose yá en la California, fuè llamado del P. Visitàdor General de esta Provincia P. Manuel Piñeyro, para que confiriera con el Señor Virrey varios puntos necessarios tocantes â aquellas nuevas reducciones, y aunque pudiera representar para escusarse lo mucho que le seria forzoso caminar por mar, y tierra, y otros muchos inconvenientes, y especialmente la grande falta, que haria su persona, estando aquella espiritual Conquista tan à los principios, y pudiera embiar otro alguno de los Padres, que bastantemente noticioso yà de aquellas gentes satisfaria plenamente â los desseos del Señor Virrey, no quiso sino que abrazò, y emprendiò un viaje tan largo expuesto á muchas incomodidades, y peligros que en èl se experimentan.

Llego à tiempo, que pocos dias antes havia passado á mejor vida dicho P. Visitador, que juntamente era Vice-Provincial, y que abierto el pliego *casu mortis*, venia en èl nombrado deRoma por Provincial. Es verdad, que por escrito, que presentò à la Consulta expuso los daños gravissimos, que pudieran temerse por su falta en aquellas nuevas reducciones. Pèro no siendo oido, huvo de sujetarse aun te-

teniendo aqui mucho mas que vencer, que era la repugnancia que tenia de governar, y mandar en una Provincia tan dilatada.

Diò los mâyores realzes á ſu obediencia, quando à imitacion de Jeſu-Chriſto obedeció haſta la muerte. El caſo fuè, que haviendo conſeguido de N. P. General, que lo relevaſſe de la penosa carga de Provincial; y haviendo buelto à ſu amada California, ſe hallò con nuevo orden del P. Provincial Gaſpar Rodero, para que volvieſſe à Mexico por la inſtancia, que hacia el Señor Virrey Marquès de Valero, que en virtud de apretada Cedula que para ello tenia de ſu Mageſtad deſſeaba grandemente informarſe de todas las coſas de la California. Hallabaſe el P. Juan Maria entonces en la edad avanzada de ſeſenta y ocho años, muy afligido, y moleſtado del mal de piedra, que padecia, y aunque conocia, que peligraba ſu vida en un viaje tan largo, y trabajoſo, con todo eſſo ſin hablar palabra de quexa, ô de propueſta, obedeciò á la voz de Dios à quien veneraba en ſus Superiores, y aunque con gran trabajo llegò haſta Guadalaxara, en donde como yà diximos en ſu lugar acabò ſantamente ſu Apoſtolica vida.

Reſplandecia con mayor luſtre la virtud de la obediencia en el P. Juan Maria, con obedecer à qualquiera q́ tuviera alguna apariencia de Superior, porque en todos los Superiores, ſegun el dictamen de N. P. S. Ignacio, no miraba à la perſona, ſino à Chriſto, que en qualquier Superior se representa. Para èl lo mismo era que le mandassen alguna cosa los Superiores mayores, que los oficiales subordinados que de él tienen authoridad, segun prescriben nuestras Reglas. Y era tanto el amor que tenia â la obediencia, que lo que mas le afligia en los cargos que tuvo de Superior era el hallarse sin Superior immediato, q́ le mandasse. Pero es creible, que en tales tiempos haria lo que sabemos que hizo despues en la California. Porque hallandose en ella Superior â todos los Missioneros, que trabajaban en aquella gentilidad, nombró por su Superior immediato al P. Jayme Bravo, que era entonces Hermano Coadjutor, â quien estaba sujeto, y rendido, que solo hacia el Padre lo que el Hermano le ordenaba. Y se conociò lo exacto, y menudo de esta obediencia en su ultima enfermedad, en la qual para tomar agua, dulce, û otra cosa semejante estaba totalmente rendido à lo que el Hermano Jayme disponia, y aun â lo que solamente le insinuaba.

A la perfecta obediencia pertenece la puntual observancia de las Reglas, en las quales se contienen hasta los apices de la perfeccion. Y desde los principios de su Noviciado niveló de suerte con ellas sus acciones, que nunca se le notò, que faltasse â alguna de ellas. Y esta era una de las flores, que en las Novenas, y quarentenas, que por todo el discurso del año ofrecia â MARIA Santissima, y â su benditissimo mo Hijo, *esmerarse aquellos dias en la perfecta guarda de las Reglas.*

Servirán de apoyo de esta exactissima observancia uno, û otro caso, en que diò maravilloso exemplo del grande aprecio que hacia de nuestras Reglas. Siendo Rector de Guadalaxara, se le ofreciò negocio preciso, que le obligò venir à Mexico. Llegò al Colegio Maximo de S. Pedro, y S. Pablo, y subiò derechamente á vèr al Superior; y como no lo hallò en su aposento, se quedò en el transito à esperarlo. Viòlo un Hermano Estudiante, y despues de darle la bien venida, le convidó con su aposento para que alli aguardase á que viniesse el P. Rector. Pero el P. Juan Maria agradeciendole su obsequiosa charidad, se escusó diciendo, que alli en donde èl no era Superior no tenia facultad, ni licencia para entrar en aposento ageno. Y assi se quedò alli aguardando hasta que vino el P. Rector. El otro caso, que insinuamos en otro lugar, fuè quando viniendo de California en ombros agenos á morir à Guadalaxara, los que lo traìan quisieron que entrasse por la puerta de la Iglesia, para que antes de entrar en el Colegio tuviesse el consuelo de vèr, y visitar en su Capilla à la Santissima Imagen Lauretana. No lo consintiò el P. Juan Marìa diciendo: *La Regla manda, que entremos por la puerta comun de Casa.* Y lo huviera conseguido â no hallarse presente el P. Rector de aquel Colegio, quien le dió licencia, y aun le or-

ordenò, que se dexasse introducir por la Santa Casa Lauretana, â que luego obedeciò duplicando el merito de no querer entrar por no faltar â la Regla, con entrar con exercicio de la obediencia.

Este cuidado tan exacto que tenia en la observancia de las Reglas mostraba tambien en el zelo con que siendo Superior procurâba, que sus Subditos las observassen, y de corregir qualquiera falta que en ellas advirtiesse. Siendo Rector de Guadalaxara, estando junta la Communidad para rezar las Letanias de los Santos, como es costumbre inviolable en toda la Compañia, advirtiò, que el Padre á quien por semana tocaba el decirlas para que respondiesse la Communidad, iba en el pronunciar con tanta ligereza, y velocidad, que no daba lugar á que con el orden debido se respondiesse. No pudo el P. Juan Maria tolerar esta falta; y viendo que era publica, quiso que fuesse publica la reprehension. Por lo qual acabada la Letania, alli delante de todos advirtió al Padre, que si aquel precipitado modo de hablar fuera muy notable aun hablando con hombres en la tierra, quan indecente seria para hablar con Dios, y con los Santos del Cielo en las Letanias. Y con esto lo dexò corregido, y à todos los demás advertidos, y muy edificados.

* * * *
* * *
* *
*

CA-

CAPITULO. XVI.

De los muchos favores, que recibió del Señor, y de su Santissima Madre el P. Juan Maria de Salvatierra.

HAviendose dedicado el P. Juan Maria, especialmente desde que abandonado el mundo se consagrò à Dios en la Compañia, al amor de JESUS, y de su Santissima Madre, y perseverado siempre con firme constancia en sus obsequios, no hay que dudar, que el Señor, y su Madre, que no se dexan vencer de la devocion de sus Siervos retornara al P. Juan Maria con singulares dones, y beneficios. Pero haviendo sido este gran Siervo de Dios tan recatado, y silencioso en las cosas de su espiritu, que ni aun las dexò apuntadas por escrito, pues aun algunos pocos papeles, que tenia tocantes especialmente á las flores, que continuamente ofrecia á sus amados Señores JESUS, y MARIA, los hizo quemar antes de su muerte, de hay es, que nos dexò cerrada la puerta para saberlas con certidumbre, y seguramente referirlas en esta historia. Solo si nos han quedado algunos indicios para conjeturar, que fueron muchos, y grandes los dones, y beneficios con que le favoreció la liberal mano de JESUS, y MARIA.

Desde los principios del libro primero consta quan estrecha, intima, y familiar fuè la comunicacion que tuvo el P. Juan Maria con el Venerable, y extatico Padre Juan Baptista Zappa, desde que con-

concurrieron en el Noviciado, de Quieri, de ſuerte, que llegaron à ſer como un corazon, y una alma, ſin que alguno de ellos tuviera reſervada coſa alguna, que con el otro no la comunicaſſe. Conſta pues, por varias cartas, y apuntes del iluminado P. Zappa, quan favorecido del Cielo fuè el P. Juan Maria. Haviendo recibido el P. Zappa la carta de ſu aſſignacion â eſta Provincia, eſcribió luego en ſus ſentimientos de aquel dia eſtas palabras: *Mi Compañero Juan Maria de Salvatierra ha alcanzado la gracia de que ſeamos juntados para ir á las Indias. Alabanzas á la Concepcion puriſſima, pues nos ha otorgado la gracia pedida por los dos por ſiete años deſde el Noviciado*; de donde ſe infiere, que la miſma gran Señora, que reveló al P. Zappa eſtando en Niza, que ſu Compañero eſtaba ſeñalado junto con èl â las Indias, le revelò tambien, que eſta gracia ſe le concedia por las oraciones de ſu Siervo Juan Maria.

Confirmacion puede ſer de eſto lo que depuſo un Padre Italiano, que muchos años deſpues vino Miſſionero â eſta Provincia, que en el Colegio de Genova ſe tenia por cierta la tradicion, de que orando en nueſtra Capilla interior un Hermano, que deſſeaba mucho venir â las Indias, clamaba con gran fervor â MARIA Santiſſima, que le impetraſſe eſta gracia, y que la Señora le habló al corazon, y le dixo: *No te canſes en pedirme eſſo, porque por ahora es mi voluntad, que vaya el que tengo eſcogido, que es mi Siervo Juan Maria.* En

En una carta del dicho V. P. Zappa escrita al P. Juan Maria, quando estaba fundando la Mission de Chinipas le dice assi: *Fui esta Pasqua à dar la enhorabuena, y repetir los placemes à la gran Señora MARIA Santissima en su Santa Imagen de Guadalupe. Iban mis placemes acompañados con los de V. R. Y estando assi se dignò la gran Madre, de hablar de los dos, porque me dixo assi: A los dos Yo los elegí, os entrè en la Compañia de mi Hijo, os conduxe á estas partes, y ahora os tengo divididos; mas de uno, y otro cuido como Madre, que soy de los dos. Y para que á mi no me quedasse duda de tan inestimables palabras [Hay Padre, y Hermano mio] executò conmigo esta amabilissima Madre, para que Yo no fuesse incredulo, lo que à fin de quitarle las dudas de su triumphante Resurreccion, obrò Christo con Santo Thomás. Porque volviendose à hablarme, me dixo:* Ne dubites, Fili, & sicut Filius Apostolo Thomæ ostendit vulnera, sic ego tibi pectus, & ubera, *se dignò de que mis indignissimos ojos viessen sus castissimos, y purissimos pechos.*

En otra carta le dice assi: *Vi à la gran Reyna, que nos tenia à los dos en esta forma: en uno de sus brazos estabamos reclinados los dos; mas con el otro brazo dulcemente nos abrazaba:* Læva ejus sub capite nostro, & dextera illius amplexata est nos. *Con estos abrazos nos dice, que vivamos á solo Dios, y quedemos muertos á todo lo demás.* En otra carta de 2. de Diciembre de 1677. dandole noticia como havia

Nn ido

ido â visitar en nombre de los dos â nuestra Señora de Guadalupe le dice assi: *La Virgen es siempre mas hermosa, se acuerda de nosotros, y embia à V. R. muchos recaudos, y le dice*: Cogita de me, & ego cogitabo de te.

Por aqui se conocerá quan amado, y favorecido de MARIA Santissima era el P. Juan Maria. Yà en otra parte diximos, como aquel Indito innocente, que traxo de Missiones, y dormia en su aposento decia, que amaba mucho al Padre, porque era Santo, y que de noche le hablaba la Virgen. Quando fuè Rector de Tepotzotlan todos sus Novicios estaban persuadidos, â que la gran Señora se le comunicaba; porque hablaba de ella en sus platicas, y conversaciones familiares, como quien hablaba con ella misma, y muchos de los Novicios testificaron haverle visto muchas vezes el rostro lleno de resplandores, y que quando hablaba de la Santissima Virgen se le ponia el rostro tan inflamado, que parecia brotar llamas de fuego.

Yá diximos en su lugar como al cantar la Salve en Guadalaxara el mismo dia que havia muerto en el ingenio de Malinalco su amantissimo Compañero el P. Juan Baptista Zappa se le mostrò la Señora en su Imagen Sagrada del Populo resplandeciente como el Sol, significando en esto la gloria accidental que de nuevo tenia por haver recibido en el Cielo â su amado Hijo, y Siervo el P. Zappa.

Ni

Ni es menor argumento de quanto favorecia la gran Reyna â ſu fiel Siervo el P. Juan Maria el que regularmente quanto le pedia en las flores de ſus Novenas, y quarentenas todo lo conſeguia. Pero porque eſtos eran favores, que ſe quedaban en ſecreto en el corazon agradecido del Venerable Padre, pondrè aqui algunos eſpeciales caſos, en que ni pudo ocultarſe lo que la Soberana Reyna favorecia a ſu devotiſſimo Capellan. Siendo Novicio en Tepotzotlan el P. Joſeph Toledo Chipi, enfermò de tercianas dobles, que con ſus ardientes acceſſiones lo llegaron à poner en los umbrales de la muerte. Compadecido grandemente ſu Rector, y Maeſtro el P. Juan Maria de ſu tan apeligrado Novicio, fuè â ſu apoſento, y le mandò ſe viſtieſſe. Intentòlo el Novicio, pero deſtituido totalmente de fuerzas no pudo. Entonces el Venerable Padre con un acto verdaderamente heroyco de humildad, y charidad, no ſolamente lo viſtiò por ſus miſmas manos, ſino, que lo cargò ſobre ſus ombros, y lo llevò â la Capilla Lauretana de nueſtra Igleſia, encargandole mucho, que ſe encomendaſſe de veras â la Santiſſima Virgen. Puſo al enfermo ſobre la tarima del altar, ê hincandoſe el P. de rodillas comenzó â rezar las Letanias de nueſtra Señora, reſpondiendo â cada verſiculo el enfermo: *Ora pro me*. Coſa verdaderamente admirable. Lo miſmo fuè acabarſe de rezar las Letanias, que hallarſe del todo ſano el enfermo con assombro de todos los de Casa que lo tenian poco antes por del todo deplorado. Y el humilde Padre temiendo sus alabanzas todo lo atribuìa â la fé del enfermo, diciendo: *Este ha de ser buen Jesuita, que sabe orar, y pedir à la Señora. Y se lo puse allì delante, y èl negociò su salud.*

No fuè menor el prodigio, que se sigue. Se havia encendido en Tepotzotlan, y sus contornos una fatal epidemia de que morian muchos Indios, y Españoles, ocasionada de los ardores del tiempo, que crecian mas cada dia por la suma falta de lluvias de aquel año. Compadecido de esta tan continuada calamidad el P. Juan Maria, hizo sacar de su Capilla, y tabernaculo la Santissima Imagen Lauretana, y que se colocasse en el Cruzero de la Iglesia, en donde pudieran todos verla, adorarla, y ofrecele sus plegarias, y oraciones. Publicò luego una Novena, â que acudió todo el Pueblo, assistiendo todos los dias â la Missa cantada, Rosario, y Letanias. El ultimo dia por la tarde, haviendoles hecho el P. Juan Maria una fervorosa Platica, sacaron en Procession la Santa Imagen. Y siendo assi que estaba el Cielo, como de bronze, sin que se descubriesse nube alguna en todo el emispherio, al punto de salir por la puerta de la Iglesia la Imagen de nuestra Señora, comenzaron repentinamente â subir por todos los Orizontes espesissimas nubes, que movidas con ligereza iban subiendo, mientras que la Santa Imagen era llevada

vada en Procession por el ambito breve de la plaza del Pueblo. Y lo mismo fuè entrar de buelta por los umbrales de la Iglesia, que descargar un copiosissimo aguazero, que duró por algunas horas; y desde aquel dia prosiguió benefico el Cielo dando copiosas lluvias, quedando todos admirados del prodigioso sucesso, de que dieron muchas gracias â la gran Madre de misericordia, y tambien al P. Juan Maria, por cuyo medio les havia venido del Cielo tan grande beneficio.

Podrà servir de confirmacion de lo que la Santissima Señora Laureta favorecia â su amante, y fiel Siervo el P. Juan Maria, y la benignidad con que oia sus ruegos un caso, que le sucedió muy â los principios de la Conquista de la California. Llegò â reconocer en los pocos Soldados de su Presidio mucha codicia de las finissimas perlas, que se cojen en los placeres de aquellas Costas, y los desseos que tenian de salir abusearlos. Concedersèlo cedia en mucho descredito de la Conquista, pues pudiera sospecharse, que el haverla emprendido con tanto tezon, y empeño, havia sido mas por el logro de las perlas, que por el de las preciosas margaritas de las almas. Prohibirselo era tenerlos â todos descontentos, y darles ocasion â que sin licencia desamparassen el puesto, y dexassen la nueva Mission sin resguardo, y defensa en qualquiera invasion, que los Indios todavia Gentiles intentassen. En este conflicto acudiò â

su

ſu ordinario aſylo de la Imagen Lauretana, que todavia eſtaba en aquel pavellon, ô tienda en que luego, que ſaltaron en tierra fuè colocada. Hincóſe alli de rodillas â rezarle ſu Roſario, y pedirle conſejo en aquella turbacion, y duda en que ſe hallaba. Y eſtando en lo mas fervoroſo de ſu oracion, oyò ruido como de algun vidrio, que rebentaba, y lebantandoſe para ver lo que era, hallò que tres perlas grandes, y finas, que tenia la Sánta Imagen entre otras muchas falſas, y contrahechas, ſe havian quebrado, y caído los fragmentos ſobre la eſtera, que eſtaba delante de la Santa Imagen. Con eſto quedó perſuadido â que la Virgen no guſtaba de perlas de la California, y pudo perſuadir â los Soldados, que la gran Señora no los havia traydo alli para buſcar perlas materiales, ſino para defenſa de los Padres, que havian venido â buſcar para Chriſto las perlas mas precioſas de las almas. Y en eſte dictamen, como en otra parte ſe dixo, ſe han mantenido haſta ahora los Padres Miſſioneros, de no permitir, que ô los Soldados, û otra qualquiera perſona, que perteneſca â la Miſſion ſe ocupen en el buſeo de las perlas.

CAPITULO XVII.

De otros indicios, que manifieſtan la proteccion de MARIA Santiſſima al P. Juan Maria de Salvatierra.

POR muchos titulos es el dia Sabado dedicado â nueſtra Señora entre todos los dias de la ſemana, na, y por esso todos los Sabados se empleaba el P. Juan Maria en especiales obsequios â esta gran Señora; y la misma Soberana Reyna parece que en tales dias tomaba â su cargo el favorecerlo en los principales sucessos de su vida. Sabado veinte y cinco de Mayo saliò de Genova, y se embarcò para el Puerto de Cadiz. Sabado primero de Junio, haviendose refugiado la armada en que venia en el Puerto de Alicante por huir de los Moros comenzó una Mission fervorosa, que hizo con los Compañeros â toda gente de la Armada. Sabado catorze de Septiembre saltò en tierra en el Puerto de la Vera-Cruz, y celebrò la primera Missa, que dixo en la Nueva-España. Sabado veinte y uno del mismo mes salió de la Vera-Cruz para Mexico. Sabado diez y nueve de Octubre diò principio á su primer año de Theologia. En Sabado cinco de Febrero del año de mil seiscientos y noventa y siete consiguió la licencia del Superior Govierno para la entrada en la California. Sabado primero de Octubre se embarcò en el Puerto de Hiaqui para ir á essa Apostolica Conquista. Sabado diez y nueve de Octubre llegó à la California, y tomó possession de aquella tierra Mariana apellidando aquel paraje *el Real de Loreto*. El Sabado siguiente veinte y seis del mismo mes colocò la Soberana Imagen en su tabernaculo. En Sabado se comenzò la Iglesia, y haviendose acabado se celebró su dedicacion en Sabado, como tambien en Sabado

se

ſe comenzaron, y dedicaron las dos Capillas, ô Caſas de Loreto en Mexico, y Guadalaxara.

Y que dirè de los principales ſuceſſos de la Conquiſta de la California? El miſmo P. Juan Maria, el P. Juan de Ugarte, y los otros Miſſioneros tenian experimentado, que en Sabado, ô en otro dia de los dedicados entre año à nueſtra Señora les ſucedian coſas ſingulares, yá en librarſe de terribles tormentas, y peligros del mar, yà en ſoſſegarſe las naciones enemigas alborotadas, yá en principiarſe nuevas fundaciones, yà en dedicarſe ſus Igleſias, que todo dà á conocer la eſpecial proteccion de MARIA Santiſſima ſobre aquella Conquiſta, y ſobre ſu fiel Siervo, que la emprendiò en ſu nombre, y la conſiguió con ſu patrocinio.

Eſte reconoció muy á ſu favor el P. Juan Maria en todas las operaciones, y ſuceſſos de ſu vida, no ſolo por los favores, y dones, que interiormente en ſu alma recibia, ſino por los peligros, y males de que en lo exterior del cuerpo lo libraba. El miſmo Padre haviendo llgado à la Tarahomara eſcribió al P. Zappa, que en tan dilatado camino havia ſido llevado, *in manibus Beatæ Virginis*. Lo qual decia por la continua proteccion de MARIA, que havia experimentado en camino tan prolixo. Siempre llevaba en el pecho dos eſtampitas, una de la Virgen Lauretana, y otra de Nueſtra Señora de Guadalupe, y la tercera era de ſu eſpecial Patron S. FRANCISCO

XAVIER

XAVIER, por cuyas manos ofrecia à MARIA Santissima sus oraciones. Y cierto que es cosa que pone admiracion, el que pudiesse hacer un camino tan largo de mas de quatrocientas leguas en un solo machuelo, que sacó de Mexico, y que este aguantasse sin remuda caminando todos los dias, y que atravessando por caminos poco traqueados, durmiendo de ordinario en despoblado pudiesse llegar con vigor, salud, y aliento al termino de su derrota Lo qual no pudiera conseguir si nó tuviera de su parte como Madre, y Protectora à MARIA Santissima, que se sirvió de hacer el oficio de Angel llevando *in manibus suis*.

Y quantas vezes le guardò la gran Señora la vida para que no la perdiesse à manos de los Indios alzados assi en la Tarahomara, como en la California? En el assalto general, que dieron al Real de Loreto quatro naciones conjuradas á quitar la vida al Padre, y á los Soldados, tres vezes estuvo á peligro de morir; una quando saliò del Real à detener los Indios para que no se acercassen al pedrero, que havian de disparar. Y la respuesta fuè tirarle â un mismo tiempo tres flechasos, que passandole al sesgo por la ropa, no le tocaron en el cuerpo. Otra quando volviendo el Padre al Real dispararon el pedrero, q̃ rebentó, y se dividiò en siete trozos de bronze, que volando por cima de las cabezas del Padre, y de sus Compañeros á ninguno dañaron. La tercera fuè en lo mas apretado del combate, porque rodeado por todas partes aquel pequeño Real de las quatro naciones, llovian infinitas flechas, y piedras ſobre los pocos ſituados defenſores, y ninguno peligrò en el aſſalto. Y para que entendieran de cuya mano les venia tan grande beneficio, quiſo la Señora oſtentarlo diſponiendo, que las mas de las flechas vinieſſen á dár al pavellon, ô tienda en que eſtaba la Imagen Lauretana. Alli las hallaron clavadas, como que la gran Madre de Dios, quiſieſſe recibir los flechaſos, que podian herir, y matar á ſu Siervo, y Compañeros.

De otros muchos peligros defendió MARIA Santiſſima al P. Juan Maria, que quedan inſinuados eſpecialmente en el libro primero de eſta hiſtoria; y para concluìr eſte Capitulo ſolamente referirè, como la gran Señora le libró de la muerte, quando ſe puſo á peligro de perder la vida por dàr la del alma á un Gentil. Eſtando en la California llamaron al Padre para una diſtante Rancheria en que eſtaba en articulo de muerte un Indio, y clamaba por el Padre para que lo baptizaſſe. Puſſóſe luego en camino ſiguiendo â ſu guia, pero à poco tiempo de andar, ſe hallò ſin ſaber como ſin ella, metido en precipicios eſpantoſos, y barrancos inandables. Hallóſe aqui perplexo el Padre, y mirando à todas partes no deſcubria mas que breñas, peñaſcos, y precipicios. En eſte c[illegible] ſe encomendò de corazon à la Señora Lauretana, pidiendole conſejo, y remedio en traba-

jo,

jo, y peligro imminente, y se sintió movido á soltar el freno à la mula, y dexarla ir por donde quisiera. La mula con mucho tiento fuè andando de risco, en risco, y de barranca en barranca, hasta que despues de mucho tiempo lo puso à vista de la Rancheria, á donde iba, y mirando por todas partes no descubriò al Indio que le guiaba. Llegò â la Rancheria, y hallando al Indio enfermo, que pedia el baptismo, lo catequizò, y estando yá bien dispuesto lo baptizò, y viendolo muy cercano â la muerte lo estuvo ayudando con piadosas exhortaciones, y jaculatorias, hasta que entregò el alma â Dios con sumo consuelo del P. Juan Maria, quien tubo por cierto, que aquel Indio era predestinado, y que con la gracia baptismal havia volado al Cielo, y que el demonio para impedir el bien espiritual, y salvacion de aquella alma lo havia descaminado, y apartado de la guia. Y nosotros piadosamente podemos discurrir, que la guia, que lo llamò, y despues se desapareciò seria por ventura el Angel de guarda de aquel dichosissimo moribundo.

CAPITULO XVIII.

Del dón de profecia, con que adornó Dios al P. Juan Maria de Salvatierra.

EL dón de la profecia es una de aquellas gracias, que se llaman *gratis datas*, las quales no santifican al alma, como la gracia habitual, pero regulamente no las comunica Dios sino à sus mas fieles Siervos, y amigos, y para prueba de que lo era el P. Juan Maria Salvatierra, le concediò el dón de la profecia, que es aquel con que los Siervos de Diós llegan á conocer como presente lo venidero, lo mas oculto como patente, y lo mas distante como si estuviera à la vista claro, y descubierto. Y de todo tenemos claras, y manifiestas pruebas en este gran Siervo de Dios. El P. Alexandro Romano Provincial, que fuè de esta Provincia, y que muriò siendo Preposito de la Casa Professa, y que fuè tambien Procurador en Mexico de la California, tubo communicacion muy estrecha con el P. Juan Maria, y por las muchas experiencias, que tenia, solia decir, que en los puntos, y negocios tocantes à la California, tenia por cierto, que nada le ocultaba Dios, porque todo lo veía antes, que sucediesse.

Quando saliò el P. Salvatierra á solicitar limosnas para la Conquista de la California, llegò à pedirle al Señor Marquès de Villa-Puente, y se la dió, pero muy moderada, diciendo, que por entonces no le permitia mas su caudal por estár divertido en otras obras pias, y una de ellas el Convento, ê Iglesia de los Padres Franciscanos descalzos de Tacubaya, que les fabricò, y levantó desde sus cimientos. Agradecióle el V. P. la limosna, y le dixo: *Que las Missiones de la California estarán bien proveídas, y asseguradas quando al cabo del tiempo aya su Señoria gastado en ellas dos-*

dosscientos mil pesos. Mirò entonces el Sr. Marquès como impossible este anuncio. Pero todo lo vió cumplido á los treinta y seis años. Porque por los fines del año de setecientos y treinta y quatro, recibió carta del P. Jayme Bravo, que era el Procurador en la Mission de Loreto de todas aquellas Missiones, que yà se havia cumplido la profecia, porque yà en aquel tiempo passaban de dosscientos mil pesos las limosnas, que su Señoria havia dado â la California, y que yá entonces estaba proveìda, y assegurada aquella Mission tan Apostolica.

Quando conseguidas yà las licencias saliò de Mexico para emprender su desseada Conquista llegó al Colegio de Tepotzotlan, y estando en la Iglesia con algunos Padres, señalando con la mano un sitio enfrente de la rexa de la Señora Lauretana, les dixo: *Padres mios aqui han de venir las primicias de las Californias.* Quedaron los Padres suspensos sin penetrar el significado de aquel anuncio. Pero al cabo de algunos años, quando volvió la primera vez de las Californias, y entrò â ser Provincial, traxo consigo quatro Indios Californios de los recien convertidos, y baptizados, de los quales dexò uno enfermo en Tepotzotlan. Y una tarde de repente pidiò el Padre una mula, y con presteza se fuè â esse Pueblo distante de Mexico como cinco leguas. Hallò al enfermo muy apeligrado, confessólo en su proprio idioma, administròle el Viatico, y Extrama-Uncion, ayu-

ayudòle â bien morir, y haviendo muerto le diò sepultura en aquel mismo lugar, que muchos años antes havia señalado.

Otra notable profecia dixo en el mismo Colegio. Eran alli entonces Novicios los Padres Clemente Guillen, y Juan de Guendulain, y yendo los dos â despedirse de su amado Maestro recibiólos con amor, y ternura, y al abrazarlos les dixo: *Viejos mios alientense, porque los dos iràn á la California; pero el uno se quedarà, el otro se volverá.* Cumpliose puntualmente la profecia, porque al cabo de muchos años despues de acabados los estudios, y leìdo Philosophia en Oaxaca, pidiò el P. Clemente Guillen las Missiones de California, fuè señalado â ellas, y en ellas trabajó gloriosamente, hasta que muriò. El P. Guendulain al cabo tambien de muchos años fuè señalado por Visitador General de todas nuestras Missiones, y como tal visitó tambien las de California, y despues volvió â la Provincia.

Haviendo salido de Tepotzotlan llegó el P. Juan MARIA â la Ciudad de Valladolid, y luego salió â pedir limosna para su desseada Conquista de California. Encontrose en una calle con el Lic[do]. D. Juan Ferno Machado, Prebendado de aquella Santa Iglesia, de la qual salia de assistir â un Anniversario. Saludòle amigablemente el Padre, y le dixo: *Señor D. Juan en buen hora he topado con Vmd. Yo ando pidiendo limosna para mis Californias. Ea vengan essos*

ca-

catorze pesos, que le han cabido del Anniversario, que â Vmd. no le hacen falta, y â mi me serviràn. Oyendo esto el Prebendado le respondiò festivamente: *Padre mio habla con el diablo? Quien le ha dicho, que me han cabido catorze pesos? Aqui los tiene, que Yo me alegro de emplearlos bien en essa obra pia.* En diciendo esto sacò el cartucho, en que los traìa embueltos, y se lo dió con no menos gusto, que admiracion del espiritu de Dios, que moraba en el Padre.

Quando se perdió el barco nuevo de Californias, y naufragando se ahogò el P. Benito Guisi, salvandose en una canoa los Padres Clemente Guillen, y Jacobo Doye, antes que en la California se tuviesse noticia de la desgracia, la tubo el P. Juan Maria anticipada, como se conoció de las cartas, que entonces despachò en un barco de buzos â D. Juan Redondo Salvador, al Señor Miranda Fiscal de Guadalaxara, y al P. Alexandro Romano, al qual añadiò otra cosa, que se tubo tambien por profecia, diciendole, que tuviesse buen animo, que en Acapulco avrià alguna embarcacion del Perú, que pudiesse comprarse para suplir aquella falta. Assi se cumpliò con admiracion del mismo P. Alexandro.

En una junta que hizo el Señor Virrey tocante á negocios de la California â la qual quiso que assistiesse como su Procurador, que era el citado P. Alexandro Romano, declaró su Exc^a. el animo en que estaba de fundar Colonias de Españoles en la California.

lifornia. A lo qual resistió el Padre alegando los graves inconvenientes, que de aquellas Colonias pudieran seguirse; y concluyó por fin, que sin el parecer del P. Juan Maria, como tan practico de aquella tierra no se podia, ni debia tomar en aque punto segura, y acertada resolucion. Con lo qual se suspendiò hasta que diesse su parecer el P. Juan Maria. Pocos dias despues, quando era naturalmente impossible que huviesse llegado la noticia â la California, recibio carta el P. Romano del P. Salvatierra, en que le daba las gracias de lo bien que havia hablado en aquella junta â favor de la California.

Tambien haviendo aplicado el Exc^mo^. Señor Duque de Linares Virrey de esta Nueva-España cierta limosna â las Missiones de la California, poco despues recibiò carta del P. Juan Maria, en que le daba las gracias por aquella limosna: por donde conociò su Exc^a^. la luz del Cielo, con que el P. havia conocido aquel beneficio de la limosna aun antes de haverla hecho, porque llegò la carta poco despues de haverla hecho.

Otras muchas profecias se decian del P. Juan Maria, que havia dicho â cerca de la California, pero se omiten aqui, porque al cabo de tanto tiempo han fallecido yà las personas, que pudieran certificarlas, ê individuarlas. Y passo â referir otras mas autenticas de otras partes.

Quando el año de mil setecientos y quinze sucediò

cediò la fatal desgracia del naufragio de la flota èn la Canal de Bahama en que se ahogaron los dos Padres que iban â Europa por Procuradores de esta Provincia P.Pedro Ignacio de Loyola, y P. Antonió de Figueroa Valdez, lo qual sucedió el dia treinta y unó de Julio, haviendo llegado por Noviembre el dia veinte y uno la noticia â Mexico, constando yà de la muerte del P. Loyola, que en el pliego de nuevo govierno, que poco antes se havia abierto, venia señalado por Provicial, se huvo de abrir el pliego *casu mortis*, en que vino nombrado en su lugar el P. Gaspar Rodero. Despues â principios de Enero recibió el dicho P. Provincial cartas del P. Juan Maria, en que tratandolo como à su Provincial, y Superior, siendo assi que en el corto espacio de mes y medio no podia haver ido la noticia à la California, y venido dichas cartas. En ellas le decia, que uno de los viejos de California havia visto el naufragio de la flota, y muerte de los dos Padres con grande compassion, y dolor de su corazon. Pero que se le convirtió en gozo quando dentro de pocos dias, haviendo comenzado â celebrar el Santo Sacrificio de la Missa; se le aparecieron el P. Francisco de Arteaga Provincial, que fuè de esta Provincia poco antes difunto, y el P. Pedro Ignacio de Loyola, y pensando que venian â pedirle sufragios quiso aplicar por ellos la Missa; pero que el P. Arteaga con rostro alegre, y risueño le dixo, que â Dios las gracias yà no la havian menester, y le añadió lo que en otra parte yà insinuamos, que el P. Loyola havia estado mas tiempo en el Purgatorio, que el P. Figueroa, por los cargos, que llevò de haver sido Superior. Esta carta la leyó el P. Provincial Gaspar Rodero delante de varios Padres el dia cinco de Enero vispera de la Epiphania.

Un Padre antiguo, y Professo, Novicio que fuè del P. Juan Maria testificò por escrito, que el dia que fuè â comenzar el Noviciado en Tepotzotlan llegò â la una del dia, y que haviendo mandado su Rector, que le traxessen de comer, respondió, que no era menester, porque yà havia comido. Sonrrose el Padre, y le dixo: *Viejo coma, y no diga, que ha comido por las salchichas, y longanizas, que almorzò en la puente.* Oyòle admirado de que tuviesse noticia de aquella golosina, que havia sacado consigo para el camino. Aquella misma noche entrò en exercicios, que es siempre la primera probacion de los Novicios, y el Hermano, que le subiò de cenar le refirió, que el P. Rector en el dia antecedente havia despedido de la Compañia â un Novicio, y que queriendo el Hospedero recoger las alhajas, y trastecillos de que usan los Novicios, le dixo el Padre: *Dexelos como se están, que mañana vendrá otro à quien sirvan.* Y que al tercero dia haviendo ido el P. Rector â visitarlo â su aposento le dixo: *Viejo acuerdese que S. Mathias entrò en el Apostolado en lugar de Judas, y*

de

dele muchas gracias á Dios, que le eligió en lugar de uno, que despedimos el dia antecedente á su venida, y estas que se le han aplicado eran sus albajas. Y concluye su dicho con estas humildes palabras el informante: *Todo se ha cumplido, menos el ser S. Mathias, porque el dicho Novicio, ha sido un Judas.*

Hallabase en un Colegio cierto Padre muy triste, y afligido por algunas pesadumbres que alli le havian sucedido. Y para quitarse de ocasiones pidió al P. Juan Maria, que era entonces Provincial, que lo mudasse â otro Colegio. Compadecido el Padre de su trabajo le concediò lo que pedia; pero para confortarlo, y animarlo, le dixo, que estuviesse prevenido, porque le quedaban muchas tribulaciones, que padecer; pero que al fin tendria el consuelo de morir en la Compañia. Todo le sucediò como el P. Juan Maria le havia profetizado, y en qualquier trabajo, que le sucedia, se consolaba grandemente, y decia: Vengan trabajos, como Yo muera en la Compañia. Y assi sucediò, porque despues de algunos años de padecer logrò la felicidad de morir con grande paz, y quietud en la Compañia.

Hablò tambien con espiritu profetico â una Señora principal, y muy rica que vivia en la Ciudad de Oaxaca. Llegò â la visita del Colegio de aquella Ciudad siendo Provincial el P. Juan Maria, un dia que la fuè â visitar despues de haver cumplido con las leyes de la urbanidad, y cortesia, al despedirse, mostrando mucha ternura, y compassion la dixo: *Ha Señora, què vida le espera, y què trabajos! Ea animese á llevarlos con paciencia, y resignacion en la voluntad de Dios, que assi se gana el Cielo.* Confusa quedò la buena Señora con este anuncio, ni podia discurrir, què trabajos serian los que le aguardaban, porque al presente vivia con gran prosperidad, y abundancia en todo. Pero dentro de poco tiempo se comenzò â cumplir la profecia. El Marido que la amaba tiernamente mudò el amor en odio irreconciliable, con lo qual le daba tan mal trato, que yà se le hacia insufrible. Muriò el Marido, y con su muerte le sobrevinieron grandes trabajos, y persecuciones. Viòse echada de su misma Casa, despojada de todos los bienes, y en grandes aprietos por la pobreza, y necessidades, que padecia. Y â un Padre Maestro de nuestra Compañia, que vivia en aquel Colegio, quando compadecido de sus trabajos solia visitarla, le decia: Padre quando me sucede algun trabajo, yá no pienso en èl, sino en el que ha de seguirse segun me anunciò el Santo P. Juan Maria. Pero el acordarme de las palabras con que me consolaba me sirve de llevarlo todo con mucha paciencia.

Siendo Rector de Guadalaxara el P. Juan Maria oyó â dos Estudiantes, que trataban del estado, que mas les convendria; y diciendo el uno, que à lo que èl se inclinaba, era â ser de la Compañia, volviò el Padre, y le dixo: *No, no, tù te casarás, y tu Compañero*

Compañero será Sacerdote. Y como lo dixo el Padre assi se cumpliò despues de algunos años.

D. Matheo Bassurto, que vino â la Nueva-España en la familia del Señor Virrey Conde de Moctezuma testificò las dos profecias con que darèmos fin â este Capitulo. La primera fuè, que haviendo embiado â España â un Apoderado suyo con mucha cantidad de dinero para sus pretensiones, le vino la noticia, como el Apoderado havia quebrado con perdida de todo el dinero que llevaba. Era entonces Provincial el P. Juan Maria, y visitando â D. Andrès Cesarini Suegro del dicho D. Matheo, comenzó este â lamentar su desgracia de haver perdido todo su caudal con la quiebra del Apoderado. Oyólo el P. Juan Maria, y lebantandose para despedirse se llegò â D. Matheo, y dandole una palmadita en las espaldas, le dixo: *No se astixa mi D. Matheo, que aunque no todo logrará buena parte de su caudal.* Ni passó mucho tiempo, que tubo carta de su Apoderado, en que le daba quenta de su quiebra, y en alguna satisfaccion le cedia treze mil pesos, que â èl le debian en el Perù, los quales cobrò con facilidad dentro de breve tiempo. A lo qual se añadiò otra cantidad de mas de mil pesos, que recobró por otra parte. Y viò complida la profecia del Siervo de Dios.

La segunda fue, que haviendo quedado el dicho D. Matheo sumamente horrorizado del mar por ha-

haverse visto en gran peligro de naufragar quando vino de España estaba cón la firme resolucion de jamàs volver â navegar, en la qual se mantuvo por espacio de diez años. Pero estando yá el P. Juan Maria para volverse â la California, visitandole un Cuñado del dicho D. Matheo, sacó dos estampitas de la Señora Lauretana, y se las entregó una para su hermana, Esposa del dicho D. Matheo, y otra para èl, y que le dixesse: *Que la tuviesse mucha devocion, y la guardasse con cuidado para quando navegasse.* Estrañó mucho D. Matheo este encargo, y no pudiendo contenerse, fuè el dia siguiente â visitar al P. Juan Maria, y le preguntó: porquè le havia embiado â decir aquello quando se hallaba con la resolucion firme de nunca navegar? A lo qual respondió el Padre: *No importa esso, guarde la estampa mi D. Matheo, y tengala mucha devocion, que la avrá menester, y la gran Señora lo ha de favorecer en los peligros del mar.*

Todo se cumplió, porque de alli â poco tiempo en aquel mismo año le fuè forzoso embarcarse para España, y lo que mas admiraba D. Matheo era hallarse de repente libre de aquellos temores que tanto tiempo le havian durado de bolver â navegar. Embarcóse, y por dos vezes se viò en imminente peligro de dàr en manos de Corsarios enemigos, y la segunda por librarse de ellos, arribó la Nao â las Costas de Galicia, pero tan maltratada, que amenazaba yá de irse â pique. Entonces acordandose D. Ma-

Matheo de lo que le havia dicho el P. Juan Maria sacó la estampita de nuestra Señora, y en voz alta dixo â los Compañeros del Navio: que tenia toda seguridad en aquella estampa, que le havia dado un Padre Santo, y que tambien se la prometia â todos, si todos prometiessen serle muy devotos.

Todos lo prometieron, y D. Matheo entonces juntamente con ellos rezò una oracion de la Virgen Lauretana, y antes de acabarla vieron muchas lanchas, que venian del Puerto â socorrerlos. Y con la prisa á que los obligaba el peligro en que se hallaban passaron à ellas, con tal felicidad, que al acabar de passarse, se fuè luego á fondo el Navio, dando todos muchas gracias à la gran Madre de misericordia por aquel beneficio, y mas que todos D. Matheo viendo tan plenamente cumplida la profecia de su amado, y Venerable P. Juan Maria de Salvatierra.

Al dòn, y espiritu de profecia pertenece el penetrar lo mas interior, y oculto de los corazones. Y en esto fuè tan singular el P. Juan Maria, que el tiempo que fuè Maestro de Novicios, todos ellos estaban en el concepto de que su Santo Maestro conocia lo mas oculto de sus almas, especialmente quando se hallaban con algun desconsuelo interior, ô que necessitaban de remedio en alguna tentacion, porque luego los llamaba, y descubriendoles lo que mas les afligia, les abria la puerta á la confianza para que sin temor, ô rezelo alguno recurriessen à èl en las tentaciones, y tribulaciones de sus espiritus.

Fuè

Fuè caso muy gracioso, y singular lo que le sucedió con uno de sus Novicios. Havian bajado estos á la huerta una tarde de assueto, y con ellos su Rector el P. Juan Maria, el qual reparò, que dos de ellos se havian quedado muy atrás del mismo Padre, y rebolviendo de improviso los llamó, y á todos los Hermanos dixo: *Vamos à la sala de los trucos, y allí se divertirán mis carissimos Hermanos.* Entraron, y haviendose sentado el Padre, dixo al uno de ellos: *Sacuda mi Hermano essa mesa del truco, que està muy empolvada*; y quando iba á sacudirla con una de las mangas de la sobre ropa, le dixo: *No hijo, sacudala con la otra manga.* Obedeció el Novicio, y comenzando á sacudirla con la otra manga, reclamó el P. Juan Maria: *Hay hijo, mire que se le aplastan los durasnos, y priscos que tiene en ella escondidos.* Atonito, y confuso quedò el Novicio, quando viò descubierta su falta de haver tomado sin licencia, de la huerta, ô dispensa aquella fruta, y juntamente todos admirados del conocimiento que su Santo Maestro tenia de las cosas ocultas. Pero entonces les hizo una exhortacion muy provechosa, contandoles el exemplo de aquella Monja endemoniada, porque comiò una lechuga de la huerta sin licencia.

Siendo Rector de Guadalaxara, pensaba cierto Religioso de otra Orden en una cosa de importancia discurriendo el modo que debia tener en ella. Estando en esto se le entrò por la celda el P. Juan Maria, di-

diciendole, que iba à visitarlo. Agradeciòle mucho la visita el Religioso, y el P. Juan Maria le dixo: *En este punto lo que se podia hacer es esto, y esto.* Assombrado el Religioso de vér descubierto lo que pensaba se le arrojó á los pies, y le agradeció el consuelo, y alivio con que quedaba por aquel consejo, y resolucion, que le havia dado.

Un Sacerdote de nuestra Compañia residente en el Colegio de Guadalaxara, se hallaba tan afligido con una grande tribulacion, que de la pura congoja enfermó, y se vió obligado á hacer cama. Por este tiempo venia de California el P. Juan Maria gravissimamente aquexado de la enfermedad de que muriò en la misma Ciudad. Quando se hallaba el dicho Sacerdote en su mayor congoja se quedó dormido, y en el sueño se le representó el P. Juan Maria, que acercandose á èl le decia lo quẽ debia hacer para alivio de su alma. Despertò luego, y executando lō que el P. le havia dicho experimentò el consuelo, que desseaba. Pocos dias despues llegó el P. Juan Maria â Guadalaxara, y acudiò luego el dicho Sacerdote â visitarlo, y saludarlo, y por lo executivo del accidente, con que venia, no hubo mas lugar, que para las precisas salutaciones de urbanidad, y cortesia religiosa. Pero al despedirse solamente le dixo el P. Juan Maria estas palabras: *Hijo lo dicho dicho*, y conociò el Padre, que en compendio le decia lo que mas laramente en el sueño le havia dicho.

CAPITULO XLX.

Dà ſalud el P. Juan Maria con ſu oracion â muchos enſermos.

UNA de las gracias, que Dios ſuele communicar á ſus mayores amigos es la de dár eficacia â ſus oraciones para conſeguir la ſalud aun à los enfermos yá deplorados. Y à cerca de eſto yá referimos en ſu lugar la ſalud que dió à un Colegial de S. Ildefonſo, ſanandolo del tabardillo que padecia, con ſolo ſignarle la cabeza diciendole un Evangelio: la que impetró al P. Provincial Juan de Palacios con la invocacion de nueſtra Señora de Loreto, y tambien la que con la miſma invocacion alcanzò á ſu Novicio el Hermano Joſeph Toledo Chipi. Añadirè aqui otras algunas curaciones, que ſe tuvieron por milagroſas.

Siendo Provincial fuè â la Viſita de los Colegios de la Puebla, y haviendo entrado por la tardè en el Colegio del Eſpiritu Santo, luego que viſitò al Santiſſimo Sacramento, como ſe acoſtumbra, pidiò un Compañero al P. Rector, y ſin divertirſe â otra parte ſe fuè al Colegio de S. Ildefonſo, cauſando aquella aceleracion mucha novedad en todos los Sugètos de aquel Colegio, que por entonces no lo eſperaban. Y luego pidiò que lo llevaſſen al apoſento del Hermano Manuel Antonio Perez, Coadjutor temporal, que hallandoſe enfermo de dolor de coſtado,

tado, eſtaba yà Sacramentado, y Oleado, y yá tan deſahuciado de los Medicos, que lo velaban los Padres Sacerdotes quartianiſtas de aquel Colegio, eſperando por inſtantes ſu muerte. Llegò al apoſento, y mandó, que ſe ſalieſſen todos, y lo dexaſſen ſolo con el enfermo, y eſtuvo con èl mas de un quarto de hora. Luego ſaliò muy alegre diciendo: *No morirà, no morirá, que eſtà muy alentado.* Que fuè lo que hizo en aquel tiempo el P. Juan Maria no ſe ſupo. Lo que ſupieron todos fuè, que entrando immediatamente algunos Padres en el apoſento del enfermo, lo hallaron incorporado en la cama, y les preguntò: *Quien ha eſtado aqui?* Y diciendole que el P. Provincial, que acababa de llegar â aquella Ciudad, dixo el enfermo: *Yo me ſiento yà bueno.* Y deſde aquel dia comenzó â mejorar, y dentro de pocos dias, ſe lebantò, y viviò deſpues muchos años, reconociendo ſu ſalud, y ſu vida â ſu Santo Maeſtro, que lo havia ſido ſuyo en el Noviciado.

Tambien fuè caſo muy memorable lo que en la miſma Ciudad de la Puebla le ſucediò con el Hermano Antonio de Roa Procurador del Colegio de Tepotzotlan, que acababa de llegar â aquella Ciudad â negocios de ſu Colegio. Luego que llegó ſe fuè derecho â vèr al P. Provincial Juan Maria el qual le dixo: *Viejo deſpues nos veremos. Lo que ahora conviene es que haga luego llamar al Medico, para que le recete una purga.* Eſtrañò mucho el Hermano

mano esta resolucion, pero obedeciò puntualmente, y haviendo venido el Medico, con el informe, que le hizo le recetò la purga. El mismo dia, que tomò la purga le visitó por la tarde el P. Provincial, y preguntandole, como le iba? Respondiò, que muy bien, porque havìa experimentado con ella mucho alivio; pero, que sentia abrasarse de sed. Mandò luego el Padre que le traxessen agua nevada, y aunque el Hermano rehusaba beberla, porque podia hacerle mucho daño: *No le harà mal alguno, dixo el P. Provincial, bebala, mire que la necessita.* Traxeronsela, y se la hizo beber con abundancia, y dexòlo por entonces.

Con este refrigerio oportuno disueltos los humores ardientes, que lo abrasaban, se desató en evaquaciones mas copiosamente, que con la purga. Visitòle al siguiente dia el P. Provincial, y le dixo: *Hermano Antonio, no sabia el mal, que tenia en el cuerpo causado de los Soles, conque se ha requemado en los caminos. Yà le amenazaba un insulto, que le huviera quitado la vida. Dele gracias â Dios, que por medio de esta purga lo ha preservado.* Assi lo reconociò el Hermano Roa, quedando muy agradecido â Dios, de quien por medio de su Siervo el P. Juan Maria, havia recibido aquel beneficio.

D. Pedro Vidarte Cura del Sagrario de la Santa Cathedral de Guadalaxara, se hallaba en cama desahuciado yà de los Medicos por el mal de piedra, que

que vehemente le afligia. Desseaba mucho, que el P. Juan Maria lo visitasse, no tanto por esperanza, que tuviesse de sanar quãto por hallar en èl algun lenitivo â los temores grandes, que tenia por hallarse tan cercano â comparecer en el Tribunal Divino. Y estando con estos desseos, sin que el enfermo lo llamasse, se le entró por las puertar el P. Juan Maria, que movido de Dios vino à visitarlo. Y despues de haverlo saludado mostrando grande compassion de su dolencia, le dixo: *Señor D. Pedro, es menester, que rezemos algo á la Señora.* A que respondiò el enfermo, que por la vehemencia de los dolores se hallaba totalmente destituido de fuerzas. Pero el P. Juan Maria comenzó luego à rezar una Ave Maria, y al acabarla arrojó D. Pedro una piedra bien grande, con lo qual quedò sano, y aliviado del todo, y muy agradecido al beneficio, que havia recibido de la Madre de Dios, por la oracion de su fidelissimo Siervo.

En la misma Ciudad se hallaba yá agonizando una Religiosa en el Convento de Santa Maria de Gracia, y à media noche llamaron al P. Juan Maria para que la ayudasse á bien morir. Fué el Padre, y llegandose à la cama de la enferma le dixo un Evangelio, y preguntóle: *Sierva de Dios, que ruido es este? Padre, respondiò ella, me muero sin remedio: Ea que nò, le dixo el Siervo de Dios, no sea floxa, y lebantese por la mañana, y vaya à comulgar con la*

Co-

Communidad; y con esto se despidiò, y se volvió à su Colegio, y la enferma se hallò de repente tan recobrada, que pudo á la mañana lebantarse. Comulgò, y viviò despues mas de veinte años.

De lo dicho en este Capitulo podemos inferir, que la gracia de curaciones en el P. Juan Maria no se limito à las pocas, que havemos referido, sino que se estendió â muchissimos enfermos para darles milagrosamente la salud de que necessitaban. Pero que quedaron ocultas muchissimas, porque en treinta años en que fuè Missionero en la Tarahomara, y en la California vivia por la mayor parte solo con sus Indios faltando el registro de los ojos, de que pudieran observarlas, y que en aquellos parajes desamparados, y destituidos totalmente de Medicos, y medicinas muchissimos huvieran perdido las vidas, si nò huvieran tenido el socorro de los Evangelios, y oraciones, con que el P. Juan Maria los sanaba. Sabese, que tenia el P. Juan Maria en sus pobrissimas alhajas una taza de China, en la qual daba bebidas, y otras medicinas â los enfermos Californios, y era fama comun, que bebiendo en essa taza cobraban fuerzas, y convalecian. Y la fama llegò hasta Guadalaxara, y el Lic[do]. D. Christoval de Mazariegos, de quien otras vezes hemos hecho mencion, solicitó con todo empeño adquirirla; y haviendola conseguido, la tenia, como dice en su informe, como reliquia del Venerable Padre, y que la experiencia le havia enseñado,

que

que todas las purgas, que en ella se daban surtian admirables efectos.

No son menos estimables dos curaciones del alma, que movido con especial luz obró el P. Juan Maria, en personas, que â no acudir con promptitud el Siervo de Dios huvieran perecido. La una fuè hallandose en las Missiones de la Tarahomara. Iba una vez caminando, y de repente apresuró el passo, y llegó â la casita de una muger Gentil, â quien pidiò que hiziesse lumbre para calentar agua. Salió ella de su pequeño tugurio â recoger alguna leña, y entre tanto hallandose yá sin registro, tomò agua, y baptizó â un parvulito hijo de aquella Gentil, que estaba agonizando, y parece que Dios se lo revelò antes, porque â poco rato muriò el niño con gran consuelo del Venerable Padre, por vèr que sin saberlo su Madre, ni que pudiera contradecirlo, consiguió entrar en el Reyno de los Cielos.

La otra sucediò en Guadalaxara. Havia ido siendo Rector de aquel Colegio â la hazienda de Toluquilla poco distante de la Ciudad con el P. Fernando Reynoso, que era entonces Hermano Maestro de Grammatica en aquel Colegio, y de repente le mandó, que tomasse su sombrero, como para irse â passear al Pueblo de Toluquilla. Llegaron allá, y passando por una casa, dixo â su Compañero: *Entrèmos aqui à hacer una visita.* Entraron, y la visità fuè ayudar â un Indio enfermo, y proximo yá â la

muer-

muerte. Confessólo el Padre, y prosiguiò confortandolo con piadosas jaculatorias, y actos fervorosos de virtudes, hasta que poco despues entregò su alma â Dios. Y haviendo cumplido con esta obra de tanta charidad se volvió luego à la hazienda, quedando el Compañero persuadido, que aquella no havia sido casualidad, sino que el P. Juan Maria con especial luz del Cielo havia conocido el gran peligro en que estaba aquel moribundo, y movido de Dios havia salido à socorrerlo.

CAPITULO XX.

De algunos prodigiosos sucessos despues de la muerte del V. P. Juan Maria de Salvatierra.

EL concepto, y estimacion, que mostraron todos tener de la gran Santidad del P. Juan Maria de Salvatierra despues de su muerte fue muy semejante al que los Señores Obispos, Presidentes, Oìdores, Prebendados, Religiosos, y toda la gente popular havian manifestado, llamandole todos regularmente el Santo Padre Salvatierra. Yá vimos la commocion de los Pueblos â recibirlo, visitarlo, y besarle las manos, quando lo traxeron en ombros de Indios enfermo â Guadalaxara, y las demonstraciones, que hicieron en su entierro, teniendo todos â gran felicidad el lograr alguna cosa, que le huviesse tocado para estimarla como muy preciosa reliquia.

quia. Y con los fragmentos de ſus veſtidos lograron muchos enfermos la ſalud. Fuè eſto tan notorio en Guadalaxara, que haviendo paſſado ſolos doze, ô catorze dias deſde que murió haſta el dia en que ſe celebraron ſus exequias, pudo libremente el P. Feliciano Pimentel en el Sermon, que aquel dia predicó â el innumerable concurſo de todo genero de perſonas, decir ſin rezelo, y por la comun fama que corria, las ſiguientes palabras: *Quando murió el P. Juan Maria reynaba en eſta Ciudad el mal regional de tercianas, que tenian poſtrados â muchos; pero luego que lo enterraron, los devotos, que havian logrado algunas reliquias de ſus veſtidos, y algunos trapillos, que le havian ſervido en ſu enfermedad al difunto cuerpo, comenzaron á aplicarlos con fé, y devocion â los enfermos, pidiendo à Dios ſalud por los meritos de ſu Siervo, y luego experimentaron los frutos de ſu confianza, porque ſanaron muchos en eſtos dias que han corrido deſde la muerte haſta el dia de ſus honras.* Eſto dixo el predicador delante de aquel numeroſo concurſo, en donde havia muchos teſtigos de la ſanidad recuperada. De donde podemos conjeturar, que otros muchos irian deſpues conſiguiendo el beneficio de la ſalud por los meritos de eſte gran Siervo de Dios, pero como no huvo, quien con curioſidad los notaſſe, y recogieſſe, carecemos de las noticias de muchos caſos que pudieran ſervir en eſta hiſtoria de glorificar â Dios, y augmentar el aprecio, y eſtimacion de la Santidad de ſu Siervo.

Solo referirè dos casos memorables, y que ceden mucho en honra, no solamente del P. Juan Maria, sino tambien de su amante Compañero el Venerable, y Apostolico Padre Juan Baptista Zappa. En la Ciudad de Patzquaro vivia en nuestro Colegio un Estudiante secular muy pobre, y huerfano de Padre, y Madre. Enfermò gravemente de un mortal tabardillo, y un Padre del Colegio, que tenia con grande aprecio unas poesias latinas, que en alabanza, y honra del Nacimiento de Christo havia compuesto, y escrito de su misma letra el P. Zappa, y se las havia donado el P. Juan Maria passando por alli â la California, compadecido del Estudiante enfermo le llevó aquellos versos embueltos en una cubierta, y con grande confianza de que en ellos le llevaba la salud se los puso debajo de la almohada, exhortandole que se encomendasse â la Santissima Virgen, que con el Titulo de nuestra Señora de la Salud se venera en aquella Ciudad, y cuyo Templo se dedicaba el dia siguiente, que era dia de la Concepcion, que le hiciesse promessa de ayunarle los Sabados, y rezar todos los dias su Rosario, y que para que mejor le oyesse la Señora pusiesse por intercessores â los Padres Juan Baptista Zappa, y Juan Maria Salvatierra. Hizolo todo el enfermo, y la fiebre fuè corriendo sus terminos al principio con dissimulo, pero despues con descubierta malignidad, que lo reduxo â punto de muerte. Hallabase yà convelido, y haviendo perdido el uso de los sentidos, quedò sin movimiento alguno, de suerte, que llegaron â dudar los presentes, si yá havia espirado.

En este ultimo trance llegò un Padre de casa, y con unas gotas de azeyte de la lampara de nuestra Sra. de la Salud ungió al enfermo, pidiendo â la Santissima Virgen, que por los meritos de sus dos amantes Siervos P. Zappa, y P. Salvatierra se dignasse de dàr salud al moribundo si le convenia. Cosa máravillosa! Al punto le cessó, y quitò la convulsion, se le restituyeron los sentidos, comenzò â hablar, y dár gracias â Dios por tan singular beneficio. Y hallandose yá sin fiebre en pocos dias se restituyó â una salud perfecta.

En otra linea fuè el prodigio, que por la intercession de sus dos Siervos obró Dios en cierto lugar de este Reyno. Hallabase en èl una muger casada, cuyo marido havia yà algunos años que estaba ausente. Y quando menos lo esperaba, le llegò la noticia de su buelta, y llegó en tal sazon, que la hallò mal ocupada, y en los meses mayores proximos al parto. Era la buelta del marido tan cierta, y acelerada, que junto con la noticia de su venida havia embiado yà parte de sus alhajas. Turbada con tan no esperado sucesso la triste muger, en que le iba no menos que la honra, y la vida, acudiò â nuestra casa por consejo, y remedio, y consultando el caso con un Padre, le diò este una carta que tenia del P. Juan

Ma-

Maria, encargandole, que interpusiesse por intercessores para con Dios los meritos del mismo Padre, y los de su Santo Compañero el P. Zappa. Hizolo la afligidissima muger, y en un aprieto, en que parecia el buen exito impossible, correspondiò el sucesso â la esperanza. Fuè el caso, que haviendo yà llegado el dia en que el marido havia de salir del lugar en donde se hallaba para su casa, le sobrevino un embarazo, que lo detuvo aquel dia Al dia siguiente sucediò lo mismo, y consecutivamente fuè lo mismo en los otros dias, de suerte, que sin saberse como, se huvo de detener por espacio de quatro meses; tiempo bastante para que la afligida muger saliesse de su trabajo, y hallandose desembarazada del ignominioso peso, saliò tambien del imminente peligro en que se hallaba su honra, y su vida por haverse valido con viva fé de la intercession de estos dos Venerables Varones amantes, y fieles Siervos de JESUS, y de MARIA. Y con esto concluyo yà la historia del Apostol Mariano V. P. Juan Maria de Salvatierra, la qual pido â la Divina Clemencia sirva â todos, y especialmente â los Jesuitas de generoso estimulo para imitar sus heroycas virtudes, y el zelo de la salvacion de las almas, que demanda nuestro Apostolico Instituto.

SEGUNDA PROTESTA

EN conformidad de la que hize al principio de esta historia protesto, que quanto en ella se ha dicho de Santidad, profecias, y milagros del V. P. Juan Maria de Salvatierra, no merece mas fe, que la que se debe â la authoridad humana, que es falible, reservando la calificacion cierta de todo al juicio de la Sede-Apostolica, â cuya correccion en todo me sujeto como hijo obediente de la Santa Iglesia.

INDICE
De los Capitulos de esta Historia.

LIBRO PRIMERO.

Cap. 17.

te

LIBRO SEGUNDO.

De la Vida admirable del Conquiſtador Apoſtolico de la California P. Juan Maria de Salvatierra, que contiene la relacion de ſus virtudes.

Cap. 5.

Maria

www.ingramcontent.com/pod-product-compliance
Lightning Source LLC
LaVergne TN
LVHW061942220826
846091LV00011B/4064

* 9 7 8 1 2 7 5 8 1 9 7 6 4 *